HIDUPKU
IMANKU II

"Bangkitlah, menjadi teranglah, sebab terangmu datang,
dan kemuliaan TUHAN terbit atasmu"
(Yesaya 60:1).

HIDUPKU
IMANKU II

Dr. Jaerock Lee

URIM
BOOKS

HIDUPKU IMANKU: Bagian 2 oleh Dr. Jaerock Lee
Diterbitkan oleh Urim Books (Representatif: Seongkeon Vin)
235-3, Guro-dong 3, Guro-gu, Seoul, Korea
www.urimbooks.com

Hak Cipta © 2011 oleh Dr. Jaerock Lee
ISBN: 978-89-7557- 505-1, ISBN: 978-89-7557- 424-5(set)
Hak Cipta Terjemahan © 2010 oleh Dr. Esther K. Chung. Digunakan dengan izin.

Sebelumnya diterbitkan pada tahun 2006 ke dalam Bahasa Korea oleh The Christian Press, Seoul, Korea.

Edisi Pertama November 2011

Diedit oleh Eunmi Lee
Dirancang oleh Biro Editorial Urim Books
Dicetak oleh Yewon Printing Company
Untuk informasi lebih lanjut hubungi urimbook@hotmail.com

Bukti akan Kuasa
dan Kehadiran Roh Kudus

Waktu tidak menantikan siapa pun juga. Tetapi Allah panjang sabar dan Ia menunggu hingga akhir zaman agar manusia bertobat dan menerima keselamatan. Zaman sekarang, manusia dalam dunia modern ini tidak sepenuhnya mengerti akan kasih Allah yang begitu mendalam. Bahkan orang Kristen dan para pendeta pun mengikuti tren dunia dan melupakan kasih dan kehendak Allah. Mengapa mereka tidak lebih mendekatkan diri kepada Allah dan masih berkelana menjauhkan diri dari gereja? Kita menemukan alasannya dalam pengetahuan modern..

Manusia mencoba menyelesaikan permasalahan dalam hidup mereka dengan ilmu pengetahuan. Mereka lebih percaya dan mengimani hasil dan kesimpulan ilmu pengetahuan daripada kuasa iman. Hal ini juga terjadi di kalangan orang Kristen. Alih-alih menerima dan percaya dengan iman, para pendeta pun cenderung untuk percaya hanya akan apa yang bisa dilihat kasat mata dan menerima apa yang masuk akal dan dimengerti dengan pikiran dan serta pendapat mereka. Mereka juga mengajarkan pengikut mereka, orang-orang percaya, untuk percaya berdasarkan cara-cara ilmiah. Mereka berusaha menanamkan iman sesuai dengan doktrin denominasi mereka.

Orang Kristen di dunia modern sekarang ini sedang mencoba untuk memahami Allah dan mengalami kasih-Nya melalui iman seperti ini. Akan tetapi, iman yang diperoleh dengan cara indoktrinasi dan kepercayaan yang keliru menyebabkan orang akan mengkritik kuasa Roh Kudus dan menganggapnya sebagai kuasa mistik. Dengan kata lain, bukan gereja yang memimpin dunia, tetapi dunialah yang sedang memimpin gereja.

Banyak karya Roh Kudus yang dianggap sebagai karya mistik. Jika kuasa Allah tidak dimanifestasikan dengan misterius, di manakah nilai dari kuasa tersebut? Semua karya Allah sangatlah indah dan misterius dan memang seharusnya demikian. Hanya dengan begitulah Allah adalah sungguh Mahakuasa dan satu-satunya penyelamat umat manusia.

Pdt. Jaerock Lee tidak mendekatkan diri pada iman sekuler ini, tetapi memilih untuk lebih dan tetap mendekatkan diri kepada Roh Kudus, Yesus Sang Putra dan Allah Bapa. Ia selalu memperlihatkan kepada kita pekerjaan-pekerjaan Allah melalui doa dan Roh Kudus.

Autobiografinya, "Hidupku, Imanku" adalah sebuah kisah yang menyentuh hati yang menunjukkan kepada kita iman yang benar dan hidup yang dijalankan dengan iman yang benar. Buku ini banyak mengemukakan bukti hidup akan kehadiran Roh Kudus, kehadiran yang oleh banyak orang modern di dunia ini sudah dilupakan.

Sesungguhnya, iman dan ilmu pengetahuan tidaklah terpisahkan satu sama lain. Allah menciptakan segala sesuatu di alam semesta dan Ia menyingkapkan segala sesuatu kepada kita melalui ilmu pengetahuan. Karena itu, ketika Pdt. Jaerock Lee menyembuhkan mereka yang sakit, menyelesaikan permasalahan, dan memenuhi mereka dengan inspirasi Roh Kudus melalui doa, itulah ilmu pengetahuan karena kuasa tersebut berasal dari Allah. Dan semua itu secara bersamaan disebut juga sebagai iman.

Kisah-kisah ini telah diterbitkan dalam *the Christian Press* setiap minggu dan menyentuh hati banyak orang percaya dan para pendeta. Sekarang kisah ini semua sudah dituliskan dalam sebuah buku yang menunjukkan bukti akan iman yang hidup dan pekerjaan Roh Kudus yang adalah Allah yang hidup. Buku ini mengandung kisah hidupnya yang sesungguhnya yang sangat menyentuh nurani kita sebagai manusia. Buku ini juga bercerita tentang pelayanannya termasuk bagaimana ia mendirikan dan mengembangkan Gereja Manmin Pusat. Jadi, buku ini adalah sebuah buku panduan yang bagus yang mengajarkan bagaimana sesungguhnya pelayanan yang benar bagi orang awam yang percaya dan juga bagi para pendeta.

Saya mendengar bahwa autobiografi ini telah menyentuh hati dan mempengaruhi banyak pendeta dan orang percaya. Para pendeta sangat tertarik akan pertumbuhan gereja dan kuasa Roh Kudus. Orang awam yang percaya tersentuh karena pelayanan penyembuhannya yang memperlihatkan pekerjaan-pekerjaan Roh Kudus.. Itu semua karena sekarang ini gereja-gereja di Korea telah kehilangan kuasa Roh Kudus. Banyak gereja yang tidak lagi merupakan gereja yang hidup karena mereka menyalahgunakan kuasa Roh Kudus dan menganggapnya sebagai kuasa mistik. Roh Kudus bukanlah sesuatu yang bersifat 'mistik.' Roh Kudus adalah nyata dan aktual.

Saya dengan mantap mengatakan bahwa Pdt. Jaerock Lee adalah salah satu dari pelayan yang paling benar di Korea. Banyak yang sependapat bahwa sejumlah besar orang menjadi semakin dalam mencintai Tuhan Yesus, dan iman mereka dikuatkan melalui autobiografi ini "Hidupku, Imanku". Banyak pendeta yang juga semakin mampu mengerti apa sesungguhnya gereja yang benar dan dalam gereja yang bagaimana Roh Kudus akan bekerja.

Selain itu, saya juga ingin menambahkan bahwa kebenaran dan kisah nyata tentang insiden penyiaran MBC juga diungkapkan di sini. Buku ini dengan jelas menceritakan kepada kita mengapa Pdt. Jaerock Lee harus melewati sekian banyak tuntutan dari gereja-gereja di Korea. Sekarang gereja-gereja Korea tersebut harus menghentikan kritikan dan tuntutan mereka terhadap dia. Lebih jauh lagi, saya meminta bahwa MBC mengajukan permohonan maaf kepada Gereja Manmin Pusat.

Inilah harapan saya yang amat tulus setelah saya membaca autobiografi Pdt. Jaerock Lee; saya hanya berharap bahwa semua pendeta dan orang percaya akan membaca buku ini dan semoga buku ini membuka mata mereka kepada Roh Kudus.

Pdt. Jongman Lee,
Gereja Metodis, Presiden Tetap, Asosiasi Misi Kebangkitan Kristen Dunia

(Methodist Church; Permanent President,
World Christian Revival Mission Association).

Daftar Isi

Bab 3
Apa yang dipikirkan Yesus Ketika Dia Mendaki Golgota Sambil Memanggul Salib?

Bab 4
Seandainya Aku Dapat Memenuhi Kehendak Allah

Daftar Isi

Bab 7
Bangsa-bangsa Akan Datang pada Terang-Mu, dan Raja-raja pada Cahaya Kebangkitan-Mu

Sejarah Pribadi dan Gereja

Bab 1

Ketika Tanah Menjadi Keras Setelah Hujan

Setelah Menaburkan Benih Iman

Tidak lama setelah kami pindah ke rumah ibadah di Guro Dong, rumah ibadah tersebut menjadi penuh kembali. Kami tidak mampu menampung kendaraan dan orang-orang yang datang.

Kami harus memperluas rumah ibadah secepatnya, dan di dekat tempat kami ada sebuah real estat yang akan dijual. Luasnya kira-kira 14 ribu meter persegi. Namun karena kami menjaminkan bangunan yang sekarang ini, sulitlah bagi kami untuk mendapatkan lahan tersebut.

Ketika aku berdoa kepada Allah tentang keadaan ini, Allah menjawab bahwa kami harus mengambilnya. Untuk membeli lahan tersebut, kami memerlukan 20 miliar won atau sekitar 20 juta dolar Amerika. Namun tetap sulit bagi kami menyediakan satu miliar won, jumlah uang yang kami butuhkan untuk menandatangani kontrak atas lahan tersebut. Tetapi kami telah mengalami karya Allah bilamana kami selalu taat kepada-Nya bahkan dalam situasi yang tampaknya mustahil. Yang kami perlukan saat ini adalah iman.

Aku membuat keputusan untuk menabur 100 juta won dari satu miliar won nilai kontrak sebagai benih iman. Untuk menandatangani kesepakatan kontrak awal kami memerlukan 100 juta won. Allah selalu memberkati aku dengan berlimpah, tetapi karena aku mengeluarkan uang dalam jumlah cukup besar untuk persembahan, pekerjaan misionaris, dan pekerjaan sosial, aku tidak mempunyai dana tunai cukup banyak. Tetapi apakah yang tidak mungkin bila Allah berserta kita?

Sewaktu aku berdoa untuk mempersiapkan uang 100 juta won, pekerjaan Allah mulai berlangsung dari tempat-tempat yang tidak terduga. Mereka yang telah disembuhkan melalui doa-doaku dan mereka yang telah kubantu sebelumnya sekarang datang dari segala penjuru dan menyatakan terima kasih mereka kepadaku.

Pada bulan Agustus 1995, aku mampu menyediakan 100 juta won dan kami dapat menandatangani kesepakatan kontrak awal. Sewaktu aku memberikan contoh ini, para anggota jemaat mulai dari anak-anak hingga orang tua mulai ikut berpartisipasi. Sebenarnya kami tidak memberikan pengumuman akan persembahan untuk pembangunan, tetapi Allah menggerakkan hati setiap orang. Anggota gereja dengan sukacita dan sukarela ikut ambil bagian dalam memberikan kontribusi untuk persembahan.

Persembahan dikirimkan bukan saja dari seluruh negeri, tetapi juga dari negara-negara lain. Kami segera dapat menandatangani kontrak. Jika kita patuh akan firman Allah, sejak dari minggu saat kami menandatangani kontrak, persembahan yang kami terima sudah menjadi tiga kali lipat.

Bersatu Hati

Pada bulan Mei 1996, kerangka baja mulai didirikan, dan pembangunan terus berlangsung. Dan kami sudah dijadwalkan untuk mengadakan Kebaktian Kebangunan Rohani Khusus Dua-Minggu mulai tanggal 10 Juni. Kami ingin mengadakan kebangunan rohani ini di rumah ibadah yang baru agar dapat menampung lebih banyak orang, tetapi kami perlu beberapa bulan lagi untuk dapat menyelesaikan segala sesuatu. Karena mereka tahu benar akan situasi ini, para anggota jemaat secara sukarela membantu pembangunan tersebut.

Ada anggota jemaat yang mengambil cuti dari pekerjaan, dan ada juga yang datang ke lokasi pembangunan langsung dari tempat kerja mereka. Mereka membawa semen dan pasir, menata batu bata dan memasang ubin, dan mengecat dinding. Ratusan anggota jemaat bekerja bersama-sama, dan tempat ibadah tersebut sudah terbangun menjelang hari diadakannya kebaktian kebangunan rohani.

Walaupun langit-langit belum selesai, kami dapat mengadakan Kebaktian Kebangunan Rohani keempat selama dua minggu di tempat ibadah yang baru ini. Inilah buah dari berjalan dalam iman! Hari pertama kebangunan rohani tersebut sangat menyentuh hati, mengharukan.

Allah memberikan kami lima belas pesan dengan kutipan ayat penting Yohanes 3:6. Rangkaian pesan ini diberi judul "Kedagingan dan Roh." Allah memberikan kami firman yang hidup ini agar para anggota jemaat dapat membedakan antara hal-hal yang bersifat kedagingan dan roh. Semua ini bertujuan untuk melepaskan kedagingan dan mengubah menjadi manusia baru dalam Roh. Banyak pekerjaan penyembuhan terjadi untuk memuliakan Allah.

Sebuah Gereja Didirikan di Jepang Melalui Rahmat Pembuahan

Jika aku melihat orang sakit, aku seringkali berdoa, "Ya Allah! Biarlah aku mengambil alih penyakit orang percaya itu dan sembuhkanlah dia."

Karena aku pernah mengalami sakit penyakit yang sangat ekstrem, aku dapat merasakan penderitaan orang-orang sakit itu jauh di dalam hati aku. Jika memungkinkan, aku sungguh ingin menanggung penyakit tersebut menggantikan mereka. Sama juga halnya bila beberapa orang percaya berbuat dosa. Aku sungguh ingin dengan sukarela mengorbankan hidupku jika saja Allah sudi memberikan mereka roh pertobatan dan mereka menerima keselamatan.

"Ya, Allah! Seandainya mereka bisa berhenti berbuat dosa jika Engkau mengambil hidupku, maka ambillah hidupku sekarang. Biarlah mereka semua menerima keselamatan."

Musa menginginkan bangsa Israel menerima keselamatan

walaupun itu berarti bahwa namanya akan dihapuskan dari kitab kehidupan dan dia akan masuk neraka (Keluaran 32:32).

Rasul Paulus menyatakan kasihnya dengan mengatakan dia ingin orang-orangnya diselamatkan walaupun dia harus mengalami kutukan dan dipisahkan dari Kristus. Aku ingin memiliki kasih rohani seperti ini. Jika anggota jemaat gereja dapat memperoleh hidup melalui pengorbananku, aku akan memilih untuk mengorbankan diriku sendiri.

Dalam kebaktian kebangunan rohani yang kami adakan setelah pembangunan rumah ibadah yang baru, ada lebih dari seribu orang sakit mendaftarkan diri. Ada kebaktian khusus untuk orang sakit setiap hari, dan aku berdoa bagi mereka satu per satu. Sewaktu aku berdoa untuk mereka dengan seluruh kekuatanku selama lebih dari dua jam, tidak aku sadari hari sudah menjelang malam.

Aku percaya Allah menjawab seruanku yang tulus dalam doa, dan banyak terjadi curahan api Roh Kudus setiap hari.

Selama dua minggu kami bekerja keras, dan ketika aku mendoakan setiap orang sakit agar disembuhkan, dan mengharapkan belas kasih Allah untuk mereka, Allah menyembuhkan banyak penyakit yang semula tidak dapat disembuhkan dan juga penyakit-penyakit aneh. Sel-sel kanker dibakar, dan kanker paru-paru, indung telur dan tenggorokan juga disembuhkan. Badan yang kaku karena cerebral palsy juga dilemaskan kembali.

Jekyoo Ju, Sekretaris Jenderal Federasi Masyarakat Korea di Jepang, Prefektur Yamagata, dan istrinya hadir dalam kebaktian kebangunan rohani ini. Mereka sekali lagi mengalami mukjizat Allah sama seperti tahun sebelumnya. Bahkan sebelum pasangan

Keluarga Ju

ini tiba di tempat, mereka sudah mempunyai sebuah cerita akan pengalaman mereka.

Pada bulan Mei 1995, istri Diaken Ju mengalami demam tinggi dan sakit kepala parah pada tengah malam. Keesokan harinya, Diaken Ju harus pergi ke Korea untuk urusan bisnis. Ia mengajak istrinya dan mendapatkan diagnosa di Seoul. Diagnosa mengatakan bahwa penyakitnya disebut 'cholesteatoma tympanitis.' Dokter mengusulkan agar segera dioperasi.

Dia akan bisa kehilangan pendengaran total, dan penyakit tersebut bisa berkembang menjadi meningitis. Dia sudah menderita tympanitis sejak dia masih anak-anak di sekolah dasar. Dia mengeluarkan darah dari telinga, dan selama ini dia selalu minum obat.

Karena desakan dari ibunya, dia hadir pada kebaktian Minggu pagi di gereja kami, dan dia maju untuk minta didoakan. Dia bersaksi bahwa ketika dia didoakan, seluruh tubuhnya menjadi dingin bagaikan mint, dan semua penyakitnya lenyap. Sejak saat itu telinganya tidak lagi mengeluarkan darah. Dia juga terbebaskan dari sakit kepala dan komplikasi lainnya.

Mulai hari berikutnya, bersama suaminya dia menghadiri kebaktian kebangunan rohani tersebut. Mereka bertobat dengan cucuran airmata atas dosa-dosa mereka. Mereka juga menerima karunia berbahasa lidah. Pada bulan Juni 1995, ia pulang kembali ke Jepang dengan penyakit cholesteatoma tympanitis sudah disembuhkan oleh rahmat Allah. Mereka dipenuhi dengan Roh Kudus dan mengucapkan syukur atas rahmat Allah.

Sewaktu dia kembali, dia merasakan sesuatu yang aneh dengan tubuhnya. Tiga minggu kemudian dia melakukan pemeriksaan lengkap di rumah sakit, dia mengetahui bahwa dia hamil. Sejak dia menikah pada tahun 1991, dia juga mengalami operasi jantung dan dokter mengatakan akan sulit bagi dia untuk bisa hamil, dan jika dia hamil, kehamilan itu akan berbahaya.

Saat itu adalah tahun kelima pernikahannya dan hanya delapan bulan setelah operasi jantung. Tetapi mereka yakin bahwa hal ini adalah berkat dari Allah yang juga sudah menyembuhkan penyakitnya yang tidak tersembuhkan. Pada bulan Maret 1996, lahirlah putra pertama mereka, Shiyoung. Tetapi kebahagiaan mereka tidaklah lama, karena bayi tersebut terkena penyakit yang disebut penyakit kerdil.

Penyakit ini melumpuhkan dan mengganggu pembentukan hormon, sehingga anak ini hanya bisa bertumbuh dengan bantuan obat-obatan hormon. Jika dia tidak meminum obat-obat hormon, tubuh bagian bawah tidak akan bertumbuh sama sekali, dan kepalanya akan menjadi semakin besar dan tidak berbentuk (*malformasi*). Penyakitnya bahkan akan membahayakan hidupnya.

Pada bulan Mei 1996, pasangan ini mempersembahkan doa yang sudah menjadi nazar mereka untuk kesembuhan putra mereka, Shiyoung. Mereka datang kembali ke Korea pada tahun berikutnya untuk menghadiri kebaktian kebangunan rohani. Mereka tersentuh dengan firman yang disampaikan dan juga merasa yakin bahwa anak mereka akan disembuhkan. Mereka menghentikan semua obat-obatan untuk Shiyoung dan menyerahkan segalanya ke dalam tangan Allah. Setelah mereka kembali ke Jepang, Shiyoung menjadi sehat dan bertumbuh normal. Beberapa bulan kemudian, dia melakukan pemeriksaan lengkap di rumah sakit dan kadar hormonnya dinyatakan normal.

Pasangan ini penuh dengan rahmat Allah. Mereka tidak pernah berhenti mewartakan Injil dan berdoa. Pada bulan Juli 1997, ada enam orang berkumpul di rumah mereka dan mengadakan kebaktian pertama. Sejak saat itu, jumlah orang yang datang terus bertambah, dan mereka meminta agar seorang misionaris dikirim ke sana. Maka, pada bulan September 1999, kami mengutus Pastor Kangsup Jang dari gereja kami. Saat ini, mereka mempunyai sebuah gereja besar di Yamagata dan melakukan pelayanan yang indah. Keluarga Ju mempunyai seorang putra dan putri lagi. Mereka menjadi keluarga yang sehat dan bahagia.

Memperluas Pelayanan Misi ke Luar Negeri

Setiap tahun aku diundang datang ke Amerika Serikat karena namaku mulai dikenal di area Washington D.C. Pada bulan Febuari 1996, aku diundang untuk mewartakan firman di Kebaktian Kebangunan Rohani – KKR Gabungan Korea (*Korean United Crusade*) dan Konferensi Pendeta yang diadakan oleh Asosiasi Gereja Kristen Korea Hawaii (*Hawaii Korean Christian Churches Association*). Kebaktian diadakan di Gereja Baptis Korea Honolulu (*Honolulu Korean Baptist Church*) dengan tema 'Perbaharuilah Kami.'

Karena presiden Korea pertama, Syngman Rhee, mendirikan sebuah gereja di Hawaii, aku mengira mereka memiliki iman yang teguh. Tetapi, sewaktu aku tiba ke sana aku tidak melihat ada banyak gereja, selain itu mereka juga mengalami banyak masalah. Menurut para pendeta yang ada, banyak gereja yang tutup karena perselisihan antara para pendeta dan anggota jemaat gereja.

Asosiasi Gereja Kristen Korea Hawaii diketuai oleh Pendeta John Park dari Gereja Anglikan. Ia adalah seorang pujangga, dan dia terlihat pendiam. Sejak awal dari sesi pertama dan selanjutnya, dia banyak mendapatkan rahmat.

Gereja Bermasalah Diubahkan

Selama tiga hari, aku menyampaikan pengajaran mengenai 'Mengapa Yesus Disebut Juru Selamat', 'Iman Jasmani dan Rohani', dan 'Hidup Kekal Melalui Tubuh dan Darah Anak Manusia.'

KKR Gabungan Hawaii

Pada awalnya aku diberi tahu bahwa ada anggota gereja yang keberatan gereja mereka dipakai untuk acara kebaktian ini. Akan tetapi di akhir sesi pertama, banyak orang percaya mengalami jamahan Allah sehingga sikap mereka semua berubah. Mereka menyediakan kami makanan yang lezat dan hal-hal lain yang sangat bernilai.

Setelah seluruh sesi berakhir, salah satu pendeta dari gereja tersebut sambil menangis mengakui bahwa, "Gereja ini mempunyai masalah karena keangkuhan saya. Semua ini salah saya." Karena pendeta tersebut mengakui kesalahannya dan berubah, anggota jemaat gereja pun berubah. Aku percaya Allah akan menyelesaikan semua masalah yang dialami gereja ini dan aku mengucap syukur kepada Allah.

Kampanye Penginjilan Akbar Washington

Dalam pelaksanaan seluruh acara, ada dua sesi untuk konferensi para pendeta. Aku berusaha menanamkan keyakinan kepada para pendeta bahwa mereka mampu mendapatkan jalan keluar dari permasalahan gereja mereka. Setelah konferensi, seorang pendeta tua sambil menangis mengakui bahwa, "Semua ini bukan karena kesalahan umat yang saya pimpin. Semua ini adalah kesalahan saya. Karena saya jahat."

Seorang pendeta lain mengatakan, "Saya tidak tahu akan kemana, dan saya merasa saya lebih baik mati. Akan tetapi setelah saya menerima rahmat dan kekuatan, sekarang saya mempunyai satu keyakinan. Bahwa saya pasti mampu melakukannya sekarang." Seorang pendeta lain berkata, "Saya terlalu yakin akan diri saya seorang pemimpin rohani, tetapi sekarang saya sadar dan ingin belajar dari awal lagi." Sungguh, semua ini adalah suatu pengakuan yang mengharukan, yang berasal dari kerendahan hati.

Setelah semua acara kebaktian selesai, aku mengucapkan selamat tinggal kepada para pendeta itu. Pendeta John Park mengatakan, "Saya hanya mendengar tentang para rasul yang hidup dua ribu tahun lalu, tetapi sekarang, saya melihat seorang rasul melalui Anda." Banyak pendeta yang mengantarku ke bandar udara dan ada yang berlinang airmata dan merasa kehilangan sewaktu melepas keberangkatanku untuk kembali pulang. Hal ini juga sangat menyentuh hatiku.

Orang yang Disembuhkan Dalam Mimpi

Pada tanggal 26-28 September, 1997, 'Kampanye Penginjilan Akbar (*Great Evangelism Campaign*)' diadakan oleh Washington Christian Radio System, di sebuah gereja di negara bagian Virgina dengan tema umum 'Tuhan, Perbaharuilah Washington dan Baltimore.' Banyak orang Korea di Amerika Serikat yang hadir di pertemuan ini datang dari Washington D.C., Maryland, Virgina, New York City, dan bahkan dari Toronto, Kanada. Aku menyampaikan pengajaran dengan tema, 'Mengapa Yesus Disebut Juru Selamat?', 'Iman Jasmani dan Rohani', 'Hidup Kekal dengan Tubuh dan Darah Anak Manusia.'

Dalam sidang para pendeta yang diadakan selama kebangunan rohani ini, aku menyampaikan sebuah pengajaran dengan tema 'Rahasia Pertumbuhan Gereja.' Banyak pendeta dari berbagai denominasi juga hadir di situ.

Keesokan harinya, pada tanggal 29 September, KKR Gabungan (*United Crusade*) Korea-Amerika diadakan oleh Asosiasi Gereja-Gereja Korea Maryland (*Maryland Korean Churches Association*) di Perserikatan Gereja Presbitarian Korea Baltimore (*Baltimore Korean United Presbyterian Church*). Kebaktian kebangunan rohani ini dihadiri bukan saja oleh orang Korea tetapi juga sekitar 1.500 orang setempat yang bukan orang Korea, sehingga kebaktian ini menjadi seolah-olah sebuah festival persekutuan dan persatuan bangsa-bangsa.

Tetapi iblis bekerja untuk mengganggu dan berusaha menghentikan aku berbicara memberikan pengajaran pada acara kebangunan rohani ini. Kebaktian ini seharusnya diadakan di sebuah gereja tertentu milik seorang pendeta. Setelah pendeta tersebut mendengar beberapa hal buruk, fitnah yang disebarkan tentang diriku, timbullah kesalah pahaman; sehingga dia tidak menyetujui keberadaanku sebagai pembicara. Dia tidak mengizinkan gerejanya dipakai untuk acara kebangunan rohani ini.

Tetapi, Allah mengusir gangguan iblis melalui mimpi yang dialami pendeta ini. Pendeta ini pernah mengalami penyakit kronis pada tulang belakangnya, dan ada lebih dari sepuluh pen logam pada tulang belakangnya. Sakit pada punggungnya amat parah.

Sebelum acara kebangunan rohani tersebut, aku hadir dalam mimpinya dan memberikan aspirin kepadanya. Saat dia bangun tidur, sakit pada punggungnya sudah lenyap. Secara ajaib, dia disembuhkan, dan dia sangat terkejut akan apa yang dialaminya. Kemudian dia mengatakan, "Inilah kehendak Allah agar acara kebangunan rohani ini diadakan. Pdt. Jaerock Lee memang bukan orang biasa. Ia seorang hamba Allah dan Allah menyertai dia."

Dia kemudian meyakinkan para pendeta lainnya dan sehingga kebangunan rohani ini sukses.

Kebangunan rohani ini diadakan sesuai jadwal di gereja milik pendeta tersebut, sebuah gereja yang indah dibangun dari kayu cedar. Dia sangat terkejut sewaktu melihat aku karena aku adalah orang yang sama persis dengan orang yang dilihatnya dalam mimpi. Dia menyambut kami dengan hangat.

Hari itu, aku menyampaikan pengajaran dengan judul, 'Marilah Kita Menjadi Satu dalam Tuhan.' Antara orang Korea dan beberapa orang Afrika-Amerika terjadi sebuah konflik yang hanya dapat diselesaikan di dalam Tuhan. Karena itu aku mendesak mereka untuk segera menyelesaikan hambatan rasial dengan kasih Tuhan.

Tindakan ini ternyata memberikan banyak kontribusi bagi pembangunan setempat dan berkurangnya ketegangan rasial, dan semua ini mendapatkan pengakuan oleh negara bagian Maryland. Gubernur Maryland memberikan sebuah plakat penghargaan dan aku juga menerima sertifikat sebagai warga kehormatan dari walikota Baltimore. Semua ini semata-mata karena rahmat Allah.

Pendeta-Pendeta Argentina yang Haus Rohani

Pada tahun 1966, dari tanggal 21 hingga 23 Juli, aku berbicara tentang 'Rahasia Pertumbuhan Gereja' pada sebuah konferensi para pendeta dalam sebuah kebangunan rohani untuk orang-orang Korea di Buenos Aires. Kegiatan ini didukung oleh banyak organisasi Kristen di Argentina.

Ada lebih dari seribu pendeta hadir di konferensi tersebut dan banyak yang tersentuh hatinya, dan, atas permintaan mereka, konferensi yang sama diadakan lagi pada tahun berikutnya.

Di Universitas Nasional Mantasa, Buenos Aires, konferensi pendeta kedua dan kebangunan rohani diadakan pada tanggal 15 hingga 16 Oktober. Penyelenggara mengharapkan sekitar tiga ratus pendeta akan hadir, tetapi sesungguhnya lebih dari seribu pendeta datang sehingga kami harus pindah lokasi ke sebuah gereja terbesar di situ.

Para pendeta tersebut sangat rindu dan haus akan pengajaran sehingga kami melanjutkan konferensi itu sampai jam tiga sore tanpa makan siang. Para pendeta sangat ingin mendengarkan pesan dan pengajaran yang aku sampaikan sehingga aku dapat mengakhirinya hanya setelah aku berjanji bahwa aku akan mengadakan konferensi lagi di waktu mendatang. Konferensi pendeta dan kebangunan rohani yang kedua itu dihadiri oleh sekitar delapan ribu orang.

Duta Besar Korea untuk Argentina pada saat itu ikut ambil bagian dalam pertemuan tersebut dan mengatakan, "Saya berterima kasih kepada Pdt. Jaerock Lee karena telah membawa

Konferensi Pendeta di Argentina (1996)

Church Dedication dengan Walikota Barella

KKR di Argentina

iman yang teguh dari gereja-gereja di Korea dan mewartakan Injil ke Argentina." Ia sangat memuji kebangunan rohani ini dan mengatakan bahwa hal ini merupakan suatu kegiatan diplomatik yang berarti dari sektor sipil.

Banyak orang juga mengalami kesembuhan oleh pekerjaan dan api Roh Kudus dalam kebangunan rohani ini. Pengalaman ini sungguh terjadi pada Pendeta Eduador Lecio, Presiden dari Asosiasi Gereja-gereja Kristen Argentina. (*Argentinean Christian Churches Association.*) Dia disembuhkan dari penyakit kanker kulit dan masalah kronis pada perutnya lalu dia mengucap syukur kepada Allah.

Berubahnya Kehidupan, dari Putus Asa Menjadi Penuh Harapan

Setiap orang pasti mengalami naik turunnya kehidupan. Tetapi jika orang menderita penyakit yang tidak bisa disembuhkan atau menyadari bahwa sudah terlambat untuk mengobati penyakitnya secara medis, mereka pasti akan jatuh dalam keputusasaan. Tetapi kasih Allah tidak mematahkan buluh yang terkulai dan tidak akan memadamkan sumbu yang hampir padam. Dan di dalam kasih-Nya Allah selalu memperlihatkan mukjizat bagi mereka yang berjalan dalam iman.

Lenyapnya Sebuah Benjolan Seberat Tiga Kilogram

Diaken perempuan Soonshim Kang mulai hadir di gereja Yeosu Manmin. Diaken Soonshim Kang mulai datang ke gereja Yeosu Manmin. Suatu pagi, dia bangun tidur dan mendapatkan tubuhnya bengkak. Dia merasa seperti ada beban pada bagian bawah perutnya. Dia sulit untuk berjalan dan mudah sesak napas.

Pada tanggal 14 Juni, dia mendapatkan diagnosa dari rumah sakit Jeonnam. Ternyata ada benjolan seberat tiga kg di perutnya, dan benjolan itu adalah sebuah tumor yang disebut uterine myoma. Kanker rahim stadium akhir. Dokter mengatakan walaupun benjolan itu diangkat, akar dari benjolan tersebut sudah menyebar dan ada sepuluh benjolan lain di sekitarnya, maka penyakitnya dianggap tidak bisa bisa disembuhkan dan akan menyebabkan kematian.

Dia tidak bisa berjalan sendiri, harus ada orang yang membantunya. Jika ia berbaring, perutnya kelihatan menonjol karena benjolan tumor tersebut. Alih-alih menjalani operasi yang tidak ada harapan, dia mohon belas kasihan Allah dan mendengarkan doa untuk orang sakit yang direkam dalam sistem teleponnya.

Karena dia pernah melihat dan mendengar tentang pekerjaan Allah pada saat ia hadir di Gereja Manmin Yeosu, dia mengimani bahwa dia pasti dapat disembuhkan jika dia mengandalkan Allah sepenuhnya.

Dua tahun sebelumnya, dalam bulan Mei 1995, Diaken Soonshim Kang menginjili bibinya, Eumjeon Kim dan mereka bersama-sama hadir pada kebangunan rohani ketiga. Wanita tua ini mengalami kelainan pada punggung, dua ruas tulang rawannya hilang. Punggungnya bungkuk 90 derajat, sehingga dia tidak pernah bisa berjalan sempurna selama sepuluh tahun terakhir ini.

Walaupun tidak ada pengobatan medis untuk menyembuhkan punggungnya, punggungnya sembuh dan kembali tegak lurus setelah didoakan walau pun hanya sekali saja pada kebangunan rohani tersebut. Sejak saat itu, Eumjeon Kim mulai bisa berjalan dengan normal dan nyaman dengan punggung tegak lurus.

Pada tanggal 25 Juni 1997, diaken Kang mendengar bahwa aku akan mengadakan kebangunan rohani untuk peresmian tempat ibadah yang baru di Gereja Manmin Ulsan. Dia datang pada kebangunan rohani di sana. Dia yakin dan mengimani bahwa dia pasti dapat disembuhkan jika aku mendoakan dia; dan Allah menyembuhkan dia karena dia sangat percaya.

Api Roh Kudus bekerja atas dia, pada saat dia sedang didoakan. Sejak saat itu, dia tidak lagi merasakan adanya benjolan di bagian bawah perutnya, semua tanda dan gejala yang dialaminya lenyap. Satu bulan kemudian dia pergi ke rumah sakit, dan dokter sangat terkejut.

"Kapan Anda menjalani operasi pengangkatan tumor?"

"Saya tidak menjalani operasi. Saya sembuh setelah saya didoakan oleh seorang pendeta. Allah menyembuhkan saya."

Dia sembuh total dan menjadi sehat kembali, dan dia menjadi seorang pekerja yang penuh dedikasi bagi Tuhan.

Disembuhkan dari Keracunan Bahan Kimia Pertanian

Pada acara kebaktian untuk peresmian tempat ibadah baru Gereja Manmin Ulsan, Okja Kim hadir di sana mengenakan pakaian rumah sakit. Dia mempunyai sesuatu untuk diceritakan.

Dia menikah pada usia delapan belas tahun dan sebagai nafkah hidupnya mereka bertani. Akibat dari kecelakaan yang dialaminya, dia tidak lagi bisa mengandung dan melahirkan anak, sehingga setiap hari dalam hidupnya dilaluinya dengan perasaan bersalah.

Dia mengalami banyak masalah keluarga dan pada tanggal 17 Juni 1997, dia terlibat pertengkaran dengan anggota keluarganya. Keluarganya sangat terkejut karena dia menenggak sebotol bahan kimia untuk tanaman yang disebut *'Gramoxone.'* Mereka membawanya ke rumah sakit.

Dokter mengatakan racun itu sangat keras dan berbahaya, dan dapat menyebabkan kematian hanya dengan menyentuhkannya ke mulut. Tidak ada penangkal untuk racun tersebut sehingga dia tidak akan bisa bertahan hidup lebih dari lima belas hari.

Okja Kim disembuhkan dari keracunan dan melahirkan anak pertama setelah 21 tahun menikah

Dokter memberi tahu keluarganya untuk mempersiapkan penguburan. Tetapi adiknya yang selalu datang ke gereja kami memberitakan Injil kepadanya dan mengajak dia mendengarkan khotbah dari kaset tentang 'Pesan Salib.' Adiknya jugalah yang mengaturkan agar dia bisa menerima 'Doa Untuk Orang Sakit' melalui sistem penjawab telepon otomatis.

Pendeta dan jemaat Gereja Manmin Gwangju memperhatikan dan merawat dia dengan kasih dan menanamkan iman kepadanya. Dia memperoleh kembali semangat hidupnya dan pada tanggal 25 Juni dia datang ke Gereja Manmin Ulsan. Ketika aku mendoakannya, dia mengeluarkan keringat amat banyak.

Dalam perjalanan pulang ke Gwangju setelah kebangunan rohani selesai, dia terus menerus berkeringat hingga bajunya basah kuyup. Badannya terasa sangat panas dan dia tetap merasakan sakit yang amat sangat. Kemudian dia menyadari bahwa semua ini disebabkan karena racun kimia tersebut sedang dibuang dari badannya. Itulah saat api Roh Kudus sedang membakar racun tersebut.

Sebuah mukjizat terjadi pada keesokan harinya. Dia tidak lagi merasa sakit dan badannya terasa nyaman kembali. Dia juga merasakan damai di hatinya. Dokter sangat terkejut dan melakukan pemeriksaan menyeluruh. Kerongkongannya yang sudah rusak, hati dan paru-parunya yang membusuk, dan bagian-bagian lain dari tubuhnya semua sudah pulih dan kembali normal.

Selain itu, sewaktu dia menegak bahan kimia tersebut, ada setetes yang masuk ke mata kirinya, dan hampir melenyapkan bola mata kirinya tersebut. Seharusnya dia sudah kehilangan penglihatannya atau mengalami cedera serius pada matanya, tetapi beberapa hari setelah dia didoakan, matanya kembali pulih dan penglihatannya juga kembali normal.

Pada bulan November 1997, dia datang ke Seoul bersama para anggota jemaat Gereja Manmin Gwangju menghadiri kebaktian Jumat semalaman, dan sekali lagi dia didoakan. Setelah satu bulan, dia merasakan sesuatu yang aneh terjadi pada tubuhnya. Dia pergi ke rumah sakit dan memeriksakannya. Ternyata dia hamil! Sebelumnya, karena kondisi badannya akibat kecelakaan, dia tidak bisa hamil. Tetapi karena berkat Allah, dia hamil setelah menikah selama 21 tahun.

Dia telah mengalami kesedihan mendalam menghadapi keadaan-keadaan sulit karena dia tidak bisa mempunyai anak. Tetapi ketika Allah menjamahnya, dia disembuhkan dalam sekejap. Dia melahirkan seorang anak laki-laki dan sekarang hidup bahagia.

Roh Kudus Bekerja Dalam Doa melalui Telepon ARS

Pekerjaan Allah yang mahakuasa juga bekerja melalui benda mati seperti mesin. Ilgon Cho menawarkan kepada gereja sebuah ARS (Alat Jawab Automatis untuk Sistem Telepon) agar doa untuk orang sakit dapat direkam dengan alat tersebut.

Sejak dia mulai bergabung dan hadir di gereja kami, anak perempuannya disembuhkan dari penyakit tympanitis, dan dia sendiri juga disembuhkan dari penyakit kulit kronis. Allah memperlihatkan banyak pekerjaan besar Roh Kudus terjadi melalui rekaman ini di ARS telepon.

Inilah yang terjadi pada keluarga Dalyong Lee pada tahun 1996. Saudara perempuannya, Boksoon Lee, sedang mengasuh Jungtaek, keponakannya yang berusia dua bulan. Bayi itu menelan sebuah anggur besar sehingga tercekik. Wajahnya

Dalyong Lee dan putranya Jungtaek, dibangkitkan oleh rahmat Allah (1996)

Jungtaek sekarang tumbuh sebagai anak lelaki yang sehat

membiru, dan dia mulai kehilangan kesadaran akibat tercekik tersebut.

Buah anggur tersebut menutup jalan pernapasan. Boksoon Lee dan ibu bayi itu membawanya ke rumah sakit setempat. Anggur tersebut sudah turun dan masuk ke paru-paru kanan, sehingga terjadi penumpukan gumpalan darah di situ. Paru-paru kiri menjadi lebih besar, dan keadaan ini sungguh fatal bagi otak.

Di IGD (Instalasi Gawat Darurat), bayi tersebut kehilangan fokus, dan retinanya juga mulai mengering. Masker oksigen tidak mampu membantunya untuk bernapas. Dengan kejut listrik, jantungnya mulai berdetak kembali dengan perlahan. Tetapi akan segera berhenti kembali setiap tiga puluh menit sekali.

Sewaktu ayah bayi itu mengatakan kepada dokter bahwa dia akan memindahkan bayinya ke rumah sakit lain, dokter tersebut tidak setuju. Dokter itu menjelaskan bahwa walaupun bayinya akan bisa bertahan hidup, bayi itu akan menjadi lemah mental atau cacat karena otaknya sudah rusak. Dokter juga menasihati ayah tersebut untuk tidak membuat bayinya lebih susah dan menderita lagi.

Akan tetapi, bayi itu kemudian diterima di Samsung Medical Center dengan persyaratan bahwa rumah sakit tidak bertanggung jawab atas kehidupan bayi tersebut. Karena dehidrasi mereka harus melakukan infus, tetapi mereka tidak bisa menemukan pembuluh vena. Kata dokter, bayi itu terlalu muda untuk dioperasi, dan sedikit sekali harapan untuk hidup.

Pada saat itu, Dalyong Lee dan istrinya belum menjadi orang yang percaya kepada Yesus. Tetapi karena usulan dari saudara perempuannya, Boksoon Lee, mereka bersedia menerima doa melalui rekaman dari ARS telepon. Boksoon Lee melakukan doa puasa selama tiga hari untuk mendoakan bayi itu. Dalyong Lee juga berpuasa selama tiga hari dan bersedia menerima doa melalui ARS setiap hari. Lambat laun bayi tersebut mulai sembuh.

Menjelang berakhirnya doa puasa tiga hari, bayi itu dipindahkan dari IGD (Instalasi Gawat Darurat) ke Ruang Rawat Umum. Dalam waktu satu minggu, bayi yang hampir mati itu sudah kembali sembuh sempurna. Seharusnya dia mengalami gangguan otak walaupun dia hidup, tetapi kenyataannya otaknya tidak mengalami gangguan. Bahkan biji anggur dalam paru-parunya sudah tidak ada lagi. Allah sendiri yang menghancurkannya dengan api Roh Kudus. Para dokter sangat heran.

Melalui kejadian ini, Dalyong Lee dan istrinya menjadi percaya akan kasih dan kuasa Allah. Mereka menerima Tuhan dan menjadi orang Kristen. Putranya Jungtaek juga bertumbuh sebagai anak baik dan menjadi anak yang dikasihi di gereja dan di sekolah.

Melalui Kebaktian Satelit

Kebaktian dan pelayanan gereja kami disiarkan ke seluruh Korea melalui satelit. Melalui kebaktian satelit inilah pekerjaan Roh Kudus terjadi di banyak gereja cabang. Pada bulan Juli 1998, Eunkyong Shin disembuhkan dari penyakitnya sewaktu dia datang ke Gereja Manmin Masan untuk pertama kalinya.

Ibu Eunkyong bertanya, "Eunkyong, saya menghadiri kebaktian penyembahan di Gereja Manmin Masan dan saya merasakan damai. Maukah kamu ikut saya?"

Pada saat itu Eunkyong masih di kelas delapan. Dia sangat terkejut mendengar ibunya orang yang tidak percaya mengajak dia ke gereja bersama. Maka, dia juga mulai hadir di Gereja Manmin Masan. Sejak duduk di kelas tiga Eunkyong mengalami sakit neurosis, lemah dan kurang nafsu makan, penyakit gastritis, disertai sakit kepala. Dia mengalami kesulitan belajar.

Sewaktu dia di kelas empat, tiba-tiba dia mengalami sulit bernapas. Sewaktu dia memukuli dadanya, dia pingsan dan dibawa ke rumah sakit. Dan ketika dia masuk ke sekolah menengah dia mengalami penyakit ruam syaraf. Seluruh tubuhnya terasa gatal dengan perasaan tertusuk-tusuk. Dia tidak bisa tidur karena sakit kepala yang amat sangat. Dia merasa seolah-olah kepalanya akan pecah.

Dia sangat kurus sehingga kelihatan seperti tulang berbalut kulit. Walau dia minum obat-obatan, dia tak juga kunjung sembuh. Keluarganya juga ikut menderita. Sejak kecil dia sudah pergi ke gereja, tetapi dia tidak mempunyai iman yang teguh. Dia selalu mengalami sakit dan penderitaan sehingga merasa tidak ada harapan hidup.

Pada tanggal 12 Juli 1928, dia hadir di kebaktian Minggu di Gereja Manim Masan. Setelah khotbah, diadakan doa untuk orang sakit, dan dia meletakkan tangannya pada bagian badannya yang sakit dan kemudian didoakan. Pada saat itu, Allah menyembuhkan semua penyakitnya dengan api Roh Kudus.

Semua sakit dan penderitaannya hilang seketika. Sejak saat itu dia tidak pernah lagi minum obat. Sekarang, dia hidup sehat dan menjadi penyanyi solo di gereja kami.

Berkhotbah Tentang Penghematan Sebelum Era IMF

Pada tanggal 2 November 1997, pada kebaktian hari Minggu, aku mengumumkan bahwa aku telah mengatur bis untuk transportasi di kantor resepsionis gereja. Siapa saja boleh menggunakan bis itu untuk datang ke gereja.

Pada masa itu tidak banyak orang Korea mengerti singkatan IMF yang berarti 'International Monetary Fund (Dana Bantuan Internasional)' Aku juga tidak mengerti, tetapi karena Allah membuat aku mengerti bahwa perekonomian Korea akan mengalami masa sulit, aku mempersiapkan biaya transportasi bagi jemaat yang mengalami kesulitan finansial.

Belum genap satu bulan berlalu, surat kabar sibuk membahas tentang era IMF di Korea. Pada tanggal 21 November 1997, negara ini mengalami krisis finansial. Pemerintah meminta pinjaman dana dari IMF dan Korea mengalami guncangan dan krisis ekonomi. Banyak perusahaan menjadi bangkrut, dan sangat banyak orang kehilangan pekerjaan dan juga kehilangan rumah tempat tinggal mereka.

Aku juga berusaha berhemat. Aku meminta keluargaku untuk berhemat dengan mencukupkan makan nasi hanya dengan tiga macam lauk.. Aku juga minta mereka untuk mengurangi frekuensi pergi ke pasar. Jelas bahwa akulah yang harus mulai mengencangkan ikat pinggang, karena anggota jemaat gereja juga mengalami kesulitan finansial.

Sebenarnya jauh sebelum terjadinya krisis ini, aku sudah lebih dahulu mengetahui akan terjadinya krisis ekonomi. Pada bulan Desember 1995, Allah memberitahuku bahwa akan terjadi krisis ekonomi di Korea dan mengingatkanku untuk melakukan penghematan.

Maka, pada tanggal 28 Januari 1996, aku berkhotbah tentang 'Berkat melalui Kesederhanaan' dalam kebaktian bagi para pekerja gereja. Aku menganjurkan agar dalam segala hal gereja mengurangi pengeluaran dan berhemat. Aku tidak menghabiskan gaji ataupun memakai dana kegiatan pastoral dari gereja. Aku mengembalikan semua ini sebagai persembahan kepada Allah sebagaimana Allah sudah memberikannya kepadaku.

Pada waktu orang-orang yang disembuhkan dan mereka yang diberkati melalui doa-doaku menunjukkan rasa terima kasih mereka, aku mengumpulkan pemberian mereka itu dan mempersembahkannya kepada Allah untuk pekerjaan sosial dan misionari.

Allah memberikan aku kelimpahan berkat finansial, tetapi aku membiasakan diri untuk selalu menghemat walaupun hanya satu sen. Tujuanku adalah untuk menolong walau satu lagi orang yang membutuhkan dan memperbesar pekerjaan misionari.

Keadaan finansial gereja kami juga tidak terlalu baik, tetapi kami tetap membantu gereja-gereja lain yang mengalami kesulitan, terutama gereja-gereja di daerah pinggiran tanpa membedakan denominasi mereka. Gereja juga berusaha melakukan yang terbaik dalam pekerjaan sosial dan pemberian beasiswa sehingga tidak ada anggota jemaat yang kelaparan, dan tidak ada anak usia sekolah yang tidak dapat bersekolah karena alasan tidak bisa membayar uang sekolah.

Ulang Tahun Gereja yang ke-15

Pada tanggal 12 Oktober 1997, banyak tamu datang menghadiri acara ulang tahun gereja yang ke-15. Pada hari itu kami menerima tamu khusus. Penatua Heeho Lee, istri Kim Daejoong, presiden Partai Persatuan Rakyat Politik Baru (*New Politics People's Assembly Party*), dan anggota dewan Yayasan Perdamaian Asia-Pacific (*Asia-Pacific Peace Foundation*) datang untuk merayakan peringatan ulang tahun gereja kami.

Tahun demi tahun berlalu, kami harus lebih banyak berpartisipasi dalam pekerjaan misionari yang diadakan oleh berbagai persatuan gereja-gereja Korea, dan semakin banyak permintaan agar kami memberikan bantuan. Karena itu tim pertunjukan kesenian gereja kami menjadi semakin sibuk. Pada tanggal 5 Februari 1998, aku diundang sebagai pembicara dan berkhotbah pada acara Doa Puasa di Gunung Osan-ri. Pada tanggal 19 Mei aku ikut ambil bagian dalam 'Gerakan Anti Kekerasan di Sekolah' sebagai presiden dari Komite Penginjilan

Penatua Heeho Lee, mantan Ibu Negara Korea, dalam acara Peringatan Ulang Tahun Gereja ke 15

Jaksa Penuntut (*The Prosecutor Evangelization Committee*).

Orkestra Nissi dari gereja kami menjadi terkenal di antara komunitas Kristen dan mereka seringkali diundang untuk mengisi berbagai acara.

Mereka bermain untuk konferensi 'Mengatasi Krisis Nasional Melalui Doa (*Overcome National Crisis through Prayer*)' di Stadion Utama Olimpiade Jamsil, 'Konser Amal bagi Yang Kekurangan (*Charitable Concert for the Needy*)' 'Konser Pujian (*Praise Concert*)' diadakan oleh Komite Penginjilan Jaksa Penuntut, Festival Musik Perayaan Paskah ke-15 diadakan oleh CBS (*Christian Broadcasting Service*), ulang tahun CBS ke 44, dan visi CBS akan Gerakan Abad ke-21 (*21st Century*

Movement). Mereka juga ikut dalam banyak pertunjukan lain yang diadakan di seluruh negeri ini.

Setiap minggu, FEBC (*Far East Broadcasting Center*) dan di CBS (*Christian Broadcasting Station*) menyiarkan khotbahku selama 980 menit. Khotbah ini juga disiarkan di negera-negara lain termasuk di Amerika Serikat, Rusia, Canada, dan Australia.

Pada bulan Agustus 1998, gereja kami mengawali diadakannya siaran langsung melalui internet. Banyak kesembuhan terjadi melalui siaran ini. Sejak bulan Desember 1996, tempat-tempat ibadah setempat di Korea secara bersamaan menerima siaran ini melalui satelit

"Gerakan Anti Kekerasan di Sekolah."

Kebaktian Peresmian Misi Piala Dunia 2002

Orkestra Nissi dalam berbagai acara Kristiani

Allah Menginginkan Gandum

Memperluas ladang misi kita memang penting, tetapi inti dari pelayanan pastoral adalah menjadikan orang-orang percaya seperti gandum sebagaimana dikatakan dalam Matius 3:12. *"Alat penampi sudah ditangan-Nya. Ia akan membersihkan tempat pengirikan-Nya dan mengumpulkan gandum-Nya ke dalam lumbung tetapi debu jerami itu akan dibakar-Nya dalam api yang tidak terpadamkan."*

Allah menginginkan anak-anak-Nya menjadi gandum yang baik, dan karena itulah hingga sekarang Ia terus menerus berusaha memanggil manusia kembali kepada-Nya. Orang Kristen harus mampu membedakan apakah mereka gandum yang benar yang mengasihi Allah dan hidup menurut firman-Nya, atau sekam yang mencintai dunia dan berkompromi dengan dunia dengan segala nafsu kedagingan, nafsu karena mata, dan kesombongan dalam kehidupan ini.

Gandum akan mendapatkan kehidupan kekal dan masuk

surga, tetapi sekam akan dibuang ke api neraka dan menderita selamanya. Jika kita masuk surga, kita akan mempunyai tempat tinggal yang berbeda-beda sesuai dengan iman dan perbuatan kita. Alkitab banyak sekali membicarakan hal ini. Dalam 1 Korintus 15, Rasul Paulus berkata tentang kebangkitan *"Kemuliaan matahari lain dari pada kemuliaan bulan, dan kemuliaan bulan lain dari pada kemuliaan bintang-bintang, dan kemuliaan bintang yang satu berbeda dengan kemuliaan bintang yang lain."* (1 Korintus 15:41) Sesuai dengan perbuatan kita di dunia, kita akan menerima kemuliaan matahari, bulan dan bintang-bintang.

Mengasihi Allah

Dalam Yohanes 14:15 tertulis bahwa Yesus mengatakan, "Jika kamu mengasihi Aku, kamu akan mengikuti segala perintah-Ku." Menjalankan perintah Allah berarti melaksanakan apa yang Allah ingin kita lakukan, dan tidak melakukan apa yang dilarang-Nya, membuang apa diperintahkanNya untuk dibuang, dan memelihara hukum-Nya.

Amsal 8:13 mengatakan bahwa takut akan Allah ialah membenci kejahatan, dan 1 Tesalonika 5:22 mengatakan mereka yang sungguh-sungguh mengasihi Allah akan menjauhkan diri dari segala kejahatan.

Jika kita hidup dalam terang dan sesuai dengan firman Allah, kita akan mempunyai hati seperti hati Tuhan dan menjadi manusia roh. Selanjutnya, kita akan dapat memenuhi syarat untuk masuk dalam Yerusalem Baru jika kita setia pada segala kehendak Allah dan bertumbuh menjadi manusia yang hidup dalam roh.

Sewaktu aku masih kecil ibuku pergi ke pasar dengan

menjunjung beban berat di atas kepalanya. Jarak terdekat yang ditempuhnya adalah 12 km, dan 24 km pulang pergi. Pada waktu aku berusia sekitar lima atau enam tahun, aku ikut dengan ibu ke pasar.

Aku harus berjalan dari pagi hari hingga larut malam, tetapi aku tidak memperlihatkan bahwa kakiku sangat sakit, karena aku senang sekali berada bersama ibu daripada tinggal di rumah sendiri. Banyak hal yang dapat kulihat di pasar, dan hal yang menarik seluruh perhatianku adalah para penjual permen.

Mulutku menjadi basah dengan air liur ketika melihat permen yang besar-besar. Kami hanya mempunyai ketela manis dan jagung sebagai makanan kami. Namun itu tidak cukup. Ibu tahu betapa aku menginginkan permen tersebut.

Kemudian aku dengar ibu mengatakan, "Jaerock, kamu mau permen itu?"

Dan ibu mau mengeluarkan uang satu won yang disimpan di saku bajunya. Saat itu, aku menarik tangannya dan mengatakan, "Bu, aku tidak menginginkannya. Mari, kita cepat pergi."

Dengan satu won, sebenarnya kami dapat membeli banyak permen. Tetapi ibu berjalan kaki sedemikian jauhnya untuk menghemat ongkos bus. Satu won sungguh sangat berarti bagi dia. Karena aku tahu keadaan ibu, aku berusaha menahan keinginanku makan permen.

Aku berusaha sedapat mungkin tidak membuat orangtuaku kuatir, dan menyenangkan mereka. Sejak aku mengenal Allah, Bapa dari roh yang hidup di dalamku, satu-satunya keinginanku adalah menyenangkan-Nya.

Kalau aku menyimpan kejahatan yang dibenci Allah, tentu Allah akan sangat sedih hati-Nya!. Aku tidak bisa menerima kejahatan seperti itu. Aku mulai membuang kejahatan dari hatiku dengan menjalankan doa puasa.

Bab 2

Siapakah yang Harus Kita Dengar? - Awal dari Tiga Ujian

Allah Menunjukkan Perkara-perkara yang Akan Datang

Sejak Kebaktian Tahun Baru 1998, aku terus menerus menitikkan airmata. Aku sering kali menangis pada saat aku berkhotbah di mimbar. Hal ini berlangsung selama satu tahun. Karena Allah memberitahuku bahwa akan ada ujian-ujian yang dialami gereja dan akan ada orang-orang yang mengkhianatiku dengan motif-motif pribadi mereka, maka aku harus berdoa dengan penuh keprihatinan.

Allah mengatakan bahwa melalui tiga ujian, Ia akan membuang rumput, dan gandum akan dipisahkan dari sekam. Penyertaan Allahlah yang membuat misi dunia tercapai dan dibangunnya Bait Agung melalui anak-anak-Nya yang kudus.

Pada bulan Mei 1998, setelah kebangunan rohani selesai, Allah memperlihatkan kepadaku sebuah visi akan Bait Agung yang akan dibangun pada akhir dari penyertaan Allah. Allah juga memperlihatkan kepadaku keadaan tepat setelah terjadinya

Pengangkatan. Aku melihat banyak orang hadir pada kebaktian penyembahan di Bait Agung. Dalam sekejap, langit-langit terbuka dalam bentuk salib dan banyak orang percaya terangkat ke udara. Mereka yang terangkat berubah menjadi tubuh rohani, menjadi roh dalam pakaian putih bersih.

Tetapi aku juga bisa melihat ada orang-orang yang tidak diangkat, namun tetap ditinggalkan di dunia. Dan pada waktu mereka menyadari bahwa mereka tidak terangkat, mereka menjadi sangat takut. Ada yang pingsan karena ketakutan yang amat sangat. Yang lainnya bersedih hati dan memukul-mukul lantai.

Di antara mereka yang tidak terangkat terdapat beberapa pendeta yang terkenal dan para pekerja yang bekerja dengan aku. Aku tahu benar mengapa hal ini terjadi. Mereka menganggap diri mereka orang percaya, tetapi di hadapan Allah, mereka bukan gandum melainkan sekam, debu gandum.

Mereka yang tinggal di dunia mengoyakkan hati mereka dan bertobat, tetapi pintu keselamatan telah tertutup. Mereka berkumpul di Bait Agung untuk berdoa dan memuji Allah. Akan tetapi Roh Kudus sudah diambil kembali, dan mereka tidak bisa lagi menerima rahmat apapun dari Allah. Dunia ini dikuasai oleh iblis, dan mereka tidak bisa menerima pertolongan apapun dari Roh Kudus.

Perjamuan Kawin di Surga, Kesengsaraan di Bumi

Orang percaya yang adalah gandum akan terangkat ke udara, berjumpa dengan Tuhan, dan ikut dalam Perjamuan Kawin Tujuh Tahun di udara. Mereka akan melewatkan waktu mereka seolah-olah mereka berada dalam mimpi. Dan selama masa itu, akan terjadi Tujuh Tahun Kesengsaraan di Bumi. Selama masa tersebut, seperti tertulis dalam Kitab Wahyu, akan pecahlah Perang Dunia III. Bangsa yang lebih kuat akan menggunakan senjata-senjata mereka untuk perusakan masal dan juga menggunakan senjata nuklir. Dunia akan mengalami kesengsaraan yang belum pernah terjadi sebelumnya.

Bait Agung yang dibangun oleh gereja kami akan dikuasai iblis dan dipakai sebagai tempat penyiksaan. Ada orang yang akan selamat dan bertahan hidup dari kekacauan Perang Dunia III tetapi pada saat Anti Kris muncul, mereka tidak akan mampu meneruskan hidup mereka tanpa menerima tanda 666. Karena mereka akan melarang semua orang membeli dan menjual tanpa memakai tanda itu pada dahi atau pada tangan kanan (Wahyu 13:16-18).

Tanda 666 sama dengan tiket menuju neraka, dan mereka yang tahu hal ini akan lari menuju gunung-gunung untuk menghindari diberikannya tanda ini. Tetapi mereka akan dikejar dan ditangkap. Jika mereka menolak menerima tanda 666 tersebut mereka akan disiksa.

Allah memperlihatkan semua adegan penyiksaan ini. Alat-alat yang dipakai untuk menyiksa sangat mengerikan dan dibuat dengan teknologi canggih. Dalam penyiksaan itu, ada orang yang menyangkal Yesus dan menerima tanda 666 tersebut. Mereka tahu bahwa mereka tidak dapat diselamatkan jika mereka menyangkal Yesus dan menerima tanda 666, tetapi mereka tidak sanggup menahan siksaan tersebut.

Bayangkanlah anak-anak atau orangtua yang Anda cintai mengalami penyiksaan yang luar biasa mengerikan itu. Sangat sulit menahan sakit dan penderitaan yang amat parah dari penyiksaan, dan menjadi seorang martir. Mereka yang sanggup mengatasi penyiksaan ini dan menjadi martir akan menerima 'Keselamatan Memalukan sebagai Upahnya.'

Tetap Berpegang kepada Allah dalam Kesedihan dan Airmata

Nn. 'H' menjadi pendeta di gereja kami. Allah memberikan dia banyak kesempatan untuk bertobat dan kembali kepada Allah, tetapi dia tidak melakukannya. Allah memberikan karunia yang sangat indah kepadanya tetapi dia malah menjadi arogan. Dia berbuat dosa dan menimbulkan permasalahan di gereja. Dia tetap tidak mau membuang motivasinya yang hanya mementingkan diri sendiri. Akhirnya Allah berpaling dari dia.

Dan pada titik ini dia malah melakukan pekerjaan setan. Dia mengira dia akan bisa menguasai seluruh gereja jika dia dapat menghancurkanku; karena itu dia menyusun rencana dengan beberapa orang di gereja. Dia memberikan laporan palsu kepada stasiun penyiaran dan menipu banyak orang.

Akhirnya, dia memfitnah dan meninggalkan gereja. Aku mendapat suatu penglihatan bahwa dia ditempatkan dalam Kesengsaraan Besar selama tujuh tahun dan terus menerus mengalami penyiksaan. Aku sangat terkejut sehingga aku menjadi sangat sedih karena aku sudah melihat orang-orang yang tidak terangkat ke udara, tetapi ditinggalkan di bumi.

Aku berdoa, "Ya Bapa, ya Allah, jangan biarkan ada satu orang pun tertinggal di bumi. Terutama para pengajar, para gembala dan pendeta, para pekerja, jangan tinggalkan mereka di bumi mengalami Kesengsaraan Besar selama tujuh tahun. Ajaklah mereka untuk bertobat dan berpaling kepadaMu dan menerima keselamatan."

Aku tidak akan menangisi hal-hal kecil, tetapi sejak aku melihat adegan penyiksaan ini, aku menjadi sering menangis. Jika aku pergi ke bukit untuk berdoa, aku hanya memohon kepada Allah dengan cucuran airmata, meminta-Nya agar jangan meninggalkan mereka.

Terbukanya Alam Rohani

Dari tanggal 4 hingga 14 Mei 1998, diadakan Kebaktian Kebangunan Rohani Dua-Minggu yang ke-6 dengan tema 'Allah adalah Terang.' Kebanyakan anggota jemaat gereja mempersiapkan acara ini dengan melakukan doa puasa. Setelah acara kebangunan rohani ini selesai, banyak orang mengalami bahwa mata rohani mereka dicelikkan dan mereka menjadi penuh dengan rahmat Allah.

Jika kita mengasihi Allah kita akan terus menerus berdoa. Kita akan senang mendengar suara-Nya dan rindu untuk melihat alam rohani. Sama halnya dengan kerinduan kita untuk berbicara dengan orang-orang yang kita kasihi setiap hari, jika kita mengasihi Allah Bapa kita akan selalu ingin bertemu dengan Dia dan mendengar suara-Nya.

Allah melihat anggota jemaat gereja kami berusaha hidup sesuai dengan firman dan hidup dalam terang. Ia mencurahkan rahmatnya atas mereka dan banyak dari mereka menjadi mampu melihat alam rohani. Bukan hanya itu, banyak hal terjadi dan melalui kejadian tersebut mereka mengalami pekerjaan Allah secara langsung.

Dalam Yakobus 1:17 kita membaca bahwa ada tertulis, *"Setiap pemberian yang baik dan setiap anugerah yang sempurna, datangnya dari atas, diturunkan dari Bapa segala terang; pada-Nya tidak ada perubahan atau bayangan karena pertukaran."*

Dalam Kisah Para Rasul pasal 3, Petrus menyembuhkan orang lumpuh hingga dapat berdiri tegak. Pada waktu Petrus dan Yohanes mewartakan kebangkitan Yesus, dalam satu hari ada lima ribu orang memberi diri mereka untuk dibaptis dan menerima Yesus. Pemimpin-pemimpin Yahudi serta tua-tua dan ahli-ahli Taurat yang tidak suka akan kabar baik tentang kebangkitan memanggil para rasul dan mengancam mereka untuk berhenti menyebarkan Injil.

Kisah Para Rasul 4:18-20 mengatakan, *"Dan setelah keduanya disuruh masuk, mereka diperintahkan supaya sama sekali jangan berbicara atau mengajar lagi dalam nama Yesus. Tetapi Petrus dan Yohanes menjawab mereka, 'Silakan kamu putuskan sendiri mana yang benar di hadapan Allah: taat kepada kamu atau taat kepada Allah. Sebab tidak mungkin bagi kami untuk tidak berkata-kata tentang apa yang telah kami dengar.'"*

Walaupun tahu bahwa memang kehendak Allah, tetapi jika para rasul takut memberitakan Injil hanya karena penyiksaan dan kesengsaraan, ajaran Kristen tidak akan pernah berkembang sama sekali.

Karena usaha para rasul yang sangat mengasihi Allah dengan

segenap hati mereka dan tidak takut mati, Kekristenan sekarang sudah berkembang dan menghasilkan buah-buah.

Kita Tidak Dapat Menyangkal Apa yang Telah Dilihat dan Didengar

Mereka yang mata rohaninya telah dicelikkan akan melihat Tuhan, para nabi dan malaikat-malaikat. Mereka bahkan juga akan mendengar suara-suara roh. Dan ketika mereka dipenuhi dengan rahmat Allah dan bisa melihat alam roh, mereka menceritakan pengalaman ini kepada orang-orang lain juga. Namun, walau mereka hanya menceritakan apa yang telah mereka lihat, wajar saja bahwa ada hal-hal yang ditambahkan dan ada yang dikurangi pada waktu cerita itu beredar dari satu orang kepada yang lainnya.

Boleh saja menceritakan akan pengalaman mereka, tetapi bila mereka menambahkan pemikiran mereka sendiri pada apa yang telah mereka lihat, dan tidak mampu membedakan apa yang harus diceritakan dengan apa yang tidak perlu diceritakan, hal ini dapat menimbulkan masalah. Tetapi aku tidak dapat menghentikan jemaat gereja dengan menakut-nakuti mereka akan akibat yang timbul. Aku harus menerimanya agar mereka tetap bertumbuh dalam pengharapan akan surga dan lebih mendalam lagi mengenal roh dan melihat Yerusalem Baru sebagai tujuan akhir.

Pada bulan Juni 1998, aku mengatakan kepada beberapa orang pekerja gereja sebagai berikut:

"Karena anggota jemaat gereja sudah melihat alam roh,

tentunya aku akan dituduh sebagai dukun, melakukan sesuatu yang bersifat klenik. Aku akan dihadapkan pada sebuah ujian besar. Tetapi karena semua ini adalah kehendak Allah untuk melihat alam roh, aku tidak punya pilihan selain tetap berjalan seperti sesuai kehendak-Nya."

Aku tahu hal ini akan menyebabkan gelombang protes besar terhadap kami, tetapi aku tidak menghentikan mereka untuk mengalami dan masuk dalam alam roh. Allah sendirilah yang membukakan mata rohani mereka dan membuat mereka melihat hal-hal di alam roh, sehingga aku tidak berani untuk melarang mereka.

Semakin banyak kita mengenal alam roh, kita akan semakin rindu akan kerajaan surgawi dan semakin menjauhi kegelapan dunia. Kita akan mempunyai harapan yang lebih besar akan kerajaan surgawi dan semakin bertumbuh dalam iman dan roh sambil menantikan Yerusalem Baru.

Si iblis, musuh kita, memang selalu mencari Mesias bahkan sebelum Yesus dilahirkan. Pada saat Yesus dilahirkan, iblis berusaha membunuh-Nya melalui Herodes. Demikian juga halnya pada saat Yesus melakukan pelayanan di masyarakat, dan ketika tiba waktunya, si iblis menghasut banyak orang untuk menyalibkan Dia.

Kerajaan Allah didirikan melalui peperangan rohani. Para gembala, pendeta dan pekerja untuk Allah harus mengenal alam roh. Tanpa mengenal alam roh, kita tidak bisa melakukan kontrol atas iblis musuh kita dan Setan. Kita akan mampu mengalahkan mereka dan menyatakan kuasa Allah, hanya setelah kita paham benar siapa mereka sebenarnya.

Dalam Kisah Para Rasul 16:16-18 kita tahu bahwa selama beberapa hari ada seorang hamba perempuan yang mengikuti dan menyusahkan Paulus. Perempuan itu adalah seorang tukang tenung yang sudah dikuasai oleh roh tenung. Tetapi Paulus tidak mengusir roh tenung itu keluar. Sebenarnya dia cukup mengatakan, "Dalam nama Yesus Kristus, roh jahat keluarlah!" dan roh jahat itu pasti akan pergi, tetapi mengapa Paulus membiarkannya? Paulus memang menunggu karena dia tahu dia tidak boleh melakukannya.

Jika dia mengusir roh tenung dari perempuan itu, orang yang memperoleh penghasilan dari tenungannya akan kehilangan penghasilan, dan mereka pasti akan menganiaya dia. Tetapi, apa yang terjadi saat dia sudah tidak tahan lagi lalu mengusir keluar roh tenung tersebut? Ia ditangkap dan diseret ke hadapan umum. Ia ditelanjangi dan didera hingga menderita dan kemudian dilemparkan ke dalam penjara.

Alkitab berisikan catatan tentang alam roh. Iblis, si musuh, dan Setan sangat benci jika ada orang dapat melihat alam roh. Karena mereka kuatir bahwa di situlah Injil akan diberitakan dan kerajaan Allah akan didirikan dengan teguh melalui pengetahuan akan alam rohani. Dalam Kitab 2 Raja-Raja 6:17 tertulis, *"Kemudian berdoalah Elisa, 'Ya TUHAN: Bukalah kiranya matanya, supaya ia melihat.' Maka TUHAN membuka mata bujang itu, sehingga ia melihat; tampaklah gunung itu penuh dengan kuda dan kereta berapi sekeliling Elisa."*

Dengan mata rohaninya, Elisa melihat kuda dan kereta berapi di sekeliling gunung. Demikian juga setelah Stefanus memberitakan Injil, dia dipenuhi dengan Roh dan berkata, *"Sungguh aku melihat langit terbuka dan Anak Manusia berdiri di sebelah kanan Allah."* (Kisah Para Rasul 7:56)

Maka berteriak-teriaklah orang-orang dan sambil menutup telinga mereka serentak menyerbu dia dengan satu tujuan.

Mereka melemparinya dengan batu hingga mati. Dalam Kisah Para Rasul pasal 7, ketika Stefanus memberitakan Injil dan menunjukkan dosa-dosa mereka semua, orang-orang jahat menjadi marah kepadanya (Kisah Para Rasul 7:54). Tetapi seandainya Stefanus tidak mengatakan bahwa pintu surga terbuka dan dia dapat melihat Yesus, dia tidak akan dirajam batu hingga mati. Mereka membenci Stefanus, karena mata rohaninya terbuka dan dia mampu memberitakan tentang alam roh, mereka benci bahwa Stefanus melihat sesuatu yang tidak bisa mereka lihat.

Mereka mengatakan hal-hal berikut, "Para malaikat? Ah, hanya sebuah ilusi! Mereka pasti keliru. Semua ini bohong belaka!"

Mereka banyak membuat pernyataan palsu seperti itu.

Munculnya Bayang-Bayang pada Pilar di Rumah Ibadah

Pada tanggal 21 Juni 1998, setelah kebaktian malam, kami dapat melihat bayang-bayang orang pada keempat pilar di altar ruang doa utama. Aku yakin Allah berkenan jika aku melakukan doa di bukit setelah kebaktian malam. Allah mengukir bayang-bayang tersebut pada keempat pilar di ruang doa melalui para malaikat-Nya. Banyak orang dapat melihat dengan kasat mata adanya gambaran yang amat jelas.

Gambar-gambar itu adalah gambar Yesus yang tertikam lambung-Nya di salib, dan gambar Paulus, Yohanes, dan Petrus. Berita ini menyebar, dan lebih dari tujuh ribu orang mengunjungi gereja kami untuk melihat gambar-gambar tersebut sepanjang minggu.

Di Pulau Patmos, kita dapat melihat lukisan Yohanes.

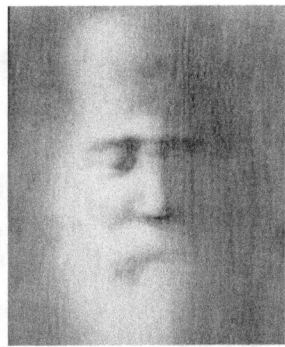

Rasul Yohanes

Petrus, Rasul

Yesus di salib
Bayang-bayang di pilar digambar di atas kertas oleh
seorang pelukis

Dahinya bengkak karena sewaktu berdoa dia seringkali mengantukkan kepalanya ke batu karang. Gambar Yohanes yang muncul di pilar ruang doa juga sama dengan yang ada di Pulau Patmos, dengan dahinya yang bengkak. Petrus mempunyai janggut lebat.

Sewaktu anggota jemaat gereja melihat Yesus yang mengalami pendarahan karena duri-duri yang menusuk kepala-Nya, dan tombak yang menembus lambung-Nya, mereka tersentuh emosinya. Gambar-gambar ini tetap berada pada keempat pilar tersebut selama beberapa minggu, siang dan malam. Ada yang membuat foto dan video akan kejadian tersebut. Seorang diaken yang pandai melukis membuat sketsa dari gambar-gambar ini.

Allah Menunjukkan Cahaya Tubuh Rohani

Manusia mempunyai tubuh, tetapi sesungguhnya ia juga adalah roh. Pada waktu Allah yang adalah roh menciptakan manusia, Ia menghembuskan nafas hidup ke dalam hidungnya dan menjadikan manusia itu mahluk yang hidup. (Kejadian 2:7). Setelah kita menyelesaikan kehidupan kita di dunia ini, kita akan menuju surga dan hidup dengan tubuh rohani kita. Untuk membuktikan bahwa kita semua menyerupai hati Yesus dan adalah segambar dengan Allah, setiap orang mempunyai terang cahaya yang berbeda-beda.

Sewaktu Musa turun dari Gunung Sinai dengan Sepuluh Perintah Allah, wajahnya bersinar demikian menyilaukannya sehingga orang takut untuk mendekat kepadanya. Musa sendiri tidak menyadari hal ini, dan kemudian ketika semua orang takut akan dia, dia menyelubungi mukanya. (Keluaran 34: 29-33).

Kejadian berikut ini terjadi pada tanggal 25 Juli 1998, pada saat kebaktian Jumat semalaman. Allah Yang Maha Pengasih, yang menginginkan para orang percaya lebih mempunyai harapan akan Kerajaan Surga memperlihatkan kepada mereka terang cahaya tubuh rohani. Bukan hanya mereka yang sudah dicelikkan mata rohaninya, tetapi semua orang dapat melihatnya.

Pada suatu ketika, ada cahaya terang terpancarkan keluar dari tubuh rohaniku. Pemimpin pujian tidak terlihat karena cahaya yang amat terang dan menyilaukan. Rangkaian bunga yang dipakai oleh pemimpin pujian berubah menjadi sebuah mahkota. Pada saat aku maju ke tengah altar, pakaianku tampak bagaikan sebuah jubah panjang, dan aku kelihatan lebih tinggi.

Kejadian ini terpantulkan pada layar besar, dan semua anggota jemaat yang hadir dalam kebaktian tersebut dapat melihatnya dengan jelas. Terang cahaya tersebut terpancar ke sekelilingku, dan mereka yang duduk di baris depan mengalami hal-hal yang luar biasa mengherankan, kelelahan mereka lenyap dan juga terjadi penyembuhan-penyembuhan.

Salah satu dari mereka adalah Kyeong-ok Kim. Dia mengalami kecelakaan lalu lintas pada bulan Oktober 1996; akibatnya dia mengalami kelumpuhan serius, stadium lima pada kedua kakinya. Dia hampir tidak bisa berjalan, walaupun memakai tongkat penopang. Sebelum terjadinya kecelakaan dia sudah mulai hadir di gereja kami.

Ketika dia melihat cahaya ini pada kebaktian Jumat semalaman itu, semula dia mengira hanyalah pantulan dari cahaya lain. Tetapi ketika dia memperhatikannya dengan lebih seksama, mereka yang masuk dalam terang cahaya tersebut lalu menghilang. Dia juga menyaksikan bahwa aku tampak jauh lebih tinggi berselubungkan sesuatu yang putih bersih, seputih kain linen.

Maka, dia menjadi percaya bahwa ini bukan suatu kebetulan dan juga bukan hal yang dibuat-buat, tetapi adalah pekerjaan Allah sendiri. Cahaya itu masuk ke matanya. Dia tidak henti-hentinya meraung dengan perasaan bahwa dia akan menjadi buta.

Akan tetapi setelah usai kebaktian dia mendapatkan dirinya berjalan dengan bebas tanpa tongkat penopang. Sebenarnya dia diperkirakan akan menjalani seluruh hidupnya sebagai orang cacat, akan tetapi dengan rahmat Allah dia disembuhkan dan kembali normal seutuhnya. Namun karena hal ini merupakan pengalaman rohani yang tidak dapat dijelaskan dengan ilmu pengetahuan, sebuah perusahaan penyiaran mengatakan bahwa semua ini dibuat-buat dan direncanakan, dan semua kisah ini adalah pengalaman yang mengada-ada.

Allah Melindungi Anggota Jemaat Gereja

Dengan pancaran mata-Nya yang bernyala-nyala, Allah yang adalah sumber kasih melindungi umat-Nya ,bukan saja umat di gereja pusat di Seoul, tetapi juga umat lain di gereja-gereja cabang di seluruh negeri ini.

Pada tanggal 15 Maret 1998, pada saat anggota jemaat Gereja Manmin Daegu sedang dalam perjalanan menuju kebaktian perayaan ulang tahun Gereja Manmin Masan, mobil yang mereka tumpangi mengalami kecelakaan dan terbalik di Jalan Raya Kuma.

Mereka mengendarai dengan kecepatan 120 km per jam. Ban belakang kanan tertembus paku dan pecah, dan mobil berputar lalu menghantam jalur pembatas di tengah. Di dalam

Kondisi mobil setelah kecelakaan

mobil tersebut ada dua belas orang dewasa dan lima anak. Mobil tersebut benar-benar hancur.

Sungguh suatu kecelakaan besar dan semua orang di dalam kendaraan tersebut kemungkinan besar mati. Tetapi, Allah melindungi ketujuh belas orang tersebut. Salah satu dari mereka sedang hamil akan tetapi dia tidak mengalami cedera atau luka sama sekali. Katanya, ketika dia terlempar keluar dari jendela dan jatuh di tanah, dia merasa ada seorang malaikat melingkupi tubuhnya.

Pada saat yang sama, Sunhee Lee mengalami cedera tulang belakang dan *cervical vertebrae*. Mobil ambulans 119 tiba di tempat dan paramedis akan membawa dia ke rumah sakit. Tetapi

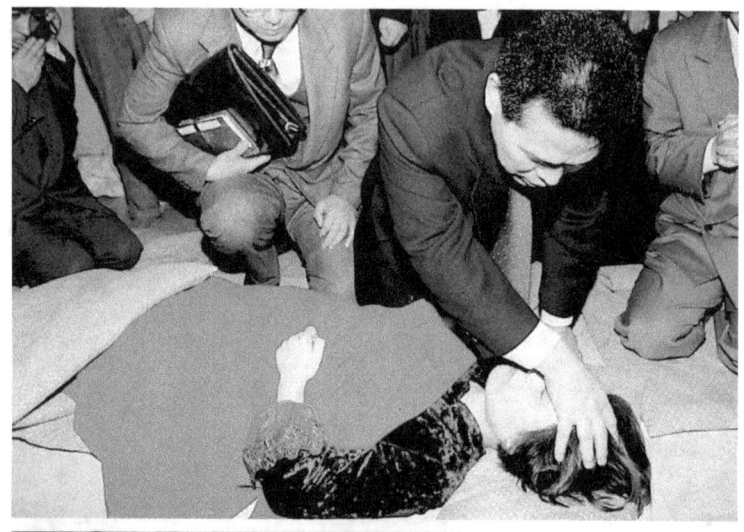

Melalui doa Sunhee Lee
disembuhkan setelah
kecelakaan

dia dan keluarganya ingin pergi ke Gereja Manmin Masan bukan
ke rumah sakit.

Setelah kebaktian penyembahan selesai, barulah aku
mendengar berita ini. Dan sewaktu aku masuk ke ruang
perawatan, Sunhee Lee sedang berbaring. Aku mendoakan dia,
menjamah leher, bahu dan punggungnya.

Katanya, pada saat dia didoakan, dia merasakan adanya suatu aliran panas seperti api, dan juga merasakan adanya kekuatan baru. Dia langsung bisa berjalan setelah selesai didoakan. Dia mengatakan bahwa pada saat itu dia juga disembuhkan dari penyakit gondongan yang sudah dideritanya selama dua tahun.

Sebuah Tangan Penopang Saat Jatuh Bebas dari Ketinggian Lima Belas Meter

Pada tanggal 23 Desember 1998, Diaken Joong-Ik Chun adalah Pemimpin Tim Anti Teroris dari Kepolisian Khusus Seoul. Waktu itu terjadi demonstrasi para biksu Buddha, secara ilegal mereka menduduki kantor pusat sebuah cabang Kuil Buddha, Cho Gye Jong. Beserta regunya, dia dikirim menuju tempat kejadian, Kuil Cho Gye Sa.

Sewaktu mereka mencapai puncak gedung setinggi lima belas meter dengan menggunakan truk bertangga tinggi, tiba-tiba penopangnya patah dan truk itu terbalik. Kelima anggota polisi khusus tersebut langsung jatuh dari tangga.

Kejadian ini dilaporkan sebagai berita utama oleh semua pers setempat. Akan tetapi, pada saat Diaken Joong-Ik Chun terjatuh, alih-alih berpikir bahwa dia akan luka dan cedera serius, dia mempunyai iman bahwa Allah akan melindunginya.

Seandainya dia jatuh pada bagian kepala lebih dahulu, tulang punggungnya akan remuk, dan seluruh tubuhnya akan rusak. Akan tetapi dia jatuh menyamping dengan helmnya lebih dahulu. Selain itu, dia merasakan adanya sebuah tangan besar yang menopang tubuhnya, dan dia merasa seolah-olah ada banyak lapisan kapas di tanah.

Dia jatuh terhempas dengan menimbulkan suara keras di aspal. Semula, dia agak bingung karena sangat terkejut, tetapi ketika dia melihat sekelilingnya, Kuil Cho Gye Sa sudah terbakar.

Foto kejadian di tampilkan di surat kabar
(Joong-Ik Chun dalam lingkaran)

Keempat anggota lainnya mengalami luka dan cedera serius. Luka dan cedera yang mereka alami menyebabkan kelumpuhan, tetapi Diaken Joong-Ik Chun tidak mengalami luka-luka sama sekali.

Pada waktu dia diantar dengan ambulans ke rumah sakit bersama dengan anggota yang lain untuk mendapatkan diagnosa, dengan penuh ketakjuban, para dokter yang bertugas berulang kali bertanya kepadanya apakah dia salah seorang dari mereka yang jatuh dari lantai lima belas?

Joong-Ik Chun dalam tugas sebagai polisi

Berdoa Dengan Cucuran Airmata Bagi Mereka yang Berkhianat dan Menyebabkan Kerusakan

Aku tidak pernah menghukum siapapun, walaupun para pekerja gereja atau pendeta menipu atau tidak menaati aku. Aku terus menerus memaafkan mereka dengan harapan mereka akan berubah.

Pada tahun 1987, seorang pendeta ingin bekerja di gereja kami. Dia mengaku bahwa dia akan membuka sebuah gereja di Daejeon, maka aku memberikan dukungan finansial. Pada hari pembukaan gereja tersebut, beberapa pekerja gereja kami pergi ke Daejeon. Tetapi kami tidak menemukan sebuah gereja pun. Ternyata dia berbohong dan melarikan uang bantuan kami.

Beberapa tahun kemudian pendeta itu kembali lagi kepadaku, berlutut dan bertobat. Aku mengampuni dia dan tidak menanyakan apa pun mengenai yang sudah terjadi. Aku hanya membiarkan dia bekerja di gereja. Sekali lagi dia mengatakan bahwa dia akan membuka gereja di Daejeon. Aku memberikan dukungan finansial. Dia memang membuka gereja, tetapi mungkin karena kesulitan finansial, dia pergi begitu saja tanpa memberitahu apa pun kepadaku.

Yesus Mengajar Yudas Iskariot Sampai Akhir

Yudas Iskariot melihat tanda dan mukjizat yang dilakukan Yesus, sesuatu yang hanya dapat dilakukan oleh kuasa Allah. Namun tetap saja dia tidak bisa percaya akan Yesus. Bahkan setelah melihat satu bukti nyata, hatinya tetap masih dipenuhi hal-hal kedagingan. Karena itu, dia tidak bisa menyadari kehendak Allah dan menerimanya. Namun, tetap Yudas Iskariot diperlukan untuk menggenapi tugas pengutusan Yesus dan pekerjaan keselamatan. Alkitab mengatakan dialah yang akan menjual Yesus (Yohanes 6:71).

"Tetapi di antaramu ada yang tidak percaya". Sebab Yesus tahu dari semula, siapa yang tidak percaya dan siapa yang akan menyerahkan Dia (Yohanes 6:64).

Yesus berusaha memberi kesempatan bagi Yudas untuk mengerti dan bertobat, tetapi para murid tidak mengerti apa yang dimaksud Yesus. Karena tahu bahwa Yudas akan mengkhianati Dia, Yesus merangkul dia dengan penuh kasih hingga akhir. Yesus tidak menegurnya di hadapan para murid yang lain. Yesus tidak mempermalukan dia.

Mereka Bahkan Merencanakan untuk Berkhianat

Entah hati yang bagaimana yang dimiliki setiap orang, aku

hanya ingin agar semua orang mengubah hatinya menjadi hati yang penuh kebaikan. Aku tidak pernah berpikir, "Aku harus berhati-hati dengan dia karena hatinya tidak baik." Aku tidak pernah membuat jarak dengan siapa pun juga. Aku percaya siapa saja, setiap orang.

Aku percaya setiap orang, walaupun aku dapat melihat dengan jelas adanya pemikiran untuk berkhianat. Aku hanya percaya bahwa di masa mendatang mereka akan berubah dan tidak akan tetap seperti sekarang. Itulah caranya agar mereka bisa berkembang sebagai pendeta dan pekerja Allah.

Walaupun aku mempercayai mereka, ada juga dari mereka yang kemudian berbuat jahat kepadaku dan meninggalkan gereja. Aku sangat berduka karena kejahatan mereka, dan aku banyak kehilangan berat badan dan kekuatanku.

Pada tahun 1991, seorang pendeta secara sukarela bertanggung jawab atas 'Misi Terang dan Garam (*Light And Salt Mission*)' yang adalah sebuah kelompok misi yang bekerja dalam sektor bisnis distribusi. Pada waktu itu, Allah memberitahuku bahwa orang itu akan menyerang gereja kami beberapa tahun mendatang. Aku menasihati istrinya untuk mendoakan pendeta ini sehingga dia tidak berubah jalan pemikirannya.

Karena aku tahu bagaimana dia akan berubah, aku sangat memperhatikan para pekerja Misi Terang dan Garam (*Light and Salt Mission*). Akhirnya, pada tahun 1997, dia pergi meninggalkan kami bersama kira-kira tiga puluh anggota. Katanya dia akan membantu gereja kami dari luar, tetapi dia hanya mencoba menipu lebih banyak lagi anggota jemaat dan mengajak mereka pindah ke gereja miliknya. Dia menyebarkan banyak isu kebohongan, menjelekkanku dengan mengatakan bahwa aku berada di jalan yang salah dan keliru, dan mengganggu pelayanan gereja.

Awal dari Ujian Pertama

Pada bulan Juni 1998, Allah mengatakan, "Aku akan mencabut rumput-rumput dari gerejamu. Tetapi Aku akan meninggalkan beberapa." Aku menjadi sangat sedih dan menderita. Dalam bulan Juli, ujian pertama terjadi di gereja. Mungkin aku kurang tegas, sehingga aku hanya terus menerus mengampuni orang walaupun mereka membuat kesalahan besar. Walaupun mereka melakukan kejahatan yang sangat kejam, aku hanya berdoa bagi mereka sambil menangis, mengharapkan mereka untuk bertobat dan kembali ke jalan benar. Allah beberapa kali mengingatkanku agar menghapus mereka dari hatiku.

"Ya Bapa, tidak bisakah mereka diampuni? Bagaimana caranya agar mereka dapat diselamatkan? Ampunilah mereka!"

Dalam tahun 1998, selama beberapa bulan aku melakukan

doa puasa sambil menangis di hadapan Allah untuk mereka. Aku memperoleh jawaban, "Jika mereka sungguh-sungguh bertobat, Aku akan mengampuni mereka."

Setelah aku menerima jawaban itu, aku berusaha membuat mereka menyadari keadaan mereka, dan aku juga memberi nasihat tetapi mereka tidak mendengarkan. Anggota jemaat gereja tidak mengerti mengapa aku banyak menangis pada saat aku berkhotbah.

Sejak aku membuka gereja, aku mengadakan konferensi para pendeta setiap tahun untuk pertumbuhan rohani mereka. Pada bulan Juli 1998, aku harus membuat keputusan satu minggu sebelum konferensi para pendeta.

Sekali lagi aku mendapatkan jawaban, "Hamba-Ku karena engkau tidak bisa melakukannya, maka Akulah yang akan melakukannya. Engkau tidak dapat menyentuh hati mereka dengan sikapmu, maka Aku sendirilah yang akan melakukannya."

Aku tidak dapat menerima mereka yang tidak dapat diterima Allah. Musuh menghampiri mereka bagaikan singa yang mengaum (1Petrus 5:8). Aku tahu bahwa Setan akan menghasut orang-orang jahat dan berusaha menghancurkan aku, tetapi aku hanya dapat menyerahkan semua ini kepada Allah, karena Allah sendiri sudah mengatakan bahwa Ia akan mengatasi keadaan ini. Salah satu dari mereka kerasukan beberapa roh jahat sekaligus. Aku dapat melihat satu orang lagi yang dibelit oleh seekor ular besar.

Beberapa anggota jemaat melihat gambaran Lucifer, pemimpin koloni iblis, dan pemimpin dari pasukan balatentara surga, Malaikat Agung Mikhael, bertarung dengan dahsyat menghadapi para pengkhianat yang berada di antara mereka. Semua ini karena aku tidak mengizinkan mereka masuk dalam hatiku tetapi membiarkan mereka agar mereka berubah dan berpaling kembali kepada Allah. Lalu, aku dapat mendengar suara Allah.

"Hamba-Ku. Biarkanlah mereka. Selama kamu mempertahankan mereka dalam hatimu, Malaikat Agung Mikhael harus membantu mereka. Engkau harus menghapus mereka dari hatimu agar Aku dapat bekerja."

"Terjadilah Kehendak-Mu."

Aku tidak sanggup lagi, dan aku berhenti mendoakan mereka. Ketika aku menyerah dan berhenti berdoa, mulailah ujian terjadi dengan sepenuhnya. Ada orang yang telah berbuat demikian banyak dosa dan Allah memutuskan untuk meninggalkan mereka. Orang-orang ini saling berhubungan satu sama lain.

"Dan sesudah Yudas menerima roti itu, ia kerasukan Iblis. Maka Yesus berkata kepadanya: 'Apa yang hendak kauperbuat, perbuatlah dengan segera.' Tetapi tidak ada seorangpun dari antara mereka yang duduk makan itu mengerti apa maksud Yesus mengatakan itu kepada Yudas." (Yohanes 13:27-28)

Pada bulan Juli 1998, beberapa orang yang sepakat untuk mengkhianatiku setelah konferensi para pendeta menyusun suatu rencana. Salah seorang dari para pendeta tersebut mengatakan bahwa dia akan berdoa selama lebih dari satu bulan untuk bertobat sampai Allah mengampuni dia.

Allah telah memberikan dia banyak karunia Roh Kudus sejak awal pembukaan gereja. Tetapi aku jarang sekali melihat dia berdoa. Selama bertahun-tahun dia banyak menumpuk kesalahan karena tidak patuh kepada Allah dan akhirnya dia tidak lagi bisa berkomunikasi dengan Allah. Dia tidak lagi mampu memperlihatkan pekerjaan Roh Kudus.

Allah telah mengambil semua karunia yang diberikan kepadanya. Lebih parah lagi, karena banyak pemimpin pujian yang bertumbuh menjadi dewasa, dia merasa kuatir dan terancam posisinya, dan jelas sekali tampak kebencian dan rasa iri di hatinya. Aku menasihati dia untuk sungguh-sungguh bertobat di hadapan Allah.

"Ketika Anda pergi ke bukit untuk berdoa, bertobatlah dengan sungguh-sungguh dan hancurkanlah semua belenggu dosa."

Namun dia memberikan kepadaku jawaban yang sungguh di luar dugaan.

Katanya, "Saya sudah memperhatikan Anda selama tujuh belas tahun terakhir ini, dan Anda tidak pernah melanggar kebenaran. Anda menjalani kehidupan Anda tanpa cacat, dan Allah sangat mengasihi Anda."

Akan tetapi, setelah berkata demikian dia tidak pergi ke bukit untuk berdoa. Dengan tiba-tiba dia berbalik menjadi pemeran penting dalam sebuah rencana pengkhianatan. Dia tidak dapat lagi menyembunyikan dosa-dosanya karena sudah tersebar di gereja, maka dia menemui orang-orang yang sudah meninggalkan gereja dan mematangkan rencana tersebut.

Dia mulai menyebarkan isu yang tidak benar dan juga

membuat selebaran. Dia membagikannya pada berbagai asosiasi gereja, pers, dan kepada para pendeta dari berbagai denominasi. Dia juga memasang isu tersebut di Internet. Mereka mencari berbagai cara dan alasan untuk bisa menuduhku sebagi tukang tenung, dan dalam waktu singkat mereka dapat mengumpulkan banyak hal untuk menuduhku. Mereka menunjukkan dokumen-dokumen palsu pada lembaga penyiaran yang menyiarkan khotbahku dengan tujuan agar siaran itu dihentikan.

Dia berkeinginan menghancurkan aku, karena dia berambisi menjadi pemimpin gereja dan mengambil alih seluruh gereja bagi dirinya sendiri. Dia membuka sebuah gereja tidak jauh dari gerejaku, dan dia menyebarkan bermacam-macam cerita aneh.

Dia membuat surat dan rekaman kaset berisikan kesaksian palsu dan membagi-bagikannya. Dia mempunyai rencana untuk mengacaukan anggota jemaatku dan membuat mereka pindah ke gerejanya. Aku harus memberi tahu anggota jemaatku tentang keadaan ini dan menjernihkan situasi.

Aku dapat merasakan banyaknya kebohongan yang terjadi sehingga menutupi kebenaran.

Pada waktu istri Potifar menggoda Yusuf, dia menolaknya mentah-mentah.

Dalam Kitab Kejadian 39:12 kita melihat ada tertulis *"Lalu perempuan itu memegang baju Yusuf sambil berkata, 'Marilah tidur dengan aku.' Tetapi Yusuf meninggalkan bajunya di tangan perempuan itu dan lari ke luar."*

Istri Potifar menyebarkan dusta dengan mengatakan Yusuf menghampiri dia dan ingin memperkosanya, tetapi ketika dia berteriak Yusuf meninggalkan pakaiannya dan lari. Potifar sangat marah ketika dia mendengar akan hal ini dari istrinya. Ia tidak menanyakan apapun kepada Yusuf. Dia langsung memasukkan

Yusuf ke penjara tempat para tahanan raja diasingkan. Jika Anda menghakimi hanya berdasarkan perkataan seseorang, Anda cenderung membuat penilaian yang salah.

Yusuf dituduh bersalah dan dimasukkan ke dalam penjara. Tetapi Yusuf tetap tutup mulut karena jika dia mengatakan yang sebenarnya keluarga kerajaan akan hancur dan dipermalukan. Di penjara Yusuf tidak terpengaruh dengan banyaknya hal-hal tidak benar yang dilihatnya di sana.

Yusuf telah belajar manajemen, mengelola rumah tangga Potifar. Setelah dipenjarakan, dia belajar tentang politik. Walaupun Yusuf berada di penjara, Allah tetap menyertai dia, dan akhirnya Yusuf menjadi Perdana Menteri Mesir. Artinya Allah membuktikan bahwa dia tidak bersalah.

Penyertaan Allah dalam Mengadakan Kebaktian Penyembuhan

Pada bulan November 1998, terjadilah ujian yang kedua. Ternyata di antara para pendeta di gereja kami juga ada sekam dan gandum. Ada sebuah keluarga yang menerima banyak karunia dan rahmat khusus dari Allah.

Pada tahun 1989, tiga anggota keluarga ini, termasuk ibu dari pendeta, hampir mati karena keracunan gas, akan tetapi mereka sembuh total tanpa ada akibat samping setelah aku doakan. Mereka adalah sebuah keluarga besar, dan hampir semua anggota keluarganya mengalami kesembuhan dari penyakit yang tidak dapat diobati melalui doa-doaku.

Mereka menerima begitu banyak rahmat dan kasih Allah, tetapi sejak mereka menjadi terkenal di gereja dan kedudukan mereka menjadi lebih tinggi, mereka menjadi arogan. Aku memberikan banyak kesempatan kepadanya agar bertobat tetapi dia tidak mau berpaling sama sekali. Pada saat-saat terakhir, dia mengambil dokumen-dokumen penting yang disimpan secara rahasia di dalam gereja. Akhirnya dosa-dosanya tersingkap. Setelah dosa mereka terungkap semua, pendeta ini beserta keluarganya meninggalkan gereja. Mereka juga membuka sebuah gereja di dekat gerejaku. Mereka juga menyebarkan kabar bohong kepada anggota jemaat gerejaku dan menganjurkan untuk pindah ke gereja mereka.

Sementara hal ini berlangsung, ada juga beberapa pendeta kepala gereja lain yang juga mempunyai niat egois dan pergi meninggalkan gereja. Mereka bersatu menyebarkan kabar bohong untuk mengelabui anggota jemaat karena mereka berusaha untuk mengajak jemaat ini berganti dan pindah gereja. Awalnya mereka bersatu demi keuntungan pribadi mereka, tetapi ketika mereka berbeda pendapat, maka rasa bermusuhan mulai tertanam di antara mereka, dan mereka saling menyerang seorang dengan yang lain.

Karena Allah tahu benar rencana Setan, Ia menggerakkan hatiku agar mengadakan kebangunan rohani dengan kebaktian penyembuhan. Sejak minggu pertama dalam bulan November, ada enam orang sakit disembuhkan setiap hari selama enam minggu. Bahkan ada di antara mereka yang menderita kelumpuhan sejak bayi juga disembuhkan. Banyak juga yang bisa berdiri dari kursi roda dan berjalan. Banyak penyakit kanker juga disembuhkan. Banyak orang mengalami mukjizat Allah.

Karena tanda-tanda dari Alkitab mulai menjadi nyata setiap hari, aku hanya bisa mengucap syukur kepada Allah. Allah yang hidup telah memperlihatkan kepada kita betapa Ia mengasihi kita, dan bahwa Dia sudah dan sedang dan akan selalu menyertai kita. Kemurahan dan pemeliharaan Allahlah yang membantu anggota jemaat gereja kami melewati masa-masa ujian ini, dan

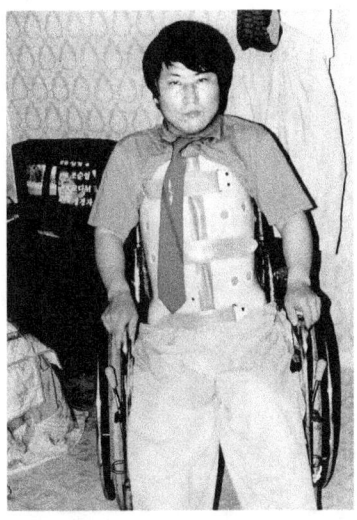
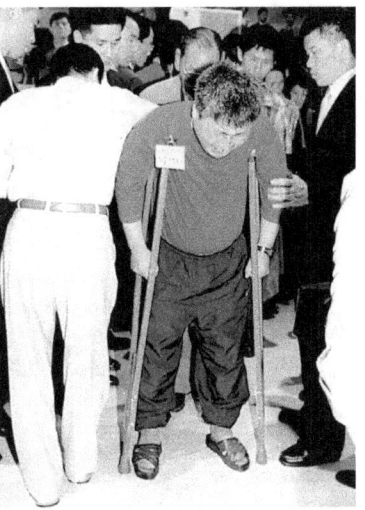

Yoonsup Kim sebelum disembuhkan, menggunakan penopang tulang punggung dan kursi roda

Didoakan dalam kebaktian kebangunan rohani tahun 1999

melihat semua tanda-tanda ini terjadi.

Pada bulan November 1998, Booneum Kim, seorang wanita lanjut usia, datang mengunjungi anaknya di Seoul. Punggungnya benar-benar bungkuk akibat dari kerja keras yang harus dilakukannya sebagai petani. Dia sudah mengalami penderitaan ini selama sepuluh tahun. Dia merasa sedih karena dia tidak bisa mengajak cucunya bermain kuda-kudaan dengan menunggangi punggungnya.

Dia hadir di kebaktian penyembuhan ini atas permintaan anaknya. Setelah didoakan, punggungnya yang bungkuk 90 derajat kembali utuh dan tegak dan dia kemudian memuliakan Allah.

Sembuh total dan memiliki keluarga bahagia

Sebelum kebangunan rohani dengan penyembuhan pada bulan November 1998, Yoonsup Kim mengalami kelumpuhan tahap satu, kelumpuhan yang membuatnya tidak berdaya. Dia tidak bisa bergerak sama sekali tanpa kursi roda. Pada bulan Mei 1990, sewaktu dia sedang bekerja dengan listrik di Daejeon, dia jatuh dari lantai lima sebuah bangunan.

Dia dibawa ke rumah sakit dan dia tidak sadarkan diri selama enam bulan. Dia mengalami retak pada *vertebrae thorakal* 4-5 dan *vertebrae lumbal* 11-12. Livernya juga mengalami kerusakan. Dia berada dalam kondisi kritis.

Setelah menjalani perawatan dan terapi medis, akhirnya pada tahun 1993 dia menerima diagnosa bahwa dia mengalami kelumpuhan tahap satu. Selama menjalani hari-harinya yang penuh rasa sakit dia diinjili oleh tetangganya dan kemudian diajak hadir pada kebaktian penyembuhan.

Dia tidak bisa ke kamar mandi sendiri. Namun setelah didoakan, dia mampu berdiri dari kursi rodanya! Saat itu juga dia tidak lagi mengenakan penyangga tulang belakangnya, dan dia mulai dapat berjalan dengan tongkat. Dia juga bisa tidur telentang. Tahun berikutnya, pada bulan Mei 1999, dia hadir pada Kebangunan Rohani Khusus Dua-Minggu, dan pada tanggal 12 Mei dia mendapatkan api kekuatan dari Roh Kudus.

Sebelumnya, dia harus berjalan dengan menggunakan penyangga, dan hal ini tidaklah mudah. Akan tetapi ketika api Roh Kudus turun atas kakinya, dia bisa berjalan kembali. Sungguh momentum yang sangat mengharukan, untuk pertama kalinya dalam sembilan tahun setelah mengalami kecelakaan tersebut, dia mampu berjalan kembali. Selanjutnya dia menikah dan sekarang dia mempunyai seorang anak perempuan yang cantik.

Allah Melatih Para Anggota Jemaat Untuk Membasuh Jubah Mereka

Allah menginginkan semua anggota gereja dan aku sendiri untuk bisa mengatasi segala keadaan dengan kebaikan dan kasih. Salah satu alasan mengapa Allah mengizinkan ujian terjadi pada kami adalah agar aku memiliki lebih banyak kuasa untuk mencapai kesempurnaan pelayanan misi dunia, namun juga karena Allah menginginkan semua anggota jemaat gereja membasuh jubah mereka. Artinya, Allah menginginkan mereka membersihkan hati mereka, membuang semua bentuk kejahatan, dan menjadi kudus.

Aku menasihati semua anggota jemaat untuk tidak melihat, mendengar, atau membicarakan apapun yang bukan kebenaran. Allah menginginkan mulut dan bibir yang kudus. Dengan demikian tidak akan ada lagi penghakiman, penghinaan, atau fitnah, kegelapan tidak bisa masuk, dan iblis si musuh tidak dapat menimbulkan kekacauan.

Setan tidak dapat mengganggu para orang percaya yang

hidup dalam jalan terang. Melalui ujian di gereja ini, anggota jemaat mendapatkan kesempatan untuk mengenal kebenaran dan menemukannya sendiri. Akan tetapi, sebagian dari mereka bertemu dengan orang-orang yang menyebarkan perkataan kegelapan, dan mereka tertipu lalu meninggalkan gereja.

Dalam bulan Desember 1998, Allah meminta aku untuk berdoa supaya aku dapat menerima suatu kuasa dari Allah agar aku bisa membangkitkan Lazarus yang mati seperti dilakukan Yesus. Jika aku menerima kuasa untuk membangkitkan orang mati melalui doa sesuai kehendak Allah, maka aku akan bisa mencapai misi dunia dengan cepat.

Tetapi kuasa Allah tidak diberikan dengan begitu mudahnya. Kita harus memiliki iman yang sebanding. Untuk menggenapi ini, kita juga harus menjalani ujian dan pencobaan berat guna memperoleh semua karakter dari kasih dan kebaikan pada tingkat tinggi.

Allah Menerima Doa Nazar Dengan Sukacita

Dalam tahun 1998, aku tidak bisa makan karena mengalami hal-hal yang sangat mengejutkan. Aku juga berdoa dengan penuh kesedihan. Berat badan dan tenagaku cepat sekali menyusut.

Bagaimana mungkin mereka yang sudah melihat dan mengalami begitu banyak pekerjaan dan mukjizat Allah, dan mendengarkan firman kebenaran dalam sekejap berubah dan meninggalkan gereja serta menjadi penganiaya? Setiap kali aku memikirkan kejahatan mereka, aku hanya bisa bersedih hati dan berbelas kasih bagi mereka.

Terutama sejak aku mendoakan orang-orang sakit dengan seluruh tenagaku, aku kehilangan banyak sekali energi. Aku kehilangan berat badan lebih dari 10 kg. Aku merasa seolah akan jatuh bila aku berjalan. Seandainya aku kehilangan berat badan lebih banyak lagi, aku tidak akan mampu untuk berkhotbah pada kebaktian. Suatu hari, saat aku sedang berdoa, Allah memberitahuku agar mempersembahkan doa nazar.

"Pergilah ke kaki gunung dan persembahkan doa nazar. Berdoalah bagi misi dunia. Aku telah mengambil energi fisik yang kau miliki, dan sekarang Aku akan mengisi dirimu dengan kekuatan surgawi. Sekarang sudah tiba saatnya, karena itu berdoalah agar engkau menerima kuasa untuk membangkitkan yang mati."

Pada bulan Januari 1999, aku memulai doa nazar selama satu bulan. Allah menggerakkan hatiku untuk berdoa bagi misi dunia dan penyertaan Allah yang harus digenapi pada akhir zaman. Allah membuat aku mengerti akan kuasa di atas segala kuasa untuk membangkitkan yang mati, dan Allah memintaku berdoa untuk 'Kuasa di atas Kuasa.'

Allah menerima doa nazar yang pertama ini dengan sukacita dan memberikan aku begitu banyak jawaban. Salah satu hal yang paling menakjubkan adalah bahwa tubuhku juga mengalami perubahan dan aku mendapatkan kekuatan baru. Aku pun sangat terkejut. Sewaktu aku masih muda, aku ingin memiliki bentuk badan "segitiga terbalik" dan sekarang aku mendapatkannya, dengan dada bidang dan bahu yang lebar.

Perutku mengecil dengan pinggang yang relatif kecil, aku menjadi penuh energi seperti saat aku berusia dua puluhan. Allah bahkan mengubah bentuk tubuhku sehingga aku dapat melakukan pekerjaan yang lebih besar tanpa merasa lelah. Iblis si musuh berusaha menghancurkan aku, tetapi Allah melindungiku. Ia bahkan memberikan aku tubuh yang kuat dalam sekejap. Diaken yang menjadi pengemudiku juga sangat terkejut dan dia membuat foto diriku. Para asisten pendeta juga terkejut melihat perubahan tubuhku.

Bab 3

Apa yang dipikirkan Yesus Ketika Dia Mendaki Golgota Sambil Memanggul Salib?

Awal dari Ujian Ketiga

Sejak doa nazar pertama berakhir, aku mempersembahkan kepada Allah doa nazar sekali dalam sebulan hingga bulan April. Sementara aku berdoa dalam empat kesempatan, aku tidak dapat menahan kesedihan yang melingkupiku setiap kali aku mengingat mereka yang meninggalkan gereja dan telah menyerang aku dan gereja. Aku tidak bisa berdoa dengan benar.

Pada bulan April 1999, firman Allah turun atasku dalam doa. Ia berkata bahwa Ia tidak akan mengampuni orang-orang jahat tersebut, dan karena jumlah doa yang aku panjatkan sudah mencukupi, Allah akan menunjukkan bahwa pekerjaan-Nya tidak terbatas oleh ruang dan waktu. Bahkan sebelumnya, sudah banyak orang disembuhkan melalui doa-doa di internet di negara-negara lain. Allah memberitahuku bahwa pekerjaan seperti ini akan terjadi sepenuhnya.

Allah memberitahuku, "Hamba-Ku, tidak perlu lagi berdoa

bagi mereka yang menyangkal dan meninggalkanmu. Janganlah bersedih hati akan keadaan apapun yang akan mereka alami. Aku tidak akan mengampuni mereka lagi. Aku tidak akan mengampuni siapa pun yang mengganggu gereja ini."

Beberapa pendeta yang meninggalkan gereja bersatu dengan yang lainnya yang juga telah meninggalkan gereja. Karena tindakan mereka yang tidak benar mulai terungkap, mereka menyusun rencana-rencana kejahatan. Salah satu dari mereka adalah seorang pendeta wanita yang memang sangat iri hati dan dikuasai oleh Setan.

Mereka yang meninggalkan gereja demi keuntungan diri mereka sendiri menyusun rencana untuk menghancurkan gereja kami. Mereka bersatu untuk kepentingan pribadi, dan jika kepentingan mereka berbeda, mereka akan berpisah.

Dalam bulan April 1999, setelah aku menyelesaikan doa nazar yang keempat kali, Allah mengatakan kepadaku bahwa akan ada ujian ketiga. Oleh kemurahan Allah jika aku mampu melewati ujian ini, Allah akan memberikan aku kuasa tak terbatas sehingga Setan tidak dapat melawannya.

Allah memberitahuku bahwa kebangunan rohani tahun itu akan dipublikasikan dengan luas, dan bahwa kami akan menjadi terkenal di seluruh dunia karena disiarkannya acara kebangunan rohani ini. Aku memberitahukan anggota jemaat gerejaku dalam khotbahku bahwa akan ada gaung yang keras melalui siaran di udara. Tetapi aku tidak pernah membayangkan bahwa justru siaran ini akan menimbulkan suatu masalah.

Stasiun Penyiaran Harus Mempunyai Pandangan Objektif

Kami mengadakan Kebangunan Rohani Khusus Dua-Minggu dalam bulan Mei 1999. Ketika rencana mereka untuk menghancurkan aku gagal, mereka memilih menggunakan stasiun penyiaran umum sebagai senjata terakhir mereka. Mereka menyusun rencana untuk menghancurkan gereja melalui siaran yang mereka buat. Mereka mengirimkan dokumen palsu dan juga para saksi palsu kepada tim yang disebut sebagai Catatan Produser (*Producers' Note*) dari MBC, *Munhwa Broadcasting Corporation.*

Pada tanggal 15 April 1999, tim *Producers' Note* membuat sebuah program berdasarkan informasi yang mereka miliki dan menyiarkannya pada tanggal 4 Mei.

Jelas bahwa stasiun penyiar harus menjaga pandangan yang objektif, dan mereka harus memeriksa kebenaran dan keabsahan informasi yang mereka terima. Mereka menyiarkan sesuatu hal yang sangat jauh berbeda dari ajaran kebenaran. Karena tahu akan hal ini, maka para pekerja gereja meminta stasiun penyiaran untuk tidak menyiarkan suatu program yang tidak netral, alias berpihak.

Kami memberitahukan mereka karena kami segera akan mengadakan suatu acara besar, 'Kebaktian Kebangunan Rohani Khusus', kami ingin bekerja sama dengan mereka sepenuhnya setelah acara kebangunan rohani ini selesai.

Tetapi tim *'Producers' Note'* datang ke rumahku pada tanggal 7 Mei dan meminta kesediaanku untuk diwawancara. Mereka tidak membuat janji sebelumnya. Mereka langsung datang dengan membawa kamera dan meminta agar aku mau diwawancara, dan aku bahkan tidak tahu sebelumnya kalau mereka datang ke rumah karena tidak ada seorang pun yang memberi tahu.

Seperti biasa aku selalu pergi ke gereja pada hari Jumat untuk kebaktian semalaman. Biasanya, aku tidak pernah terlambat menghadiri kebaktian penyembahan, dan jika aku terlambat walau hanya satu menit, aku akan berpuasa sebagai pernyataan tobat.

Karena para pekerja gereja tahu benar akan kebiasaan ini, mereka menjelaskan pada stasiun pemancar dengan sangat baik bahwa aku tidak bisa menerima wawancara hari itu. Akan tetapi mereka kemudian mengatakan bahwa mereka memberi kesempatan pada gerejaku untuk berbicara dengan mereka dalam suatu wawancara, namun aku menghindar dari mereka.

Kejutan Bagi Seluruh Dunia

Lalu para pekerja gereja mengajukan permohonan keberatan untuk penyiaran. Karena permohonan tersebut dikabulkan, maka siaran tersebut harus ditunda selama satu minggu. Pada tanggal 11 Mei, pengadilan memutuskan bahwa sebagian isi program siaran tersebut tidak boleh ditayangkan.

Setelah perintah ini diberikan, pekerja gereja menemui produsernya dan meminta mereka untuk menyiarkan program tersebut setelah kebaktian kebangunan rohani selesai dengan syarat mereka harus memeriksa kebenaran dari isi program tersebut. Akan tetapi mereka mengabaikan permohonan kami dengan mengatakan bahwa acara siaran itu sudah dijadwalkan.

Tanggal 11 Mei adalah hari ketujuh kebaktian kebangunan

rohani tersebut. Program siaran tersebut ditayangkan tepat jam sebelas malam hari itu. Seperti biasa, kebaktian kebangunan rohani selesai sekitar jam 10.20 malam. Tetapi ada sesuatu yang tidak terduga terjadi. Aku pulang ke rumah setelah kebaktian selesai, keesokan harinya, aku menerima laporan yang sangat mengejutkan dari para pekerja gereja.

Sekitar jam 10.20 malam pada hari itu, setelah kebaktian kebangunan rohani selesai, sebagian anggota jemaat gereja mendatangi stasiun siaran tersebut mengajukan protes. Mereka tahu bahwa program tersebut akan disunting dan tentunya ada berapa kejadian yang dipotong, dan karena itulah mereka protes. Mereka tiba di stasiun siaran sekitar jam 11.05 malam.

Awalnya sekitar dua puluh hingga tiga puluh orang tiba di stasiun, dan saat itu tidak ada penjaga sama sekali di pintu utama, sehingga mereka bisa masuk. Mereka menemui beberapa staf di lantai empat dan menanyakan di mana ruang siaran. Ada yang mengatakan di lantai empat dan yang lain mengatakan di lantai tujuh. Anggota kami menyebar untuk mencarinya.

Sewaktu sebagian dari mereka berada di lantai dua, mereka melihat salah satu pintu dalam keadaan separuh terbuka. Pada waktu mereka masuk, mereka melihat ada satu dinding penuh dengan layar monitor TV, dan mereka bisa melihat program siaran mengenai gereja kami.

Mereka menjadi sangat kecewa ketika mengetahui bahwa banyak sekali tuduhan tanpa alasan ditujukan pada gereja kami dalam siaran tersebut. Karena sebelumnya kami sudah meminta mereka untuk menghentikan siaran tersebut, maka terjadi pertengkaran antara anggota gereja kami dengan staf penyiaran. Seseorang dengan tiba-tiba saja mematikan tombol, dan siaran itu terhenti. Kejadian ini diketahui oleh seluruh dunia.

Pentingnya Untuk Taat pada Hukum

Aku mengajarkan kepada semua orang untuk taat bukan hanya pada hukum Allah tetapi juga pada hukum negara, dalam segala perkara entah perkara besar atau kecil. Dan memang kebanyakan anggota jemaat gereja kami taat pada hukum, melayani masyarakat dan hidup bagaikan terang dan garam dunia.

Tetapi beberapa dari anggota jemaat gereja pada hari itu tidak dapat mengontrol diri dan dalam sekejap mereka melakukan perbuatan melanggar hukum. Gereja kami harus menerima terjadinya kerusakan besar. Walaupun kami berada pada posisi benar, tetap saja salah bila kami melanggar hukum. Untuk menenangkan anggota jemaat yang marah di ruang kontrol utama, Pendeta Hyeonkwon Joo naik ke atas sebuah meja.

"Jangan melukai seorangpun dan jangan merusak peralatan apapun. Jangan sentuh mereka. Mari kita segera keluar dari sini."

Tetapi kejadian ini dilaporkan dalam berita seolah-olah Pendeta Joo yang sedang mengendalikan mereka.

Penyiar menuduh seluruh anggota jemaat gereja kami sebagai pembuat kericuhan. Mereka menghapus semua rekaman suara dan menyuntingnya sehingga hanya gerakan-gerakan saja yang terlihat. Laporan yang tampil benar-benar bertentangan dengan situasi sesungguhnya. Kita dapat melihat bahwa ada banyak kabel yang berserakan di belakang monitor TV, di stasiun televisi. Di atas meja di ruang kontrol ada sebuah kamera besar dengan badan dan lensa terpisah. Mungkin saja sedang dalam perbaikan. Tetapi dalam siaran berita mereka menampilkan kabel-kabel yang berserakan dan kamera dengan badan dan lensa yang terpisah, dan mengatakan bahwa kami telah merusak peralatan mereka.

Mereka yang menonton berita dan tidak tahu apa yang terjadi sesungguhnya, pasti akan percaya dengan apa yang diberitakan.

Karena kejadian ini, kami terpaksa menerima penilaian negatif dengan tuduhan bahwa kami menyerbu sebuah stasiun penyiaran dan menghentikan siaran yang sedang berlangsung. Hampir semua anggota jemaat yang hidup dengan benar kehilangan citra positif mereka karena kejadian ini.

Tentunya, hal ini sama sekali tidak direncanakan sebelumnya. Melainkan suatu tindakan darurat, tetapi kami harus meminta maaf di hadapan publik. Karena dianggap menimbulkan gangguan di publik, kami memasang pernyataan permohonan maaf pada *the Chosun Ilbo, the Dong-A Ilbo, the Hankyere Shinmun*, dan harian-harian besar lainnya di Korea.

Namun aku berpendapat bahwa orang-orang di stasiun pemancar mungkin sudah mengantisipasi bahwa anggota jemaat gerejaku akan datang untuk protes, karena mereka menyiarkan penghinaan yang tidak beralasan dan bersifat tidak adil pada sebuah gereja besar. Seandainya stasiun penyiaran tersebut mempunyai petugas keamanan di pintu gerbang mereka, pasti anggota jemaat gerejaku tidak akan bisa masuk dengan mudah.

Pers mengatakan bahwa gereja kami melakukan perusakan ini dengan suatu perencanaan matang. Polisi memanggil anggota jemaat gereja yang pergi ke stasiun penyiaran dan bertanya kepada mereka, dan menemukan bahwa semua ini sungguh-sungguh suatu hal yang tidak diharapkan.

Mereka membuat sebuah program berdasarkan laporan palsu yang dibuat oleh mereka yang berusaha menghancurkan gereja kami. Dan karena penyiaran ini, bukan hanya gereja tetapi juga anggota jemaat gereja harus menghadapi kerusakan yang serius. Mereka dijuluki anggota gereja pemberontak. Banyak anggota jemaat yang muda usia diperlakukan bagaikan pelaku kriminal di sekolah. Banyak dari mereka tidak bisa lagi ke gereja.

Seorang Warga Negara yang Jujur Kehilangan Pekerjaannya

Pada waktu itu Diaken Ikseon Yu adalah seorang polisi senior. Dia telah mengabdi sebagai polisi selama 20 tahun. Dia dikenal sebagai polisi yang taat, dan dia juga memberikan teladan baik sebagai seorang Kristen serta memberitakan Injil kepada banyak orang. Tetapi ada dari antara mereka yang meninggalkan gereja berusaha menjebloskan dia ke dalam penjara dan membuat laporan palsu kepada polisi dan stasiun penyiaran.

Mereka melakukan tuduhan atas dia bahwa dialah yang mengendalikan kejadian ini dan dia pergi ke stasiun TV dengan anggota jemaat gereja. Pers menganggap berita ini sangat menarik bahwa seorang polisi aktif dilaporkan telah memimpin insiden itu.

Autoritas kepolisian memanggil dia dan melakukan investigasi atas kasus tersebut. Pers dan stasiun TV mengatakan bahwa seorang polisi aktif dengan sengaja ikut campur tangan dalam insiden tersebut. Pada tanggal 17 Mei, berita jam 9 dari

MBC melaporkan sebagai berikut:

"Polisi telah melakukan investigasi di kantor polisi Yangcheon dengan tuduhan atas Perwira Yu sebagai orang yang memimpin pendudukan *Munhwa Broadcasting Corporation*. Hasilnya menunjukkan bahwa perwira Yu sedang berada di gereja setelah bekerja seharian, dan dia tahu bahwa anggota jemaat gereja sedang berjalan menuju stasiun TV tetapi dia tidak melaporkannya kepada polisi ..."

Akan tetapi sesungguhnya, investigasi polisi menemukan bahwa dia sedang berada di gereja pada saat anggota jemaat pergi menuju ke stasiun penyiaran TV, dan dia menelepon stasiun TV tersebut sementara anggota jemaat itu sedang dalam perjalanan agar stasiun TV siap menerima kedatangan mereka.

Agar kebenaran dapat diungkapkan, dia minta perkara itu ditarik dan dilakukan perbaikan berita yang disampaikan pada Badan Arbitrase Pers (*Pers Arbitration Committee*), dan dia harus membatalkannya karena ada orang lain. Polisi memeriksa dia selama satu bulan setengah tetapi tidak dapat menemukan kesalahan apapun juga. Mereka menyelesaikan investigasi tersebut dan menyatakan dia tidak bersalah.

Setelah kejadian itu, dia masih bekerja sebagai perwira polisi selama satu setengah tahun, tetapi dia selalu berada di bawah pengawasan. Selain itu, orang memandang dia dengan penuh curiga. Akhirnya dia memutuskan untuk mengundurkan diri. Seorang warga negara yang taat, seorang perwira polisi, hampir saja dianggap sebagai seorang kriminal karena tuduhan palsu. Akhirnya dia harus keluar dari pekerjaannya.

Pekerjaan Allah terjadi Tanpa Berubah

Pada tanggal 3 Mei 1999, Kebaktian Kebangunan Rohani Khusus Dua-Minggu dimulai dengan judul "Allah Adalah Kasih" (1 Yohanes 4:16). Allah terus-menerus memperlihatkan banyak tanda dan keajaiban dan juga pekerjaan yang luar biasa dalam kebangunan rohani tersebut.

Napshim Park saat itu berusia 85 tahun. Dia hadir di gereja di Goesan, propinsi Choongbook. Dia sangat tersentuh oleh khotbah yang dikirimkan anaknya dari gereja kami. Sejak saat dia lahir, mata kirinya tidak berfungsi, dan kelopak matanya turun.

Saat dia berusia 30 tahun, seorang paman dari pihak suaminya menampar dia karena dia percaya kepada Yesus. Akibatnya, gendang telinganya robek. Sejak saat itu dia tidak bisa mendengar dengan telinga kanannya. Tetapi pada tanggal 3 Mei 1999, pada hari pertama kebangunan rohani tersebut, dia mampu melihat dengan mata kirinya dan juga dia bisa mendengar dengan telinga kanannya.

Untuk pertama kalinya selama 85 tahun, dia dapat melihat dengan jelas dengan mata kirinya, dan telinga kanannya yang tidak bisa mendengar selama 55 tahun, juga disembuhkan.

Saat itu juga hadir Heekyeong Song yang telah disembuhkan dua tahun sebelumnya. Dia lahir prematur, pada usia kehamilan tujuh bulan. Dia menderita cacat bawaan, lumpuh, dan dia tidak bisa menggunakan tangan dan kaki kirinya sejak bayi.

Dia sembuh walau hanya sebagian setelah menjalani terapi dengan teratur, namun kaki kirinya tetap 4 cm lebih pendek daripada kaki kanan. Tulang belakangnya bengkok, dan tulang panggulnya juga mengalami kelainan. Dia sangat menderita karena kesakitan. Dia berjalan pincang dan anak-anak lain menertawakannya.

Dia masuk di sebuah sekolah tinggi pada tahun 1997, dan kemudian dia datang untuk pertama kalinya pada Kebaktian Kebangunan Rohani Dua-Minggu yang ke-5. Pada tanggal 6 Mei 1997, aku mendoakan dia dalam kebaktian pertama untuk orang sakit. Dia mendaptakan kekuatan pada kaki kirinya dan mulai melompat.

Pada saat itulah sebuah mukjizat terjadi. Kaki kirinya dapat mencapai tanah. Setelah dilakukan diagnosa, dia mengetahui bahwa ternyata kaki kirinya yang semula 4 cm lebih pendek telah menjadi lebih panjang. Tulang punggungnya yang bengkok dan panggulnya yang miring semua menjadi lurus kembali. Setelah sembuh dia menikah dan memiliki keluarga yang bahagia dengan dua orang anak.

Setelah 'Producer's Note' menyiarkan sebuah program tentang gereja kami, banyak reporter dari CNN, ABC, BBC, NHK datang ke gereja kami. Mereka membuat video dan juga

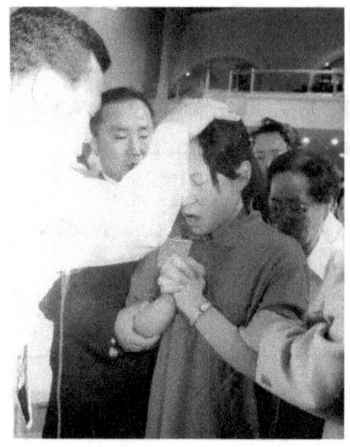
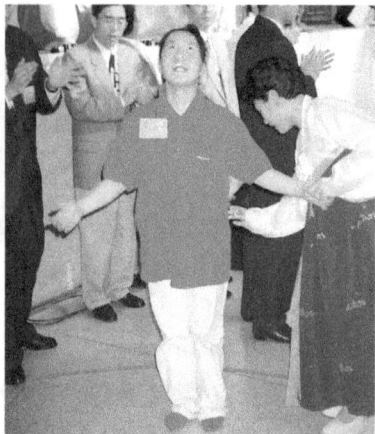

Atas: Didoakan dalam kebaktian kebangunan rohani 1997
Bawah: Keluarga Heekyeong Song

foto sambil menyaksikan mukjizat-mukjizat yang terjadi dalam kebangunan rohani tersebut.

Ada yang mengirimkan laporannya ke kantor pusat mereka tentang orang buta yang melihat, orang-orang yang membuang tongkat mereka, dan mereka yang mampu berdiri dari kursi roda. Mereka melaporkan apa yang sesungguhnya terjadi.

Sejak kejadian buruk dengan salah satu stasiun penyiaran, aku tidak pulang ke rumah selama beberapa bulan tetapi tinggal di gereja dan terus berdoa. Karena beban kesedihan dan guncangan mental yang berat, aku kehilangan berat badanku cukup banyak sehingga kakiku gemetar.

Hingga saat itu sebenarnya gereja kami telah melakukan pekerjaan-pekerjaan yang baik. Kami melakukan banyak pelayanan demi pengembangan gereja-gereja Kristen dan kami juga melakukan pekerjaan-pekerjaan sosial. Kami tidak pernah menimbulkan masalah di masyarakat.

Ada banyak keluarga yang hampir bercerai namun akhirnya bisa berubah dan hidup sebagai keluarga bahagia. Banyak sekali orang mengalami kesembuhan dan sekarang mereka menjalani kehidupan yang baik dan sehat. Dan mereka adalah orang-orang yang pertama kali datang ke gereja dalam keadaan miskin, namun karena mereka hidup dalam firman Allah, mereka memperoleh berkat finansial dan sekarang hidup berkecukupan.

Stasiun penyiaran umum tidak ada keinginan untuk menyebarluaskan kebaikan gereja. Mereka berpendapat bahwa semua gereja besar pasti mempunyai masalah, dan apa yang terjadi mungkin sama dengan mencari hantu, semua serba misterius.

Jika mereka hanya mendengar dari seseorang yang memberikan informasi keliru, lalu menulis skenario dan melaporkannya tanpa memeriksa kebenarannya, tentunya hal ini merupakan suatu pelanggaran besar. Sungguh di luar dugaan bila ada sebuah stasiun siaran TV yang mau membuat sebuah program yang tidak netral tanpa memeriksa kebenarannya. Akan tetapi, keadaanku menjadi semakin sulit karena beberapa anggota jemaat gereja bersikap kurang bijak.

Satu-satunya yang dapat aku lakukan adalah merenungkan Yesus yang dengan tenang dan taat memanggul salib-Nya. Aku hanya dapat berpuasa dan berdoa sambil menangis di hadapan Allah Yang Mahatahu akan segalanya.

Dalam khotbahku, aku tidak pernah menyebut nama mereka yang membuat kabar bohong dan memberikan kesaksian palsu.

Walaupun namaku sudah sangat tercemar, aku tidak mengungkapkan kesalahan mereka, karena akan sangat sulit bagi mereka untuk bisa kembali bila aku mengungkapkan segala sesuatunya. Karena itu, aku ingin menanggung semua kesalahan itu sendiri. Namun para pekerja gereja merasa bahwa akan timbul banyak kesulitan dalam menyelesaikan tugas-tugas misionari jika kebenaran itu tidak diungkapkan. Mereka mengajukan tuntutan pada stasiun TV yang menyiarkan kejadian yang tidak benar tersebut.

Dalam bulan Mei 1999, 'Producer's Note' menayangkan program yang mereka buat. Pdt. Jongman Lee, Presiden dan Perwakilan dari World Christian Revival Mission Association, sangat terkejut sehingga dia datang ke gereja kami. Pdt. Jongman Lee adalah salah satu pendeta terkemuka di Korea, seorang tokoh kebangunan rohani yang terkenal, tetapi dia biasanya tidak banyak berinteraksi dengan gereja kami.

Dia datang hanya karena dia tahu setelah melihat siaran TV bahwa aku telah dituduh melakukan hal yang tidak benar. Dia kemudian mengeluarkan pernyataan dengan judul, "Kami Menuntut Siaran TV yang Adil." Berikut ini adalah ringkasan dari pernyataan yang dibuatnya:

... jika berbicara tentang agama, kita harus berhati-hati dengan tidak melanggar batas dan menghargai keunikan karakter serta tujuan agama tersebut. Terutama para stasiun penyiaran harus mengakui kenyataan bahwa mereka tidak memiliki kemampuan untuk memutuskan dari sudut pandang agama mengenai argumentasi dan tuduhan mengenai hal-hal yang bertentangan dengan agama, hal yang bersifat klenik, perdukunan. Apa yang harus dilakukan sebuah stasiun penyiaran hanyalah melaporkan tentang pertentangan kedua pihak dengan cara yang adil ...

Tetapi siaran yang dilakukan oleh MBC baru-baru ini memang sudah melampaui batas. Hal-hal yang bersifat keagamaan harus diselesaikan dengan menggunakan cara dan metode yang tepat dan dapat diterima menurut pengajaran dan ilmu pengetahuan.

Tetapi program MBC mengabaikan cara pendekatan ini. Mereka hanya mengandalkan pendapat orang-orang tertentu seolah-olah pendapat mereka merupakan pendapat mayoritas.

Pers sudah terlalu mencampuri urusan agama dan membuat pelaksanaan misi serta kewajibannya sendiri menjadi terhambat dengan memberikan penilaian atas sebuah agama berdasarkan standar non-agama.

Setelah itu, Pdt. Jongman Lee berbicara dalam sebuah wawancara dengan pers:

"Saya berpendapat bahwa insiden ini terjadi karena mereka yang tidak mengerti mengenai alam rohani tidak dapat memahami Gereja Manmin Pusat.

Sekarang, kita sungguh sangat memerlukan pekerjaan Roh Kudus serta pengalaman-pengalaman ilahi. Akan tetapi jika kita berbicara mengenai pengalaman-pengalaman tersebut, banyak orang menganggapnya aneh. Kita harus menyembuhkan penyakit gereja-gereja Korea bahwa mereka menghakimi dan merendahkan yang lain karena kesombongan mereka dengan menerapkan ukuran dan standar mereka sendiri.

Alasan, mengapa saya menyukai Gereja Manmin Pusat adalah karena di sana banyak terjadi pekerjaan Roh Kudus. Saya merasa bahwa Gereja Manmin Pusat adalah gereja terkemuka yang memperlihatkan contoh terbaik dalam pengalaman bersama Roh Kudus."

Aku tidak pernah melihat program tersebut sehingga aku tidak tahu detil isinya. Tetapi ketika aku mendengar dari para pekerja gereja mengenai apa yang ditayangkan, hal tersebut sangat mengganggu dan membuatku sangat sedih.

Saat itu aku tidak, dan sampai sekarang pun aku tidak, mempunyai keinginan untuk memberikan alasan apapun atau berusaha mengungkapkan siapa yang benar dan siapa yang salah. Namun ketika aku berbicara tentang kebenaran, mereka yang percaya dan mempunyai pemikiran jernih akan menilai apa yang benar.

Pada dasarnya semua orang mempercayai siaran umum yang ditayangkan stasiun TV. Siaran TV adalah suatu hal yang sangat kuat pengaruhnya. Jika produser memotong awal dan akhir dan melakukan penyuntingan pada program sesuai dengan keinginannya, program tersebut bisa menjadi sangat berbeda dari materi aslinya. Berikut ini adalah penjelasan mengenai apa yang ditayangkan dalam program *'Producer's Note.'*

Kisah tentang Las Vegas

Ketika kami selesai mengadakan *crusade* atau KKR (kebaktian kebangunan rohani) di negara lain, aku memberi kesempatan istirahat kepada mereka yang membantu persiapan seluruh kegiatan. Setelah kami menyelesaikan kebangunan rohani kami di LA, aku bertanya kepada mereka apa yang mereka inginkan. Kebanyakan dari mereka ingin melihat Grand Canyon yang merupakan satu karya besar Allah Sang Pencipta. Untuk pergi ke sana kami harus melalui Las Vegas.

Banyak sekali hotel di sana, dan di setiap hotel tersedia kasino. Sudah menjadi hal yang biasa bagi keluarga ataupun pasangan berusia lanjut menikmati permainan dengan mesin yang menggunakan koin.

Pemerintah mengizinkan perjudian dan menjadikan Las Vegas sebuah kota turis. Tentunya sebagian besar turis menikmati permainan ini.

Tentunya, ada yang bermain dengan uang dalam jumlah

besar, namun hal itu memang sudah menjadi bagian dari budaya mereka, dan juga merupakan suatu hiburan tersendiri main di kasino.

Jika aku dan timku pergi untuk perjalanan misi, kami membuat rekaman video seluruh perjalanan, dan membuat laporan mengenai perjalanan itu kepada seluruh kongregasi. Hal ini kami lakukan untuk kemuliaan bagi Allah. Setelah aku menyelesaikan kebangunan rohani di Amerika Serikat, aku menjelaskan kepada anggota jemaat gereja bagaimana kami mengunjungi kasino di Las Vegas, dan semua orang di gereja mengetahuinya.

Ada sesuatu yang terjadi saat aku berada di Las Vegas. Salah satu anggota tim mengusulkan agar kami mencoba beberapa permainan kasino. Aku tidak tahu apa-apa tentang kasino. Tetapi ketika aku memilih sebuah mesin permainan karena dorongan Roh Kudus, dan aku memasukkan koin, maka keluarlah koin dalam jumlah banyak. Karena aku memiliki iman bahwa aku dapat mengalahkan mesin-mesin itu dengan iman, kejadian ini berlangsung terus.

Masing-masing anggota tim kami mencoba untuk bermain juga, tetapi hampir semuanya kalah. Setelah mengalami beberapa kali kekalahan, mereka tidak lagi menikmati permainan ini, lalu mereka memperhatikan aku bermain.

Di mana pun aku duduk, koin akan keluar lebih dari 10 kali berturut-turut. Mereka sangat terkejut. Hal ini juga menjadi suatu peristiwa yang membuat mereka mengerti bahwa iman dapat mengontrol segalanya, bahkan mesin.

Setelah aku kembali ke gereja, aku menjelaskan mengenai kejadian ini kepada para anggota gereja untuk menanamkan iman di dalam mereka. Tentulah, permainan ini harus dimainkan dengan tujuan kesenangan, dan harus ada akhirnya. Kita tidak pernah boleh bermain judi dengan tujuan untuk memperoleh pendapatan yang bukan hak kita.

Ada seseorang yang meninggalkan gereja dan memegang peran penting dalam keseluruhan insiden penayangan program tersebut. Orang tersebut memberikan kesaksian palsu bahwa aku kehilangan puluhan ribu dolar di kasino karena kalah bermain. Program *'Producer's Note'* menayangkan sebuah dokumen yang dengan sah bertuliskan 'Biaya Permainan'. Mereka membuatnya sedemikian rupa sehingga kelihatan seolah-olah dokumen itu dibuat oleh gereja kami. Gereja kami tidak pernah membuat dokumen itu, semua itu sungguh sebuah rekayasa.

Untuk menghancurkanku, mereka menayangkan potongan kertas tersebut sehingga tampak seolah-olah seperti sebuah dokumen asli. Mereka mengganti seluruh program dengan tujuan agar kelihatan seolah-olah akulah yang kalah dan menghamburkan uang milik gereja dalam jumlah besar karena berjudi. Kalau seseorang menghamburkan uang dengan berjudi mengapa mereka mau menyimpan buktinya dan mencatatnya sebagai 'Biaya Permainan'?

'Gembala' Adalah Sebuah Istilah Alkitab

Dalam Ibrani 13:20 dan 1 Petrus 5:4, Alkitab mengatakan bahwa Yesus adalah Gembala Agung. Lalu, apa yang dimaksud dengan gembala? Yeremia 3:15 mengatakan, *"Aku akan mengangkat bagimu gembala-gembala yang sesuai dengan hati-Ku; mereka akan menggembalakan kamu dengan pengetahuan dan pengertian."* Para gembala akan memberi makan umat Allah dengan pengetahuan dan pengertian.

Jadi, dalam hal ini, gembala artinya mereka yang dapat memberikan pengajaran kepada umat Allah dengan baik.

Yeremia 23:2-4 mengatakan, *"Sebab itu beginilah firman TUHAN, Allah Israel, terhadap para gembala yang menggembalakan bangsa-Ku ... 'Aku akan mengangkat atas mereka gembala-gembala yang akan menggembalakan mereka, sehingga mereka tidak takut lagi, tidak terkejut dan tidak hilang seekorpun,' demikianlah firman TUHAN."*

Ayat tersebut juga mengatakan bahwa mereka yang dapat memelihara umat Allah disebut gembala. Gembala adalah mereka yang dipercaya untuk menggembalakan sekawanan umat Allah dengan Allah sebagai gembala utama, dan mengajar serta memelihara mereka. Bahkan hingga hari ini, sesuai dengan Alkitab, seorang pendeta disebut sebagai gembala.

Selain itu, banyak organisasi misi dan juga sekolah di bawah organisasi misi menggunakan istilah 'gembala' untuk mereka yang mengajar para siswa, walaupun mereka bukan orang-orang yang ditahbiskan sebagai pendeta. Kita tidak bisa menuduh orang yang memanggil pendeta mereka sebagai 'gembala' bahwa mereka mendewa-dewakan pendeta mereka.

Salah Paham Mengenai Pelayanan Menjadi Satu dengan Roh Kudus

Mereka yang meninggalkan gereja, dan menyebabkan terjadinya ujian dan pencobaan, membuat dokumen yang mengatakan bahwa aku menyebut diriku Allah dan bahwa aku mengajarkan bahwa Allah terdiri dari empat pribadi.

Aku tertegun tanpa bisa mengatakan apapun karena sebenarnya aku hanya mengajarkan mengenai Allah Tritunggal Mahakudus dan bahwa semua pekerjaan dan kejadian dalam Alkitab adalah sungguh benar.

Karena gereja kami telah memperlihatkan pekerjaan-pekerjaan besar Roh Kudus, si iblis dan Setan membenci kami dan berusaha menghancurkan kami. Bahkan hingga hari ini ada beberapa orang yang menyebarkan desas-desus jahat mengatakan bahwa aku menganggap diriku adalah Allah atau bahwa aku adalah Roh Kudus.

Aku mengajarkan bahwa jika kita membuang semua bentuk kejahatan dengan doa-doa yang sungguh-sungguh, dan jika kita bisa memiliki hati seperti Allah dan Tuhan kita yang murni tanpa cela dan noda, kita dapat menerima kuasa Allah; kita dapat dipersatukan dengan Roh Kudus dan mampu memperlihatkan pekerjaan-pekerjaan besar Roh Kudus.

Yesus juga mengajarkan tentang menjadi satu dengan Allah.

Dalam Yohanes bab 17 ayat 21 dan 22 dituliskan bahwa Yesus mengatakan, "supaya mereka semua menjadi satu, sama seperti Engkau, ya Bapa, di dalam Aku dan Aku di dalam Engkau, agar mereka juga di dalam Kita, supaya dunia percaya, bahwa Engkaulah yang telah mengutus Aku. Dan Aku telah memberikan kepada mereka kemuliaan, yang Engkau berikan kepada-Ku, supaya mereka menjadi satu, sama seperti Kita adalah satu."

Umpamanya seorang CEO (pimpinan) sebuah perusahaan memerintahkan karyawannya untuk bersekutu menjadi satu bersama dia. Ini berarti mereka harus sehati dan sepikir dengan dia. Tidak berarti bahwa para karyawan tersebut akan menjadi CEO.

Bayangkan, bagaimana mungkin aku pernah bisa mengatakan bahwa akulah Allah atau Roh Kudus! Kalian semua juga bisa melihat ketulusan hatiku yang kuungkapkan dalam khotbah-khotbah yang lalu.

"Aku mendengar banyak hal. Karena ada banyak tanda dan keajaiban dan pekerjaan yang luar biasa, aku mendengar ada orang yang kuatir bahwa aku akan menganggap diriku Allah. Saudara dan saudariku, apakah

Anda juga mempunyai pikiran yang sama?

Ketika aku sakit selama tujuh tahun, aku ditinggalkan oleh keluarga dan orangtuaku. Suatu saat aku disembuhkan oleh Allah. Aku hanya berdoa dan berkerja dengan taat untuk Allah. Keluargaku juga menjalankan hidup taat dan menyerahkan hidup mereka bagi kerajaan dan kebenaran Allah.

Anda tentu tahu bahwa Allah Yang Mahakuasa menyertaiku untuk melakukan begitu banyak tanda dan keajaiban, serta pekerjaan-pekerjaan yang agung. Berapa banyak dari Anda yang hadir di sini belum pernah mengalami jamahan tangan Allah Yang Mahakuasa melalui diriku?

Ada di antara Anda yang sudah divonis mati oleh rumah sakit. Ada yang juga yang lumpuh, ada yang menderita cerebral palsy, dan banyak yang menderita berbagai penyakit, akan tetapi Anda disembuhkan melalui doa dan kembali menjadi sehat. Keluarga Anda menerima penginjilan.

Dan, Anda meninggalkan kehidupan duniawi, membuang dosa dan kegelapan; Anda berpuasa dan berdoa sepanjang malam agar selalu hidup dalam firman Allah. Anda berpacu dalam iman dengan harapan akan memperoleh kerajaan surgawi.

Lalu, mengapa aku harus menjadi Allah bagi diriku sendiri? Sangat tidak masuk akal. Sudah banyak sekali pesan yang kusampaikan melalui khotbahku seperti 'Pesan Salib', sebagai sebuah kesaksian bahwa aku hanya hidup untuk kemuliaan Allah.

Aku hanya memberikan segala kemuliaan bagi Allah. Bisakah aku berubah dalam sekejap dan menjadi seperti Allah, seperti Tuhan kita? Dapatkah aku menyangkal Alkitab?

Ada orang-orang yang mengutarakan pembicaraan yang tidak masuk akal tersebut. Jika, dengan cara mereka, mereka kuatir akan diriku, apakah mereka tahu betapa seriusnya mereka melukaiku? Bagaimana mungkin hal demikian dapat terjadi? Saudara-saudari terkasih dalam Kristus, dalam keadaan apapun juga Anda tidak pernah boleh mengatakan hal demikian.

Anda bahkan tidak boleh membayangkan hal tersebut. Jika aku sungguh menganggap diriku Allah, tolonglah Anda semua menghukum diriku dan meninggalkan gereja ini. Hanya ada satu Allah.

Hanya Yesus Kristus satu-satunya Juru Selamat kita. Allah Bapa, Putera dan Roh Kudus, Allah Tritunggal. Kita percaya akan 66 kitab dalam Alkitab. Tentunya, bukan Anda anggota jemaat gereja yang mengatakan hal-hal demikian. Aku mengatakan semua ini karena aku sudah mendengar berita-berita ini."

(disarikan dari khotbah pada tanggal 31 Juli 1998, 'Pelajaran Akan Kitab Amsal')

Aku mendengar bahwa dalam program *'Producer's Note'* mereka mengatakan bahwa aku menjadikan diriku sama dengan Allah. Bukti yang mereka miliki menunjukkan adegan dimana beberapa anggota jemaat gereja sedang bersujud di hadapanku. Sebenarnya ada suatu keterangan di balik semua ini.

Pada tahun 1998, Allah mencelikkan mata rohani banyak

anggota jemaat gereja dan membiarkan mereka mengalami banyak pengalaman rohani. Hari Jumat, 15 Mei, adalah hari ulang tahunku. Kami mengadakan kebaktian ucapan syukur yang dilakukan oleh Misi Wanita (*Women's Mission*) dari gereja.

Kami mengadakan kebaktian di pagi hari, dan aku mendengar bahwa ada pelangi ganda yang sangat cerah tampak di langit. Aku keluar setelah kebaktian usai, dan aku dapat menyaksikan sebuah pelangi besar.

Sejak hari itu Allah sering menunjukkan kepada kami pelangi bundar jika kami mengadakan acara gereja. Hal itu merupakan tanda akan kasih Allah, dan Ia menyatakan bahwa Ia menyertai kita.

Pelangi bukanlah satu-satunya tanda. Banyak anggota jemaat gereja yang melihat sinar terang dalam alam roh, dan cahaya berwarna emas dan perak beterbangan di udara karena dipercikkan oleh para malaikat. Ada yang melihat para malaikat. Mereka semua sibuk menengadah melihat ke langit di halaman gereja.

Ada perbedaan sangat besar antara mampu melihat alam roh dan tidak mampu melihatnya sama sekali. Anggota jemaat gereja saling menceritakan satu sama lain apa yang mereka lihat. Hari itu hari Jumat, dan pada jam 11.00 malam kebaktian Jumat semalaman dimulai. Kami mengadakan kebaktian penyembahan pada awalnya, dan kemudian kami melakukan pujian dan penyembahan dan berdoa.

Orang yang memimpin pujian pada sesi kedua dengan tiba-tiba membungkuk bersujud di hadapanku. Mereka yang tidak kenal dengan budaya Korea harus mengerti bahwa di Korea sangatlah umum mengungkapkan rasa terima kasih atau hormat dengan cara membungkuk dan sujud yang dikenal dengan sebutan *"big bow."* Hal ini sering dilakukan sebagai bagian dari budaya, terutama membungkuk hormat kepada orangtua, atau dahulu dipakai untuk menyatakan hormat kepada guru. Kejadiannya hanya sesaat.

Pemimpin pujian pada hari itu mengatakan bahwa dia membungkuk di hadapanku pada hari ulang tahunku untuk mengucapkan terima kasih karena telah membimbing dia dengan firman kehidupan hingga saat itu. Pada saat pemimpin pujian membungkuk di hadapanku, penatua gereja juga melakukan hal yang sama. Tentunya, aku mengerti isi hati mereka, mereka mengungkapkan terima kasih dan hormat mereka kepada gembala mereka yang telah mengajarkan kepada mereka tentang rahmat Allah.

Aku merasa sangat malu dan berusaha mencegah mereka. Hal ini pertama kali terjadi dalam sejarah gereja. Orang yang mempengaruhi teman-teman yang lain untuk melakukan hal ini kemudian pergi meninggalkan gereja. Dialah orang yang menyebabkan terjadinya semua pencobaan ini.

Mereka membungkuk memberi hormat kepadaku bukan karena mereka melayaniku sebagai Allah, tetapi sebagai ungkapan terima kasih mereka kepadaku sebagai gembala mereka karena aku telah mengajarkan firman Allah kepada mereka.

Tetapi mereka yang menayangkannya dari stasiun penyiar tidak mengungkapkan atau menjelaskan bahwa sebenarnya ada suatu ketulusan dan kebaikan di balik semua ini. Mereka menyunting apa yang sebenarnya terjadi sedemikian rupa sehingga menimbulkan kesan bahwa akulah yang sedang disembah, dan membuat aku tampak sebagai seorang pemimpin aliran sesat, ajaran tenung.

Alkitab Penuh dengan Perkara-Perkara Misterius yang Luar Biasa

'*Producer's Note*' bekerja sama dengan Dewan Gereja Kristen Korea (*Christian Council of Korea*), dan menyiarkan bahwa gereja kami adalah gereja sekte aliran sesat yang sudah jatuh dalam ajaran mistik/tenung. *The Heretics and Cult Countermeasure Committee of CCK* (Komite Penangkal Okultisme dan Bid'ah) dengan cepat menuduh gereja kami sebagai gereja sesat berdasarkan bahan laporan dan cerita yang mereka terima dari orang-orang yang telah meninggalkan gereja.

Komite kembali menyebutkan insiden yang terjadi dengan Denominasi Kekudusan Yesus (*Jesus' Holiness Denomination*) yang terjadi pada tahun 1990. Aku sudah menjelaskan apa yang sesungguhnya terjadi dalam bukuku 'Hidupku Imanku' jilid 1. Namun pada dasarnya, Denominasi Kekudusan Yesus (*Jesus' Holiness Denomination*) pada saat itu menyalahgunakan autoritas mereka untuk menghukum dan menyingkirkan aku.

Aku tidak ingin membuang waktu untuk melakukan

klarifikasi mengenai kebohongan isi wawancara, dan siapa yang benar atau salah. Namun aku sungguh ingin menjelaskan apa yang dimaksud dengan ajaran mistik atau tenung.

Mulai dari Kitab Kejadian hingga Kitab Wahyu, seluruh Alkitab penuh dengan perkara-perkara yang bersifat misteri. Allah adalah roh, dan Dia berada di dalam dimensi keempat, yang disebut dengan alam roh. Alkitab ditulis oleh orang-orang pilihan-Nya, para nabi dan rasul, yang berkenan kepada-Nya.

Para nabi dan rasul mengenal isi hati Allah melalui inspirasi Roh Kudus dan kemudian menuliskannya. Mereka mirip dengan penulis bayangan, karena sesungguhnya bukan mereka yang menulis Alkitab.

Misalnya seorang ibu yang hidup di daerah pinggiran dan buta huruf, dan ibu ini meminta salah satu tetangganya untuk menuliskan apa yang ingin dikatakan ibu ini kepada anaknya. Tetangga ini hanyalah seorang penulis bayangan, sedangkan penulis surat yang sebenarnya adalah ibu tersebut.

Alkitab mengajarkan kepada kita mengenai Allah yang adalah roh. Alkitab juga mengajarkan mengenai alam roh dan penciptaan Allah yang diciptakan-Nya dari sesuatu yang tidak ada. Alkitab penuh dengan perkara-perkara yang tidak dapat dimengerti oleh logika manusia.

Allah turun di Gunung Sinai dan berbicara kepada Musa; burung gagak membawakan roti dan daging untuk Elia; Petrus keluar dari penjara dengan bimbingan seorang malaikat; dan Yesus akan kembali diiringi bunyi sangkakala. Bagaimana kita dapat mempercayai hal-hal ini hanya dengan mengandalkan logika manusia?

Dalam Kitab Keluaran 19: 18-19 dikatakan, *"Gunung*

Sinai ditutupi seluruhnya dengan asap, karena TUHAN turun ke atasnya dalam api; asapnya membubung seperti asap dari dapur, dan seluruh gunung itu gemetar sangat. Bunyi sangkakala kian lama kian keras. Berbicaralah Musa, lalu Allah menjawabnya dalam guruh."

"Sesudah itu ia berbaring dan tidur di bawah pohon ara itu. Tetapi tiba-tiba seorang malaikat menyentuh dia serta berkata kepadanya, 'Bangunlah, makanlah!' Ketika ia melihat sekitarnya, maka pada sebelah kepalanya ada roti bakar, dan sebuah kendi berisi air. Lalu ia makan dan minum dan kemudian berbaring pula. Tetapi malaikat Tuhan datang untuk kedua kalinya dan menyentuh dia serta berkata: 'Bangunlah, makanlah! Sebab kalau tidak, perjalananmu nanti terlalu jauh bagimu.' Maka bangunlah ia, lalu makan dan minum, dan oleh kekuatan makanan itu ia berjalan empat puluh hari empat puluh malam lamanya sampai ke gunung Allah, yakni gunung Horeb." (1 Raja-Raja 19: 5-8).

"Tiba-tiba berdirilah seorang malaikat Allah dekat Petrus dan cahayanya bersinar dalam ruang itu. Malaikat itu menepuk Petrus untuk membangunkannya, katanya: 'Bangunlah segera!' Maka gugurlah rantai itu dari tangan Petrus. Lalu kata malaikat itu kepadanya: 'Ikatlah pinggangmu dan kenakanlah sepatumu!' Ia pun berbuat demikian. Lalu malaikat itu berkata kepadanya, "Kenakanlah jubahmu dan ikutlah aku!" (Kisah Para Rasul 12: 7-8).

"Sebab pada waktu tanda diberi, yaitu pada waktu penghulu malaikat berseru dan sangkakala Allah berbunyi, maka Tuhan sendiri akan turun dari sorga dan mereka yang

mati dalam Kristus akan lebih dahulu bangkit." (1 Tesalonika 4:16).

Sekarang bila kita berbicara mengenai alam roh, banyak orang menghina kita dengan mengatakan bahwa kita sudah jatuh dalam dunia perdukunan, dunia mistik. Hanya ada sedikit guru yang mampu mengajarkan dengan benar tentang alam roh, karena itu tidak banyak orang memiliki iman yang benar. Walaupun orang-orang itu hadir di gereja, banyak dari mereka yang belum pernah mengalami pekerjaan Roh Kudus. Karena itu mereka tidak mempunyai suatu keyakinan akan penyelamatan. Banyak di antara mereka tidak percaya akan surga dan neraka, dan mereka berbuat dosa seperti halnya orang yang tidak percaya.

Wawancara Berkenaan Dengan Persembahan Paksa

Ada sebuah wawancara dengan seorang ibu yang telah meninggalkan gereja kami. Dia mengaku bahwa dia telah memberikan persembahan terlalu banyak. Dia menceritakan bahwa bisnisnya bangkrut sehingga keluarganya menjadi miskin.

Katanya, sewaktu dia masih mempunyai penghasilan banyak, pendapatannya mencapai enam juta won (sekitar enam ribu dolar), dan dia memberikan sebagian besar sebagai persembahan. Akan tetapi sewaktu kami menelusuri catatan pemberian persembahan, apa yang dikatakannya adalah bohong belaka.

Menurut anak-anaknya dan juga karyawan dalam bisnisnya, dia punya banyak hutang. Bukan karena persembahan, tetapi karena masalah kehidupan pribadinya. Lebih dari separuh penghasilanya harus dipakai untuk membayar bunga pinjaman.

Karena bunga pinjamannya telah menumpuk untuk jangka waktu yang lama, akhirnya dia bangkrut.

Putra ibu tersebut tahu bahwa ibunya telah memberikan kesaksian palsu dalam wawancara yang dibuat sesuai dengan rencana oleh mereka yang ingin mencari gara-gara dengan gereja kami. Dia tidak bisa berbuat hal yang sejalan dengan ibunya.

Sebelum hal ini terjadi, aku pernah mendengar bahwa keluarga ini mengalami kesulitan finansial, dan aku secara pribadi membantu mereka dengan sejumlah uang yang cukup besar. Tetapi tetap saja dia meninggalkan gereja bersama orang-orang yang kemudian menyebabkan terjadinya ujian dan pencobaan, dan memberikan kesaksian palsu. Aku hanya bisa merasa kasihan untuk dia karena hal ini.

Aku membantu mereka yang mengalami kesulitan finansial dengan cara melakukan penghematan atas pengeluaranku sendiri. Sewaktu orang-orang itu mengkhianatiku dan membalas kebaikan dengan kejahatan, aku merasakan kepedihan yang amat sangat di dalam hatiku.

Video Ilegal dan Kamera Tersembunyi

Pada bulan Mei 1999, Diaken Hyeonju Kim, salah satu anggota jemaat gereja kami sangat terkejut melihat dirinya ditampilkan dalam program wawancara yang disiarkan oleh 'Producer's Note.' Pada waktu itu dia sedang hamil lima bulan, dan dia sangat terkejut.

Menjelang akhir bulan April 1999, Diaken Kim menerima panggilan telepon dari seorang wanita yang belum pernah dikenalnya. Wanita itu berkata bahwa dia memerlukan bantuan dari Diaken Kim. Karena perasaan simpati terhadap wanita ini, Diaken Kim menemuinya. Diaken Kim tidak pernah membayangkan bahwa wanita ini ternyata secara diam-diam dengan kamera tersembunyi membuat film tentang dirinya.

Mereka menyamarkan identitas diri mereka yang sebenarnya, mereka mengajukan pertanyaan-pertanyaan yang menggiring, dan kemudian menyunting film tersebut lalu menyiarkan dalam program mereka sesuatu yang sangat berbeda dari kebenaran yang ada.

Pada bulan April 1998, Diaken Hyeonju Kim datang ke gereja kami dari Perancis. Tujuannya untuk memperoleh kesembuhan melalui iman bagi anaknya, Joonsu. Anaknya selalu menangis karena gangguan pertumbuhan otak. Dia datang pada acara kebaktian kebangunan rohani dan aku mendoakannya. Sejak saat itu, Joonsu berhenti menangis dan pupil matanya kembali normal.

Diaken Hyeonju Kim mengalami penyembuhan ilahi dan kembali ke Perancis tempat suaminya sedang sekolah.. Setelah suaminya selesai sekolah, mereka kembali ke Korea dan mulai bergabung di gereja kami.

Diaken Kim hamil lagi pada tahun 1999, dan anak pertama mereka Joonsu, yang lahir dengan kelainan sudah meninggal, kembali ke surga. Dalam roh, memang berkat bagi Joonsu karena telah diselamatkan dan kembali ke pangkuan Tuhan daripada menderita di dunia ini.

Pasangan tersebut menyadari bahwa kasih Allahlah yang telah mengambil anak pertama mereka dan memberikan mereka anak yang lain. Karena itu, mereka tidak berkecil hati namun menjadi lebih giat menjalankan kehidupan Kristiani mereka dengan penuh syukur.

Diaken Kim memberikan kesaksian tentang hidupnya yang bahagia dan mengajak para wanita untuk menerima Tuhan. Tetapi tidak satupun dari hal-hal ini yang dimasukkan dalam program yang disiarkan. Dengan banyaknya pertanyaan yang menggiring dan penyuntingan dengan suatu maksud tertentu, mereka menyiarkan program ini seolah-olah Diaken Kim dan keluarga hidup dalam keadaan tidak bahagia dan putus asa.

Aku hanya menyebutkan beberapa hal saja dari program yang

disiarkan mengenai gereja kami. Sesungguhnya aku sama sekali tidak ingin menyebut-nyebut satu hal pun mengenai kejadian ini. Agar dapat melakukan klarifikasi tentang acara yang disiarkan dalam program 'PD's Note', Aku harus menulis banyak buku.

Akan tetapi hanya dengan melihat beberapa kasus, kita dapat mengetahui bagaimana kebenaran dapat berubah menjadi suatu kebohongan. Tindakan ini merupakan suatu pelanggaran pers karena mereka menyiarkan sesuatu yang dengan sengaja direkayasa agar tampak sebagai suatu kebenaran. Jelaslah bahwa hal ini merupakan suatu penindasan agama.

Aku memberikan penjelasan mengenai beberapa bagian dari tayangan ini dengan harapan bahwa tidak akan ada seorangpun yang harus ikut mengalami penderitaan yang sama akibat dari siaran seperti itu. Jika terjadi sesuatu yang serupa, ini berarti ada suatu usaha serius untuk mencemarkan nama baik.

Mengajukan Laporan Keberatan

Gereja kami mengalami gangguan amat parah yang tidak terbayangkan karena program siaran yang mengandung banyak kepalsuan, dan kami mengajukan arbitrasi pada Komite Arbitrasi Pers (*Pers Arbitration Committee for arbitration*). Tetapi, stasiun penyiar tersebut menyatakan bahwa mereka tidak bersedia untuk ikut arbitrasi. Maka, kamipun mengajukan laporan keberatan kami ke pengadilan.

Mengajukan laporan keberatan merupakan suatu kesempatan bagi kami untuk menyampaikan keberatan kami dan menjelaskan keadaan sebenarnya. Kesempatan ini diberikan kepada pihak yang mengajukan bahwa mereka mengalami pencemaran nama baik karena laporan pers yang dibuat dengan tanpa memberikan penjelasan akan kebenaran sesungguhnya.

Ini suatu kesempatan untuk membawa keadilan dan kejujuran bagi mereka yang menghadapi gangguan karena pemberitaan sepihak yang tidak benar.

교회연합신문

"MBC는 만민중앙교회 반론을 보도하라"

서울지법남부지원 판결 MBC 보도내용 대부분 사실 아닌 것으로 해석

기독교연합신문   1999년 11월 7일(일)

"MBC, 만민교회 반론 보도" 판결

남부지원, 총 14회 걸쳐

99년 11월 7일

기독교신문

종교관련 한건주의식 선정
만민중앙교회 관련 반론보도

조선일보

"MBC PD수첩 만민중앙교회
방영금지 가처분조치 정당"

헌법재판소 결정

99년 MBC 'PD수첩'이 방영하려
던 만민중앙교회와 관련한 프로그램
에 대해 교회측의 방영금지 가처분
신청을 법원이 받아들인 것은 합헌이
라고 헌법재판소가 30일 결정했다.

제보에만 근거, 적절한 확인절차 없이 방송
남아있는 명예훼손등 소송에 영향 미칠 듯

國民日報
1999년 10월 28일 목요일

MBC 만민중앙교회 관련
반론보도 14건 대거 방송

MBC가 만민중앙교회 이재록 목사
에 대한 비리의혹 보도와 관련, 30일
까지 방송사상 가장 많은 14건의 반론
보도문을 내보낸다. 26일 'PD수첩',
27일 '화제집중, 생방송6시' 첫머리에
반론보도문을 내보낸데 이어, 28일부
터 '뉴스데스크' 등 5개 TV 뉴스 프
로그램, '아침 종합뉴스' 등 6건의 라
디오 프로그램에 이를 방송한다.

Pada tanggal 14 Oktober 1999, *the Southern Court of Seoul District Court* mengeluarkan peraturan yang menetapkan, "MBC harus menyiarkan keberatan Gereja Manmin Pusat Joong-ang, sesuai dengan waktu yang ditetapkan, program, acara dan metode yang disebutkan pada pasal tambahan, keseluruhannya sebanyak 14 kali, berupa 13 program meliputi tujuh program TV, dan enam program radio."

Selain itu, pengadilan juga menetapkan bahwa, "jika MBC tidak mematuhi ketetapan ini, sejak hari ditetapkan sampai habis masa berlaku mereka harus membayar lima juta won per hari untuk setiap laporan keberatan yang harus mereka siarkan."

Ini berarti, sesuai dengan peraturan pengadilan, MBC harus menayangkan 'laporan keberatan' dalam Laporan Berita Utama MBC (*MBC News Desk - Main News Program*), Berita jam 12 siang, Hawje Jipjung (*Interest Focus*) pada jam enam, Berita Terakhir, dan lainnya sebanyak empat belas kali. Akan tetapi hal ini tidak dapat menggantikan rusaknya nama baik, dan gangguan yang telah terjadi kepada kami.

Karena Iri Hati, Para Pemimpin Mengkhianati Yesus

Yesus memberitakan Injil dan Kerajaan Surga, menyembuhkan penyakit, dan memberi kehidupan kepada banyak orang. Tetapi karena Dia menyatakan kuasa Allah, misalnya menyembuhkan orang buta yang tidak dapat dilakukan oleh manusia, orang-orang Farisi dan para pemimpin agama menjadi iri hati kepada-Nya dan membunuh-Nya.

Yohanes 10:20 mengatakan, *"Ia kerasukan setan dan gila; Mengapa kamu mendengarkan Dia?"* Yesus hanya melakukan pekerjaan-pekerjaan yang baik, akan tetapi karena ada kuasa

Allah, mereka menghukum Dia dengan menuduh Dia gila. Begitu juga ketika Yesus menyembuhkan seorang buta dan tuli karena kerasukan setan, orang-orang Farisi mengatakan, dalam Matius 12:24, *"Dengan Beelzebul, penghulu setan, Ia mengusir setan."*

Apakah Yesus mengusir setan dengan kuasa Beelzebul? Mereka mengatakan semua kebohongan ini demi untuk membunuh Yesus. Banyak orang memfitnah Dia dan berusaha menjatuhkan nama-Nya.

Rasul Paulus juga menyatakan kuasa Allah melalui pekerjaan-pekerjaan yang luar biasa, dan dia juga dihina sebagai tokoh kelompok sekte orang Nasrani seperti digambarkan dalam Kisah Para Rasul 24:5. Dalam Kisah Para Rasul 26:24 kita melihat bahwa dia juga dianggap gila.

Karena kuasa dan pekerjaan Roh Kudus juga dinyatakan melalui diriku, iblis musuh kita terus-menerus berusaha menghancurkanku.

Mereka yang iri melihat pekerjaan Allah yang telah dinyatakan, dan pertumbuhan gereja yang demikian cepat, menyebarkan banyak desas-desus palsu dan berusaha menghinaku sebagai seorang ahli tenung.

Gereja yang Dibangun di Atas Batu Karang Tidak Akan Hancur

Setelah insiden penyiaran tersebut, banyak orang mengira gereja kami akan tutup.

Pemikiran ini wajar saja. Dalam tahun 1999 dari tanggal 11 sampai dengan 22 Mei, gereja kami tampil dalam siaran umum sebanyak 67 kali, 33 kali melalui TV dan 34 kali melalui radio. Stasiun penyiaran itu menuduh gereja kami menggunakan informasi tidak benar, sehingga layaklah orang berpendapat demikian.

Akan tetapi gereja yang dibangun di atas batu karang tidak akan jatuh betapapun banyaknya kuasa kegelapan yang mengguncangnya. Gereja yang dibangun oleh Allah akan dipegang dalam tangan kanan-Nya yang penuh kuasa.

Ketika Yesus memasuki kota Yerusalem, orang Israel menyambut Dia dengan seruan Hosana, tetapi mereka juga dengan tiba-tiba berubah menjadi kelompok yang berteriak untuk menyalibkan Dia.

Yesus akan dikhianati oleh salah satu dari murid yang dikasihi-Nya. Ketika Yesus ditangkap, semua murid-Nya melarikan diri. Bagaimana perasaan Yesus melihat murid-murid-Nya melarikan diri karena ketakutan akan terjadi sesuatu kepada mereka?

Mungkin saja Dia merasa iba kepada mereka, tetapi Dia tidak mempunyai rasa kecewa ataupun benci terhadap mereka. Aku pun tidak membenci atau menolak mereka yang mengkhianati dan menyerang aku.

Mereka melakukan hal-hal yang tidak benar dan bersifat kedagingan yang amat sulit untuk diampuni, tetapi aku tetap dan terus mengampuni mereka tanpa mengungkit-ungkit kesalahan mereka

Mereka berpura-pura menjadi domba yang baik, tetapi dengan diam-diam mereka merencanakan untuk menghancurkan aku. Mereka berusaha menghancurkanku dan gereja. Walaupun aku membenci dosa mereka, aku tidak membenci mereka. Aku hanya bisa berdoa dengan penuh keprihatinan dan cucuran airmata agar tidak ada satupun dari mereka yang jatuh dalam kehancuran, namun bertobat dan kembali ke jalan benar untuk menerima keselamatan.

Setelah mengalami serangkaian insiden seperti ini, aku dapat merasakan apa yang dirasakan Allah ketika dia mengetahui bahwa Malaikat Agung kesayangan-Nya Lucifer menjadi sombong dan mengkhianati-Nya. Aku merasakan apa yang Yesus rasakan sewaktu Yudas Iskariot mengkhianati Dia. Sakit dan kehancuran yang dirasakan sama seperti bila seorang kekasih meninggalkan dan mengkhianati Anda.

Yesus berkata, *"Apa yang dilahirkan dari daging, adalah daging, dan apa yang dilahirkan dari Roh, adalah roh."* (Yohanes 3:6), dan kita tidak bisa percaya pada kedagingan karena daging berubah. Jika kita membuang kedagingan, yang adalah sesuatu yang tidak benar, dari hati kita dan menggantikannya dengan yang dari roh dan kebenaran, kita akan mempunyai hati yang benar dan iman sempurna tanpa kejahatan.

Setelah menjalani tiga ujian mulai tahun 1998 hingga 1999, aku menjadi lebih mampu merenungkan bagaimana Yesus dengan tenang memanggul salib, mendaki Golgota.

Yesus tidak pernah memohon bahwa Dia tidak bersalah dan bahwa Dia telah dituduh dengan tidak benar. Dia menanggung sakit dan penderitaan yang amat sangat hanya untuk menggenapi rencana Allah. Aku dapat merasakan betapa dalam kasih dan ketaatan Tuhan.

Bab 4

Seandainya Aku Dapat Memenuhi Kehendak Allah

Aku Menerima Rahmat

Sebelum aku mengenal Allah, aku pernah mengalami sakit dan terbaring di tempat tidur selama tujuh tahun. Karena desakan saudaraku, aku mengunjungi Altar Shinae Hyun. Kunjungan itu merupakan suatu titik balik yang mengubah hidupku, suatu perubahan amat besar bagiku bagaikan surga dan bumi.

Karena orang-orang di situ menangis dan berseru kepada Allah, aku merasa amat malu untuk berdiri sendiri. Aku tidak tahu bagaimana cara berdoa, namun aku tetap ikut berlutut Api Roh Kudus menyembuhkan aku seketika itu juga. Aku pernah dijuluki sebagai 'toko penyakit serba ada,' tetapi dalam sekejap aku dibersihkan dan dipulihkan dari segala penyakit dan kekurangan yang ada. Segala penyakitku lenyap. Aku menjadi orang yang sungguh sehat.

Walaupun kesembuhanku bukan karena doa dari Diaken Senior Shinae Hyun, aku disembuhkan di gereja tersebut dan aku sangat bersyukur! Setiap kali aku berbicara dalam sebuah kebangunan rohani, aku selalu menceritakan saat-saat aku bertemu dengan Allahku dan dijamah serta disembuhkan.

Sekarang dia sudah meninggal, tetapi Shinae Hyun pernah beberapa kali mengunjungi gereja kami dengan memakai kursi roda. Beberapa kali dia meminta aku membantunya dalam banyak hal, dan aku tidak pernah menolaknya. Kadang-kadang aku harus menghadapi kesulitan karena permintaannya ini, tetapi aku selalu berusaha melakukan yang terbaik untuk menolong dia.

Sejak aku masih seseorang yang baru percaya hingga aku membuka gereja, aku melayani pendeta yang berbeda-beda, dan aku tetap menunjukkan terima kasihku kepada mereka dalam berbagai kesempatan. Selain itu, aku juga selalu bersyukur kepada pendeta Taekgu Son, dosenku di seminari dan juga presiden dari Denominasi Persatuan Kekudusan Yesus (*Jesus' Holiness United denomination*) pada saat itu. Aku tidak dapat mengunjungi dia karena jadwalku yang padat, tetapi aku selalu mengutus istriku atau pekerja gereja menyampaikan salamku setiap tahun.

Penting sekali untuk selalu membalas kebaikan dan berkat yang kita terima dari orang lain. Lebih penting lagi, kita harus bersyukur atas anugerah Allah. Bagaimana dan dengan apakah kita dapat membalas kasih dan anugerah Allah?

Allah mengatakan Dia akan mengasihi mereka yang mengasihi Dia, dan mereka yang mencari Dia akan mendapatkan-Nya. (Amsal 8:17). Aku berpegang pada ayat ini, kasihilah Allahmu terlebih dahulu, dan carilah Dia kemana pun, Dia akan kautemukan.

Karena Allah adalah Terang, kita harus hidup dalam terang untuk berjumpa dengan Dia. Karena Dia adalah kebaikan, kita harus bertindak dalam kebaikan. Karena Dia adalah kasih, kita akan dapat berjumpa dengan Dia jika kita memiliki roh kasih. Mengasihi Allah adalah merenungkan firman-Nya dan menjalankan perintah-perintah-Nya, dengan demikian Allah akan mengasihi kita.

Bagaikan rusa merindukan air, begitu menyenangkan untuk mengerti firman Allah, menyimpannya dalam hati dan menaatinya. Sepanjang hidupku aku selalu penuh rasa tanggung jawab untuk mencari kerajaan Allah dan kebenaran-Nya lebih mendalam lagi.

Kuasa di atas Kuasa

Setelah aku mengatasi tiga ujian dengan iman dan ketaatan serta kasih, Allah membimbingku masuk dalam kuasa-Nya yang lebih dalam lagi. Bagiku akan lebih mudah menyerahkan hidupku seluruhnya daripada menjalani ketiga ujian tersebut. Abraham menjadi seorang bapa teladan iman karena dia melalui ujiannya dengan taat, dengan mempersembahkan korban bakaran anak satu-satunya, Ishak. Demikian juga halnya, Allah berkenan kepadaku karena aku berhasil melewati ketiga ujian, dan memberkati aku dengan kuasa yang lebih besar dari sebelumnya.

Dalam Yohanes 14:12 dituliskan bahwa Yesus mengatakan, *"Aku berkata kepadamu: Sesungguhnya barang siapa percaya kepada-Ku, ia akan melakukan juga pekerjaan-pekerjaan yang Aku lakukan, bahkan pekerjaan-pekerjaan yang lebih besar dari pada itu. Sebab Aku pergi kepada Bapa."* Ini berarti bahwa jika kita sungguh-sungguh hidup dalam firman, kita akan menjadi satu roh dengan Allah Bapa dan akan mampu melakukan pekerjaan-pekerjaan yang dilakukan Yesus dengan penuh kuasa.

"Satu kali Allah berfiman; dua hal yang aku dengar: Bahwa kuasa dari Allah asalnya." (Mazmur 62:12).

Sudah dikatakan bahwa iblis si musuh tidak dapat melakukan pekerjaan dengan kuasa yang berasal dari Allah. Karena mereka adalah roh, mereka menghasut orang-orang untuk melawan Allah. Tetapi mereka tidak mampu menirukan kuasa Allah. Kuasa untuk mengatur kehidupan, kematian, keberuntungan, dan kesusahan manusia, kuasa untuk mengelola sejarah manusia dan menciptakan sesuatu dari yang tidak ada, hanyalah kuasa yang berasal dari Allah. Namun kuasa-Nya dapat dinyatakan oleh mereka yang berkenan bagi Allah yang adalah terang, mereka yang hidup dalam terang itu, mereka yang sudah dikuduskan, dan mereka yang sudah mencapai taraf iman seperti Yesus Kristus.

Perbedaan Antara Autoritas, Kuasa, dan Kuasa Autoritatif

Umumnya jika kita berbicara tentang kuasa Allah, kita biasa memakai secara bergantian istilah autoritas, kuasa dan kuasa autoritas dengan makna yang sama. Tetapi sebenarnya ada perbedaan. Kuasa adalah melakukan perkara-perkara yang mustahil oleh manusia namun tidak mustahil bagi Allah.

Autoritas adalah kekuatan besar dengan penuh kemuliaan yang diberikan oleh Allah. Dalam pengertian rohani, hidup tanpa dosa adalah suatu kekuatan. Karena itu kita dapat mengatakan bahwa autoritas adalah kekudusan itu sendiri. Anak-anak Allah yang membuang kejahatan dan ketidakbenaran dari dalam hati mereka dan dikuduskan akan menerima autoritas rohani.

Nah sekarang, apa yang dimaksud dengan kuasa autoritatif? Adalah kuasa Allah disertai dengan autoritas yang diberikan oleh Allah kepada mereka yang sudah membuang segala jenis kejahatan dan menjadi kudus. Kuasa dan autoritas bersamaan. Akan tetapi seringkali kita hanya sekedar menyebutkan 'kuasa' padahal yang kita maksudkan adalah kuasa autoritatif. Kuasa autoritatif ini memiliki daya untuk mengusir setan dan segala yang jahat, dan kekuatan untuk menyembuhkan semua penyakit dan kelemahan.

Kelemahan tidak sekedar berarti penyakit. Kelemahan di sini artinya kelumpuhan atau penurunan fungsi anggota tubuh, sehingga seseorang tidak bisa melakukan aktivitas normal. Kelemahan dan cacat tubuh adalah sesuatu yang tidak bisa disembuhkan dengan kemampuan manusia. Kelemahan yang dimaksud adalah keadaan seperti buta, tuli, bisu dan kelumpuhan lainnya.

Perbedaan Antara Karunia Penyembuhan dan Kuasa

Orang seringkali menganggap bahwa karunia penyembuhan dan kuasa Allah adalah hal yang sama. Namun sebenarnya mereka adalah dua hal yang berbeda. Karunia penyembuhan yang disebutkan dalam 1 Korintus 12:9 adalah tentang membakar kuman-kuman dan penyakit.

Dengan karunia penyembuhan ini, kita tidak dapat menyembuhkan anggota tubuh yang mengalami penurunan fungsi, atau mengembalikan pendengaran seseorang yang tidak bisa mendengar, atau kemampuan berbicara kepada seseorang yang tidak bisa bicara karena gangguan syaraf yang mati. Namun semua ini bisa disembuhkan jika seseorang yang telah menerima kuasa Allah berdoa dengan iman.

Sekali kita menerima kuasa Allah, kuasa itu akan bekerja terus-menerus. Tetapi tidak demikian halnya dengan karunia penyembuhan. Karunia penyembuhan dapat diberikan tanpa melihat apakah orang yang menerima karunia tersebut sudah kudus atau belum. Karunia ini diberikan kepada mereka yang sudah banyak berdoa bagi jiwa-jiwa karena kasih, atau kepada mereka yang berani dan mau dan dapat dipakai oleh Allah.

Tetapi kuasa Allah yang adalah terang, dapat diberikan hanya kepada orang yang sudah dikuduskan. Sekali karunia ini diterima, karunia ini tidak akan menjadi semakin lemah atau menghilang. Semakin serupa dengan hati Tuhan, akan semakin besar kuasa yang kita terima, dan akan semakin besar pekerjaan-pekerjaan yang dapat kita lakukan.

Hanya dengan sekedar karunia penyembuhan, tidaklah mudah untuk menyembuhkan penyakit yang serius dan langka. Bahkan lebih sulit jika orang yang sakit itu hanya memiliki sedikit iman. Tetapi dengan kuasa Allah, walaupun orang yang sakit hanya memiliki iman yang kecil saja, pekerjaan penyembuhan akan segera terjadi. Di sinilah iman tidak mengacu pada iman kecerdasan tetapi iman rohani.

Empat Level Kuasa Allah yang Adalah Terang

Allah membuat aku mengerti bahwa kuasa-Nya mempunyai level yang berbeda-beda. Sesuai dengan besarnya kebenaran yang ada dalam hati kita, kita dapat memasuki atau menerima kuasa-Nya yang lebih tinggi.

"Tetapi kamu yang takut akan nama-Ku, bagimu akan terbit surya kebenaran dengan kesembuhan pada sayapnya. Kamu akan keluar dan berjingkrak-jingkrak seperti anak lembu lepas kandang." (Maleakhi 4:2).

Mereka yang sudah dicelikkan mata rohaninya dapat melihat terang yang mirip dengan sinar laser yang terpancar, dan menyembuhkan sakit penyakit.

Level pertama kuasa Allah adalah kuasa yang berhubungan dengan sinar merah. Sinar merah ini adalah terang dan api

Roh Kudus yang membakar penyakit-penyakit. Dengan api Roh Kudus, pada level ini kuasa tersebut akan membakar penyakit yang disebabkan oleh kuman dan virus. Kuasa ini dapat menyembuhkan, penyakit kanker, penyakit paru-paru, diabetes, leukemia, penyakit jantung, artritis, AIDS dan penyakit lainnya yang dapat disembuhkan.

Akan tetapi kuasa penyembuhan level pertama ini tidak dapat menyembuhkan semua penyakit. Dalam keadaan di mana penyakit kanker atau TBC paru-paru sudah dalam stadium lanjut, jika penderita sudah melewati batas daya tahan tubuh yang diberikan Allah, maka akan sulit untuk menyembuhkan penyakit tersebut hanya dengan kuasa level pertama. Bila organ-organ atau jaringan tubuh rusak dan kehilangan fungsi serta kemampuannya, berarti keadaan ini bukan hanya sekedar masalah kuman saja. Tubuh harus membangun dan melakukan regenerasi jaringan dan organ-organnya. Untuk bisa melakukan hal demikian kita memerlukan kuasa yang lebih tinggi levelnya.

Walaupun penyakitnya sudah parah, jika orang yang sakit dan anggota keluarganya bersatu dalam kasih dan menunjukkan iman kesetiaan mereka, pekerjaan Allah akan terjadi. Dalam gereja kami, pada tahap-tahap awal berdirinya, banyak terjadi karya dan pekerjaan yang masih termasuk kuasa level pertama.

Kuasa level kedua adalah kuasa untuk mengusir kuasa kegelapan. Hal ini biasanya diartikan dengan sinar biru. Pada tahap ini, kita biasanya mengusir kegelapan dari mereka yang dikuasai iblis dan menerima pekerjaan Setan.

Kuasa level kedua ini juga dapat menyembuhkan gangguan atau masalah pada sistem syaraf termasuk austime, *neurosis, schizophrenia*, gangguan syaraf, dan kelelahan mental dan fisik karena depresi kronis. Jenis-jenis penyakit ini umumnya terjadi di

antara mereka yang menyimpan kebencian terhadap sesamanya, dan mereka yang menderita sakit hati, harga diri rendah dan mudah marah.

Karena itu, dengan kuasa level kedua, banyak jenis penyakit yang disebabkan oleh kuasa kegelapan akan dapat disembuhkan. Selain itu, kuasa kegelapan akan terusir dari keluarga, bisnis, dan tempat bekerja. Dapat juga terjadi kebangkitan orang mati atau pencabutan roh seseorang.

Rasul Paulus membangkitkan Eutikhus (Kisah Para Rasul 20: 9-12). Ketika mereka telah membohongi Roh Kudus, Petrus mengutuk Ananias dan Safira, dan mereka jatuh lalu mati (Kisah Para Rasul 5: 1-11). Pada saat Elisa mengutuk sejumlah anak muda yang mencemoohkan dia, dua ekor beruang betina keluar dan mencabik-cabik mereka. (2 Raja-Raja 2: 23-24). Semua ini terjadi dengan kuasa Allah level kedua.

Kuasa level ketiga bekerja dengan sinar putih dan transparan. Kuasa ini dinyatakan dalam tanda-tanda dan karya-karya penciptaan. Sebuah tanda adalah sesuatu yang dapat dilihat jelas dengan mata, seperti halnya seorang buta yang kemudian bisa melihat, orang bisu yang bisa bicara, dan orang tuli yang kemudian bisa mendengar. Selain itu, yang lumpuh pun menjadi sembuh dan bisa berjalan. Kerusakan bentuk tubuh, tidak berfungsi atau anggota tubuh yang sudah benar-benar mengalami degenerasi fungsi dapat dipulihkan kembali. Tulang yang patah disembuhkan, dan tulang-tulang yang hilang bahkan dipulihkan.

Kuasa level keempat dinyatakan dalam cahaya berwarna emas, dan ini disebut level kesempurnaan. Kita tahu bahwa kuasa level ini hanya dinyatakan oleh Yesus sendiri. Pada level ini kuasa yang dimiliki dapat mengendalikan keadaan cuaca. Kuasa ini dinyatakan dalam bentuk 'keajaiban-keajaiban.' Misalnya, mendatangkan dan menghentikan hujan. Dengan kuasa pada pada level ini, seseorang dapat memindahkan awan. Kuasa Allah level keempat dapat mengontrol dan mengendalikan segala perkara.

Bahkan yang bukan mahluk hidup pun akan tunduk dan taat para perintah yang diberikan dengan kuasa level keempat ini. Keracunan akibat gas monoksida akan keluar dari mereka yang terkena racun gas tersebut. Rasa panas akan lenyap dari mereka yang mengalami luka bakar. Ketika Yesus mengutuk sebuah pohon ara yang tidak menghasilkan buah, seketika itu juga pohon itu menjadi kering. (Matius 21:19). Ketika Dia menghardik angin dan danau, maka danau menjadi teduh sekali

(Matius 8:26).

Pohon-pohon, angin, dan danau, dan segala sesuatu di alam, tunduk dan taat pada perintah Yesus. Sama halnya seperti Allah menciptakan surga dan bumi dengan firman-Nya, ketika Yesus berbicara, semua hal menaatinya dan segalanya menjadi kenyataan. Ada tertulis dalam Ibrani 11:1 bahwa jika kita memiliki iman sebagai dasar dari segala sesuatu yang kita harapkan dan bukti dari segala sesuatu yang tidak kita lihat - segala sesuatu akan menjadi nyata dan yang tak kelihatan akan kelihatan. Akan terjadi juga karya penciptaan akan sesuatu yang berasal dari ketiadaan.

Pada level keempat, kuasa ini akan terjadi tanpa batasan ruang dan waktu, cukup dengan kata-kata saja. Allah ingin memberikan kuasa-Nya kepada semua anak yang dikasihi-Nya, tetapi tidaklah mudah menemukan seseorang yang dapat mencapai level ini.

Dalam Markus 7:24-30, seorang wanita yang anak perempuannya dikuasai iblis datang kepada Yesus dan meminta Yesus mengusir setan tersebut dari anak perempuannya. Yesus melihat kerendahan hati dan imannya lalu berkata, *"Pergilah, sebab setan itu sudah keluar dari anakmu."* Seketika itu juga anak perempuannya sembuh. Ketika perempuan itu kembali ke rumahnya, didapatinya bahwa setan telah meninggalkan anak perempuannya.

Demikianlah, Yesus tidak perlu pergi ke tempat orang sakit tersebut berada. Hanya dengan perintah-Nya, kuasa Allah dinyatakan melampaui batas ruang dan waktu.

Pekerjaan-Pekerjaan yang Luar Biasa

Dalam Kisah Para Rasul 19:11-12 dituliskan, *"Oleh Paulus Allah mengadakan mukjizat-mukjizat yang luar biasa, bahkan orang yang membawa saputangan atau kain yang pernah dipakai oleh Paulus dan meletakkannya atas orang-orang sakit, maka lenyaplah penyakit mereka dan keluarlah roh-roh jahat."*

Sama seperti Allah menyatakan mukjizat-mukjizat yang luar biasa melalui Paulus, Allah juga menyatakan mukjizat yang sama melalui aku. Seperti Paulus, kuasa terang tersebut ada dalam saputangan yang aku pakai untuk berdoa, dan jika orang mendoakan sesamanya memakai saputangan tersebut dengan iman, maka kesembuhan akan terjadi.

Di gereja kami, banyak pekerja gereja dan pendeta menyatakan karya penyembuhan melalui saputangan ini dan doa, dan mereka juga mengadakan kebaktian kebangunan rohani di negara-negara lain.

Pada kuasa level keempat ini, penyakit disembuhkan dan kuasa kegelapan diusir melalui kuasa Allah yang bekerja melampaui batas ruang dan waktu. Pada kuasa level keempat ini, tanda-tanda dinyatakan, dan segala sesuatu di alam semesta ini mentaatinya. Dalam sinar keemasan dari kuasa Allah level keempat, semua karya yang tergolong level pertama, kedua dan ketiga serta keempat dapat dinyatakan sekaligus.

Kisah Tentang Seorang Anak Perempuan Bernama Cynthia

Pdt. Wilson John Gil di Pakistan mempunyai seorang anak perempuan bernama Cynthia. Pada bulan Juli 1999, tiba-tiba dia muntah bercampur darah, dan juga mengalami diare. Dia harus dirawat di Rumah Sakit Rasheed Lahore. Dia mengalami pembuntuan pada usus besarnya. Dia harus segera menjalani operasi darurat. Namun tubuhnya terlalu lemah untuk menjalani operasi tersebut.

Penyakit tersebut dikenal dengan nama 'Celiac disease' disertai dengan gangguan pada usus besar.

Pada saat itu, kakak sulung Cynthia, Maria sedang berada di Korea. Dia membawa foto Cynthia kepadaku. Hari itu tanggal 23 Juli 1999, aku mendoakannya dengan sungguh-sungguh sambil menjamah foto tersebut. Pada saat itu juga, Cynthia mengalami rasa mulas pada perutnya untuk pertama kali dalam sepuluh hari. Dengan cepat dia pulih kembali, dan keesokan harinya dia sudah dapat duduk. Tiga hari kemudian dia boleh

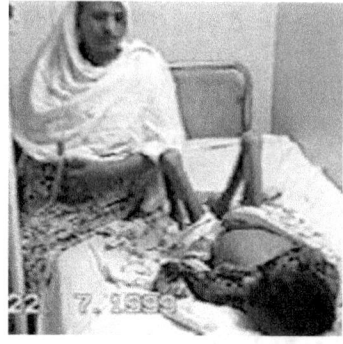

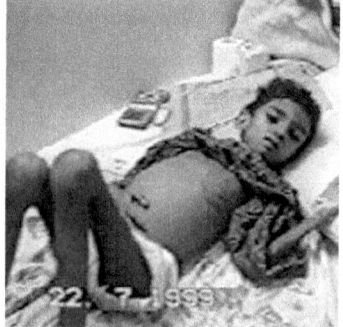

Cynthia, di rumah sakit (22 Juli 1999)   Cynthia yang sudah sehat (2007)

Mendoakan foto Cynthia

meninggalkan rumah sakit. Dia sembuh total.

Kuasa Tertinggi Penciptaan

Masih ada satu kuasa yang lebih tinggi lagi di atas keempat kuasa ini. Inilah kuasa yang hanya dimiliki oleh Allah Sang Pencipta. Ketika Allah berkata, "Jadilah terang," maka jadilah terang. Melalui kuasa inilah segala sesuatu diciptakan sesuai dengan apa yang diperintahkan.

Jika Allah memerintahkan seorang buta untuk membuka matanya, mata orang tersebut segera terbuka dan melihat. Jika Allah memerintahkan seorang lumpuh untuk berjalan, orang tersebut akan berjalan. Pekerjaan-pekerjaan yang dilakukan Yesus dinyatakan melalui Kuasa Tertinggi Penciptaan (*The Most High Power of Creation*), kuasa yang lebih tinggi dari keempat kuasa yang lain. Inilah yang disebut kuasa Sang Pencipta atas segala ciptaan.

Tetapi ini bukanlah suatu keadaan bahwa sebuah mahluk menerima kuasa dari Allah lalu menyatakannya dalam pekerjaan yang berbeda-beda. Inilah kuasa yang berasal dari terang yang sejak awal dimiliki Allah ketika Ia masih sendiri sebelum adanya segala ciptaan.

Dalam Injil Yohanes pasal 11, kita dapat mengetahui tentang Lazarus yang telah mati selama empat hari dan sudah membusuk, namun dibangkitkan dan keluar dari kubur berjalan mengikuti perintah Yesus yang mengatakan, "Lazarus, keluarlah!"

Jika seseorang membuang segala bentuk kejahatan, dan menjadi kudus, kemudian tampil sebagai orang yang dipenuhi dengan roh menyerupai hati Allah, dan menerima pengetahuan rohani tak terbatas, orang tersebut dapat masuk hingga ke level yang jauh di atas keempat kuasa yang ada.

Setelah dia mencapai peringkat Kuasa Tertinggi Penciptaan (*The Most High Power of Creation*), perkara-perkara ajaib seperti saat Allah menciptakan segala sesuatu dengan firman-Nya dapat terjadi.

Milenium Baru Dimulai Dengan Sebuah Tanda Besar

Pada tahun 2000, Allah menggerakkan hatiku untuk mempersembahkan kepada-Nya sebuah doa nazar. Aku mempersembahkan doa nazar sebanyak empat kali. Allah menginginkan aku untuk berkonsentrasi lebih mendalam pada doa. Allah mengungkapkan bahwa aku harus berdoa seorang diri di bukit tanpa berhubungan ataupun berbicara dengan siapapun.

Pada saat itu, aku mempunyai banyak beban mengenai keadaan finansial gereja dan hal-hal lainnya, dan sebenarnya sangat sulit bagiku untuk bisa fokus dan konsentrasi pada doaku. Seandainya aku tidak pernah berkomunikasi dengan Allah, aku pasti akan mengalami masalah serius karena stres yang amat berat.

Semasa hidup-Nya di dunia, Yesus selalu menyisihkan waktu untuk berdoa. Walaupun Yesus adalah kuasa Allah itu sendiri, namun karena Ia menjadi manusia, Ia harus dipenuhi dengan Roh Kudus melalui doa untuk menyatakan kuasa Allah.

Sejak tanggal 21 Februari, aku mempersembahkan doa nazarku yang pertama selama sepuluh hari. Selama berada di bukit, aku tidur hanya beberapa jam sehari dan makan hanya dua kali sehari. Makanannya sangat sederhana, sehingga dalam sepuluh menit aku bisa menyelesaikannya. Dengan pengecualian akan waktu-waktu ini, aku berdoa sepanjang hari, berlutut dan pada waktu istirahat aku membaca Alkitab.

"Bagaimana aku bisa menerima lebih banyak kuasa, mengenalkan Allah Sang Pencipta, dan menyelamatkan lebih banyak jiwa? Bagaimanakah aku dapat mengenalkan Yesus Sang Juru Selamat? Bagaimanakah aku dapat mengenalkan surga dan neraka, dan membuat orang menerima Tuhan? Bagaimanakah aku dapat menginjili dunia ini?"

Satu-satunya keinginanku adalah mendapatkan Kerajaan Allah dan segala kebenaran-Nya. Akan tetapi setelah doa nazar yang pertama selesai, aku merasa agak malu dan bingung di hadapan Allah.

Aku melakukan yang terbaik dalam berdoa, tetapi aku merasa doaku tidak sesuai dengan doa Yesus, pada saat peluh-Nya menjadi titik-titik darah sewaktu Dia berdoa di Taman Getsemani. Namun Allah Bapa berkenan dengan doa-doaku dan memberikan aku sebuah hadiah besar.

Air yang Pahit Berubah Menjadi Air yang Manis

Gereja Manmin Muan terletak di #153 di desa Chun-Jang, kelurahan Heje, kecamatan Muan, di propinsi Cheonnam. Daerah ini sekarang sudah terhubung dengan daratan utama, sebelumnya daerah ini adalah sebuah pulau disebut 'Jookdo.' Di sana ada sebuah gedung pertemuan kaum muda dan Gereja

Manmin Muan membeli bangunan ini untuk dipakai sebagai tempat ibadah. Hanya lima menit berkendaraan dari tempat tinggalku di masa kecil.

Gereja Manmin Muan pindah ke tempat ini pada bulan Februari 1999, namun mereka segera menyadari bahwa mereka tidak mempunyai persediaan air minum yang cukup. Mereka pernah menggali sebuah sumur di situ, tetapi sumur tersebut mengandung air laut dan hanya dapat digunakan untuk kolam renang.

Pendeta Myeongsool Kim dari Gereja Manmin Muan selalu berpendapat bahwa akan sangat baik bila sumur itu berisi air segar untuk minum. Karena tidak ada air segar untuk minum, maka mereka mengalirkan air dengan pipa sejauh tiga kilometer.

Mereka mengalami kesulitan besar di musim dingin karena air dalam pipa akan membeku dan pipa akan pecah.

Allah Tetap Sama Kemarin dan Hari Ini

Pendeta Myeongsool Kim dari Gereja Manmin Muan membaca dalam Kitab Keluaran tentang air pahit di Mara yang diubah menjadi air yang manis. Dia yakin bahwa air laut dapat diubah menjadi air minum jika aku mendoakannya.

Keluaran 15:23-25 mengatakan, *"Sampailah mereka ke Mara, tetapi mereka tidak dapat meminum air yang di Mara itu, karena pahit rasanya. Itulah sebabnya dinamai orang tempat itu Mara. Lalu, bersungut-sungutlah bangsa itu kepada Musa, kata mereka: 'Apakah yang akan kami minum?' Musa berseru-seru kepada TUHAN, dan TUHAN menunjukkan kepadanya sepotong kayu; Musa melemparkan kayu itu ke dalam air, lalu air itu menjadi manis."*

Sumber mata air manis Muan

Ini terjadi kira-kira 3500 tahun yang lalu ketika bangsa Israel menyeberangi Laut Merah. Mereka mencari air di padang gurun Syur, namun mereka tidak mendapatkan air untuk minum. Sekarang mereka mulai mengeluh kepada Musa. Sewaktu Musa berdoa kepada Allah, air yang tidak layak minum karena pahit berubah menjadi air minum segar dan manis.

Pendeta Myeongsool Kim dan anggota jemaat gereja tidak saja berdoa agar air itu diubah. Mereka juga memintaku mengunjungi gereja mereka dan mendoakannya. Mereka percaya dan mengimani bahwa air laut yang asin dapat diubah menjadi air yang manis.

Selama sesi pertama doa di bukit, aku berdoa secara khusus

untuk Gereja Manmin Muan. Aku mendengar bahwa selama sepuluh hari aku berdoa, tampaklah pelangi bundar siang dan malam di atas Gereja Manmin Muan. Kemudian aku mengetahuinya bahwa anggota gereja di Gereja Manmin Muan mengadakan doa puasa untukku yang sedang berdoa di bukit doa.

Setelah aku kembali dari doa di bukit, pada tanggal 4 Maret, seusai kebaktian Jumat semalaman, pendeta Myeongsool Kim mendatangiku dengan beberapa pokok doa dan memohon agar aku mendoakannya.

Karena jemaat gereja di Muan sangat menderita, aku tidak hanya berdoa untuk pokok-pokok doa yang diberikan kepadaku, tetapi aku juga berdoa untuk air laut yang asin agar diubah menjadi air manis yang layak minum. Allah mendengar doa ini, dan tanpa dibatasi oleh ruang dan waktu, Ia menyatakan karya-Nya pada sumur tersebut di Muan yang terletak beberapa ratus kilometer jauhnya.

Keesokan harinya, sewaktu Pendeta Kim dan anggota gereja memeriksa air sumur, mereka mendapatkan bahwa air tersebut yang semula asin dan pahit sudah berubah dan layak minum.

"Pendeta Senior, telah terjadi sebuah mukjizat! Air asin berubah menjadi air manis. Air laut yang tidak layak minum telah berubah menjadi air yang manis!"

Pendeta Kim meneleponku untuk menceritakan kabar ini. Aku dapat mendengar suara-suara keheranan dan gembira dari anggota gereja Manmin Muan melalui telepon.

Penyembuhan Melalui Air Manis

Air yang manis mengandung sedikit alkali namun banyak

Ikan air tawar tidak dapat hidup dalam air asin; ikan laut tidak dapat hidup dalam air tawar. Tetapi ikan air tawar dan ikan laut dapat hidup bersama di dalam air manis Muan

mineral. Bukan saja air tersebut layak minum, tetapi juga membawa banyak kesembuhan. Umumnya orang Korea tidak memiliki lipatan pada kelopak mata bagian atas. Tetapi banyak orang yang mengusapkan air tersebut dengan iman pada wajah mereka, merasakan bahwa mereka tiba-tiba memiliki lipatan pada kelopak mata bagian atas. Banyak orang mengalami kesembuhan dari gangguan penyakit kulit dan sakit perut mereka.

Pendeta Sungchil Lee, dari gereja kami, mengajak ketiga anak mereka untuk menunjukkan kepadaku bahwa kelopak mata mereka sekarang memiliki lipatan. Ketiga anak tersebut sebelumnya tidak pernah mempunyai lipatan pada kelopak mata mereka, tetapi dengan usapan air yang manis itu, terbentuklah lipatan pada kelopak mata mereka. Ada banyak kesaksian dari negara-negara lain juga.

Di Muan, dalam sumur tersebut terdapat sebuah pipa. Sebagian orang percaya dapat melihat dengan mata rohani mereka bahwa ada berkas-berkas cahaya yang turun dari tahta Allah dan mengelilingi bagian bawah pipa tersebut.

Sewaktu air laut yang asin melewati berkas-berkas cahaya tadi, air itu berubah menjadi air yang manis. Bukan hanya dari Korea, tetapi banyak orang dari negara-negara lain mengunjungi tempat ini. Sebagian dari mereka juga melihat berkas sinar ini dan terang kuasa di dalam air yang manis tersebut dengan mata rohani mereka.

Pada tanggal 29 Maret 2000, Diaken Hyeonju Oh sedang mengangkat air mendidih dari sebuah teko besi yang besar. Secara tidak sengaja, air mendidih itu tumpah di leher dan bahunya.

Dia mengalami luka bakar serius pada dada dan belakang lehernya. Dia segera menerima doa khusus untuk orang sakit yang direkam melalui sistem teleponnya dan dengan iman dia dapat merasakan aliran panas keluar dari tubuhnya. Kemudian dia merasakan ada nanah keluar dari luka-luka bakarnya, tetapi sewaktu dia mengusapkan air manis dari Muan, nanah itu juga lenyap.

Setelah tiga hari, aku kemudian mendoakan dia. Dalam satu minggu, dia mengalami bahwa luka-lukanya mengering dan ketika kulit kering tersebut terkelupas, kulitnya kembali normal dan bersih. Dia sembuh total tanpa ada efek samping.

Hewan-Hewan Pun Dihidupkan Dengan Air Manis Muan

Hal ini terjadi di Rumah Doa Galilea tempat aku berdoa. Kejadiannya pada bulan Mei 2003. Seekor burung merpati sedang bermain dekat seekor anjing Gembala Jerman. Burung itu sama sekali tidak takut walaupun anjing tersebut terus menyalakinya. Aku agak kuatir.

"Anjing itu memang diikat, tetapi sekali saja burung itu mendekat pastilah anjing itu akan menggigitnya. Mengapa burung itu tetap bermain di dekat anjing?"

Kalau anjing itu menyalak, burung itu akan sedikit menjauh. Burung itu tetap saja bermain di situ. Aku merasa beberapa jam telah berlalu. Anjing itu tampaknya kelelahan untuk terus menyalak.

Aku mendengar cerita yang menarik dari penjaga rumah doa. Beberapa hari sebelumnya, seekor merpati jatuh di kebun dan terkapar di tanah. Sewaktu dia melihat burung tersebut, burung tsb sudah hampir mati dan banyak bulunya yang lepas. Tampaknya burung tersebut telah memakan sejenis racun.

Dia ingin menyelamatkan burung itu. Dia lalu berdoa dan memberi burung tersebut air manis Muan. Setelah diberi minum air manis itu beberapa kali, kelihatan bahwa burung tersebut mendapatkan kembali kekuatannya dan kemudian terbang menghilang.

Keesokan hari dan selanjutnya, burung merpati tersebut mulai datang ke tempat ini setiap pagi. Burung merpati ini hanya bermain di kebun atau duduk di pohon-pohon dan pergi pada malam hari. Kadang-kadang burung merpati ini juga mengajak burung-burung lain bermain di kebun. Sebelum kejadian ini, aku belum pernah melihat ada seekor merpati datang ke rumah doa ini.

Aku sangat terharu dan terkesan mendengarkan cerita ini, suatu fakta bahwa seekor burung pun mengerti akan rahmat Allah. Selanjutnya burung merpati itu selalu kembali ke tempat tersebut sebagai ucapan syukurnya. Tentunya burung merpati ini mempunyai lebih banyak teman di atas bukit-bukit, tetapi dia tetap datang sendiri dan tinggal di sana.

Aku minta penjaga agar menyediakan cukup makanan di kebun sehingga burung merpati itu dapat mengajak teman-temannya bermain di sana.

Jindol Hidup Kembali Setelah Berada di Ambang Kematian Selama Delapan Belas Hari

Kami mempunyai seekor anjing Jindo bernama 'Jindol.' Sekali sehari penjaga kami melepaskan anjing ini dari tali pengikatnya. Maka Jindol akan pergi naik ke bukit di sekitar dan kembali lagi dalam waktu setengah jam. Tetapi pada suatu hari yang penuh salju, Jindol menghilang. Dia tidak kembali selama beberapa hari. Kami mencarinya kemana-mana namun tidak menemukannya.

Kami hampir menyerah. Tetapi 18 hari kemudian dia kembali. Setelah kami perhatikan, ternyata dia terjerat sebuah perangkap di bukit dan dia sangat menderita. Ada sebuah kawat logam melilit di lehernya. Jindol terluka parah.

Jindol sangat kurus, hanya tinggal kulit dan tulang. Bulu-bulu di lehernya rontok, dan kawat tersebut melukainya hingga menembus ke tulangnya. Pastilah Jindol telah banyak berjuang di lumpur untuk melepaskan diri karena tubuhnya penuh dengan lumpur. Para pekerja gereja di sana terus menerus menyemprotkan air manis Muan pada leher Jindol.

Mereka juga memasak ikan untuk Jindol agar dia mendapatkan makanan bergizi. Aku merasa kasihan pada Jindol, dan aku juga mendoakannya.

Biasanya, Jindol tidak terlalu suka kepadaku. Aku hanya akan membelainya sekali-sekali, namun itu pun kalau kebetulan aku datang ke rumah doa tersebut. Karena itu, Jindol tidak terlalu menyambutku dengan baik. Dia bahkan tidak patuh kepada orang yang memberi dia makan.

Namun setelah kejadian ini, Jindol sangat berubah. Mendengar suara mobilku membuat dia tidak dapat mengontrol diri karena gembira, dan dia mengibas-ngibaskan ekornya. Sekarang dia patuh kepada orang yang memelihara dia dengan baik. Dia dicintai oleh semua orang.

Seperti manusia yang harus melalui pencobaan untuk menjadi lebih matang, Jindol tampaknya juga menyadari arti sebuah rumah, dan dia berterima kasih kepada majikannya. Setelah pengalaman buruknya dengan risiko bahwa dia bisa mati jika dia meninggalkan majikannya, dia berubah menjadi seekor anjing yang menyenangkan dan sangat patuh kepada majikannya.

Dibuktikan dengan Tes FDA (Badan Pengawas Obat dan Makanan)

Sebagian orang salah mengerti akan air manis Muan. Belum lama ini, sebuah stasiun penyiaran Korea bernama MBC, menyiarkan sesuatu mengenai air manis Muan. Karena pandangan mereka yang tidak netral, terjadilah beberapa kesalahpahaman.

Badan Pengawas Obat dan Makanan (*FDA – Food dan*

Drug Administration) adalah sebuah lembaga pemerintah di bawah Departemen Kesehatan dan Pelayanan Masyarakat Amerika Serikat (*Department of Health and Human Services of the United States of America*). Mereka menjaga ukuran dan standard keamanan untuk makanan, obat, bahan kimia, kosmetik, dan zat tambahan pada makanan. Mereka memeriksa semua kandungan ini dan memberikan persetujuan.

FDA melakukan pengujian pada air manis Muan di lima lokasi termasuk juga uji mineral, logam berat, residu pestisida, uji gangguan pada kulit, dan uji tingkat racun bila dikonsumsi.

Hasilnya adalah bahwa air manis Muan layak untuk diminum dan aman bagi tubuh manusia umumnya. Ternyata ditemukan bahwa air tersebut sangat kaya akan mineral yang diperlukan tubuh manusia, dan sangat kaya akan kalsium yang tiga kali lebih tinggi dari kandungan kalsium di mata air terkenal di Perancis dan Jerman.

Terbukti bahwa air manis Muan adalah air minum yang sangat baik. Bahkan secara rohani, mereka yang percaya bahwa air tersebut mengandung kuasa Allah dan meminumnya serta memakainya akan mengalami karya kesembuhan ilahi.

Orang-orang yang Kritis Mengatakan, "Mereka Penuh Dengan Anggur Manis."

Setelah kebangkitan Tuhan, Petrus menerima Roh Kudus. Petrus menyatakan banyak tanda-tanda seperti penyembuhan orang sakit dan pengusiran setan. Orang-orang Yahudi menjadi iri hati terhadap dia lalu memenjarakan Petrus dan para rasul yang lain. Pada waktu Paulus mengusir setan, dia dipukuli dan kemudian dipenjarakan.

Pada hari Pentakosta, orang-orang Yahudi dari seluruh negeri melihat para murid Tuhan yang dipenuhi Roh dan berbicara dalam berbagai bahasa. Mereka sangat terkejut, tetapi mereka tidak mengerti bahwa ini adalah karya Roh Kudus. Mereka mengolok-oloknya dan mengatakan bahwa para rasul mabuk anggur manis.

Demikian juga, ada orang yang mengkritik karya Roh Kudus dan mengatakan bahwa kejadaan-kejadian ini adalah hal-hal mistik atau sebuah sandiwara saja. Aku sangat sedih mendengar hal-hal demikian.

Allah sudah memberikan kita tanda dengan mengubah air laut yang asin menjadi air manis setelah aku melakukan rangakaian doaku yang pertama di bukit. Allah membuatku mengerti bahwa Ia akan memberikan aku pengetahuan dengan dimensi berbeda dari yang sebelum melalui tahap kedua doa di bukit. Inilah pengetahuan untuk bisa memecahkan berbagai masalah yang sulit.

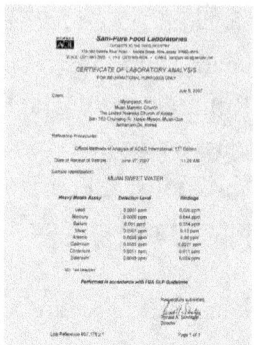
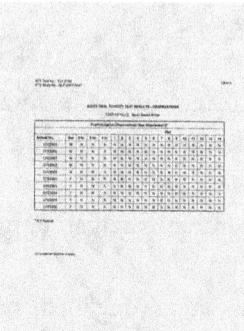
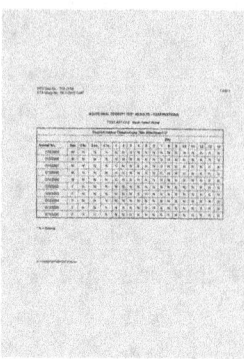
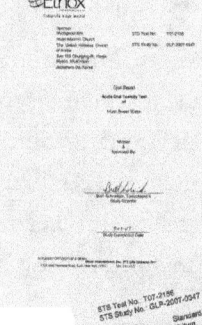

Kebaikan dan keamanan air manis
Muan diuji oleh FDA

Doa di Bukit dan Pengorbanan Hidupku

Pada sesi doaku yang ketiga, Allah memintaku untuk mendoakan doa Yakub pada waktu tulang panggulnya patah. Allah juga meminta aku untuk berdoa seolah-olah hatiku akan meledak. Artinya, aku harus menyerahkan seluruh hidupku. Selama aku berdoa, Allah memberikan aku firman-Nya.

"Selamatkanlah jiwa-jiwa dengan segera dengan injil kekudusan ini. Mereka mengatakan, 'Tuhan, Tuhan, aku percaya' dengan bibir mereka. Tetapi mereka tidak mempunyai iman untuk mengakui Aku dalam hidup mereka. Jika mereka sungguh percaya kepada-Ku, akankah mereka mengandalkan rumah sakit jika sesuatu terjadi?

Mereka berpura-pura kudus di luar, tetapi di dalam mereka menghakimi, menyiksa dan memfitnah yang lain. Mereka orang-orang yang munafik. Bagaikan orang buta saling menuntun, ada hamba-hamba Allah dan guru-guru yang membimbing banyak jiwa ke jalan kematian. Bersegeralah mewartakan Injil ke seluruh dunia. Ajarilah mereka bagaimana mereka dapat menerima keselamatan. Bangunkanlah jiwa-jiwa di dunia."

Artinya, hanya ada sedikit orang yang memiliki iman rohani untuk menerima keselamatan pada akhir zaman ini.

Allah memperlihatkan kepadaku bagaimana Musa berdoa. Ia menjelaskan kepadaku bagaimana Musa berdoa untuk bisa menerima Sepuluh Perintah Allah tanpa sedikitpun minum air di Gunung Sinai.

Di Gunung Sinai tidak ada air, pepohonan, bunga-bunga atau nyanyian burung. Gunung Sinai hanyalah padang belantara penuh dengan bebatuan dan pasir, dan sangat sulit untuk menemukan satu tanaman pun. Musa berdoa seorang diri. Pada waktu dia melakukan doa yang pertama, Yosua ada beserta dia. Tetapi pada waktu dia berdoa yang kedua kalinya untuk menerima perintah lagi, dia harus berdoa sendiri.

Setelah melewati usianya yang ke-80, Musa tentunya bukan lagi orang yang kuat dan sehat. Dia mengenakan baju yang lusuh dan dia berlutut berdoa sungguh-sungguh siang dan malam. Darah mengalir dari telapak tangannya, dan lututnya penuh luka bahkan hampir menembus tulangnya. Dia berdoa siang dan malam dengan menanggung rasa sakit ini selama empat puluh hari, dan menerima jawaban Allah, yaitu Sepuluh Perintah.

Bukanlah hal mudah untuk menerima perintah Allah dan mendengarkan suara-Nya. Seseorang harus mengalahkan dirinya, dan menjadi sungguh-sungguh taat dan murni. Sewaktu aku menyelesaikan sesi ketiga doa di bukit, Allah mengatakan kepadaku bahwa aku telah berdoa dan mengorbankan hidupku. Ia mengajarkan kepadaku tentang beberapa rahasia alam rohani dan juga perkara-perkara yang akan datang.

Berpegang pada firman dalam Yohanes 14:12, aku berdoa untuk menerima lebih banyak lagi kuasa dan inspirasi untuk melakukan pekerjaan-pekerjaan lebih besar seperti yang dikatakan Yesus. Kuasa Allah dan inspirasi yang jelas adalah suatu keharusan di akhir zaman ini, di saat dunia sudah begitu penuh dengan dosa. Selain untuk menyelamatkan mereka yang tidak percaya walau telah melihat, juga untuk menghancurkan berhala dan paham Darwin yang menyebar di seluruh dunia. Allah berkenan dengan doa ini dan berjanji bahwa doa ini akan dikabulkan.

Menjelang akhir April, tepat sebelum Kebangunan Rohani bulan Mei 2000, aku memulai doa nazar sesi keempat. Allah mengatakan kepadaku untuk tidak memikirkan apapun juga, keluargaku dan gereja. Aku hanya memikirkan surga dan Allah Bapa, dan siang dan malam aku berseru-seru dalam doa.

Aku juga sering melihat awan dan matahari pada siang hari, dan bulan dan bintang pada malam hari, dan belajar lebih banyak akan kasih dan penyertaan Allah. Allah mengajarkan aku banyak hal tentang rahasia kehidupan rohani. Ia mengajarkan lebih dalam lagi mengenai kerajaan surga dan juga tentang roh-roh jahat yang menguasai neraka.

Setelah doa nazar sesi keempat selesai, Allah memberikan kuasa yang akan dinyatakan pada Air Terjun Iguaçu. Allah akan memberikan jawaban jika orang pecaya dapat menunjukkan iman mereka walaupun hanya sedikit. Dalam kebangunan rohani bulan Mei, aku tidak menumpangkan tangan kepada setiap orang sakit, tetapi aku hanya berdoa dari mimbar bagi mereka semua.

Hanya dengan sekali berdoa, bermacam penyakit disembuhkan; penglihatan dipulihkan, dan banyak yang bisa berdiri dari kursi roda. Aku hanya bisa bersyukur kepada Allah.

Jangan Menghancurkan Upah yang Disimpan di Surga

Pada tanggal 2 Juni 2000, aku bersiap meninggalkan rumah untuk kebaktian Jumat semalaman. Aku melihat penatua Jongkyoo Lee. Dia sedang sakit parah. Saat aku menjenguk dia, aku sadar aku harus berdoa untuk keselamatannya, bukan untuk kesembuhannya. Dia ketakutan akan sesuatu dan tidak bisa bicara.

Melalui inspirasi yang kuterima, aku dapat melihat para malaikat dan roh-roh jahat berperang untuk memperebutkan jiwanya. Artinya, sulit bagi dia untuk dapat diselamatkan dalam keadaan demikian. Iblis mempersalahkan dia di hadapan Allah sehingga iblis dapat membawanya ke neraka.

Aku menyadari keadaan serius ini dan berdoa, "Semua roh-roh jahat, dan penguasa udara pergi dan keluarlah! Ya Bapa, terimalah roh orang ini."

Orang-orang di sekitarku terkejut dan heran dan meminta aku mendoakan untuk kesembuhannya.

Satu orang berkata, "Pendeta Senior, dia pernah menjadi pemimpin para kelompok sukarelawan selama beberapa tahun, dan dia harus menghadiri kebaktian pengabdian yang akan datang untuk para kelompok sukarelawan."

Kataku, "Tidakkah kalian mendengar doaku? Terjadilah seperti yang aku katakan."

Setelah aku doakan, wajah penatua itu menjadi penuh damai, dan airmata mengalir di wajahnya. Dia memperoleh kedamaian di tengah sakitnya yang tidak terkatakan. Aku minta keluarganya untuk mempersiapkan pemakamannya. Aku juga meminta pekerja gereja melakukan yang terbaik untuk pemakamannya karena, seperti yang mereka katakan, dia telah bekerja sebagai pemimpin kelompok sukarelawan selama bertahun-tahun.

Memang dia bekerja untuk gereja tetapi dia hampir tidak mendapatkan keselamatan. Keesokan harinya, pada tanggal 3 Juni, penatua itu meninggal. Allah memperlihatkan kepadaku bahwa dia berada di tempat orang-orang yang diselamatkan sedang menunggu. Banyak orang yang menunggu berbaris dalam antrian panjang, dan dia menundukkan kepalanya.

"Tidakkah kau tahu mengapa anak ini menundukkan kepalanya? Karena dia adalah anggota Manmin yang sudah menerima makanan rohani dari firman darimu."

Sebagai anggota Manmin, dia sudah mendengar firman kehidupan. Dia seorang penatua dan pemimpin kelompok sukarelawan. Dia seharusnya sudah pergi ke satu tempat tinggal yang lebih baik di surga seperti kerajaan surga yang ketiga atau Yerusalem Baru. Akan tetapi, dia baru saja terselamatkan. Dengan kata lain, dia menerima keselamatan dengan memalukan, karena itu dia hanya akan berada di Firdaus. Karena itulah dia tidak dapat menengadahkan kepalanya. Allah memberitahuku bahwa dia sedang bersyukur sambil berlinang airmata karena telah diselamatkan, dan dia menyatakan akan mendoakan aku hingga kami bertemu kembali.

Jika demikian, mengapa seorang pekerja yang setia pada saat itu harus menerima keselamatan memalukan seperti ini? Allah menyampaikan kepadaku hal-hal sebagai berikut:

Sewaktu gereja kami menghadapi tiga ujian, sebagai pemimpin kelompok sukarelawan seharusnya dia lebih dekat dengan para pendeta dan anggota jemaat daripada dengan orang lain. Tetapi setelah mendengar rumor-rumor palsu dan melihat bahan-bahan yang dibuat oleh orang-orang jahat itu, dia malah menjadi goyah.

Aku telah mengajarkan kepada para anggota jemaat dan berkali-kali menekankan untuk tidak melihat, mendengar, atau menyebarkan apapun yang bukan kebenaran, tetapi dia melanggarnya. Dia mendengarkan mereka yang sedang berusaha menghancurkan gereja, dan hatinya menjadi goyah. Bahkan dalam insiden penyiaran tahun 1999 tersebut, dia berada dalam posisi untuk melindungi gereja dan gembalanya, tetapi dia tertipu oleh orang-orang jahat tersebut dan tidak melakukan tugasnya. Karena dia telah mengecewakan Allah dengan cara demikian, Allah tidak dapat mempertahankan dia. Sekarang, upah yang telah dikumpulkannya di surga sudah hilang semua, dan sulit bagi dia untuk dapat diselamatkan.

Karena keadaan ini, iblis menjatuhkan tuduhan kepadanya dengan maksud untuk membawanya ke neraka, tetapi ada para malaikat yang berusaha membawanya ke surga. Dia pasti sangat menderita berada dalam kondisi seperti ini! Dalam keadaan demikian, ketika aku berdoa untuk mengusir iblis, roh-roh jahat pergi dan dia diselamatkan.

Demikian juga halnya, jika seseorang menuduh sebuah gereja yang dikasihi Allah sebagai gereja tenung, atau menuduh pendeta yang dikasihi Allah sebagai pendeta tenung atau memfitnah mereka dengan berbagai cara lain, inilah yang disebut dosa melawan Roh Kudus. Jika seseorang melakukan dosa ini, dia tidak dapat diampuni walaupun dia bertobat. Akan sangat sulit bagi dia untuk diselamatkan, dan penghargaan yang sudah dikumpulkannya akan hangus.

Karena itu, kita harus juga senantiasa taat dan tetaplah mengerjakan keselamatan kita dengan takut dan gentar setiap hari (Filipi 2:12).

Nubuatan Tentang Korea Utara

Pada tanggal 13 Juni 2000, Presiden Kim Daejoong tiba di Bandara Soon Ahn di Pyong-yang Korea Utara. Baru pertama kali ini Presiden Republik Korea Selatan berkunjung ke Korea Utara untuk suatu pertemuan puncak.

Pada bulan Desember 1983, aku menubuatkan bahwa Selatan akan mengadakan komunikasi dengan Utara setelah tiga tahun. Hal itu tepat setelah terjadinya serangan teroris Korea Utara terhadap beberapa menteri Korea di Myanmar, sehingga hubungan kedua negara menjadi beku. Jika seseorang mengatakan sesuatu yang bertentangan dengan kebijakan pemerintah mengenai Korea Utara, artinya dia melanggar 'Undang-undang Keamanan Negara' (*National Security Law*).

Serangan teroris itu terjadi pada bulan Oktober 1983, ketika Presiden Doohwan Chun sedang berkeliling mengunjungi enam negara. Myanmar adalah negara pertama yang dikunjungi. Ketika mereka mengunjungi makam Aung San, terjadilah ledakan besar dan di antara rombongan presiden, 17 orang tewas dan 14 orang luka-luka. Akhirnya diketahui bahwa serangan ini diatur oleh Kim IlSung, pemimpin Korea Utara pada saat itu. Hubungan Utara dan Selatan benar-benar menjadi beku, dan tidak ada seorang pun dapat membayangkan akan terjadinya suatu interaksi.

Akan tetapi setelah tiga tahun, mulai bulan Januari 1987, ada usulan-usulan yang diajukan untuk mengadakan pembicaraan politik dan militer antara Selatan dan Utara, Pembicaraan Tingkat Perdana Menteri Selatan-Utara, dan negosiasi untuk mengurangi kekuatan militer. Selain itu, di awal hingga pertengahan tahun 1990, aku menubuatkan bahwa hubungan Selatan-Utara akan lebih membaik, dan akan terus menjadi lebih baik.

Pada bulan September tahun tersebut, Pembicaraan Tingkat Tinggi Pertama antara Selatan-Utara diadakan di Seoul. Pada bulan Oktober ada pertandingan sepak bola antara Selatan dan Utara, yang membuat semua orang sangat terkejut karena tidak menyangka akan terselenggaranya acara tersebut. Sejak saat itu, ada banyak pertukaran kegiatan antara kedua pihak termasuk Pembicaraan mengenai Atletik, dan juga lebih sering diadakan Pembicaraan Tingkat Tinggi selama tahun tersebut.

Tepat setelah pembukaan gereja kami, Allah memberitahuku bahwa akan ada Pembicaraan Puncak Selatan-Utara dan bagaimana keadaan akan berlangsung hingga akhir.

Tuhan mengatakan kepadaku bahwa jika terjadi pembicaraan mengenai pemilihan satu presiden untuk Selatan dan Utara, maka, hal itu berarti Dia sungguh berada di sana. Artinya semua kejadian ini sangat erat hubungannya dengan kedatangan Tuhan di udara.

Pembicaraan Puncak Sebagaimana Dinubuatkan

Allah telah memberitahukan aku pada tahun 1983 bahwa Pembicaraan Puncak Selatan-Utara akan diadakan pada tanggal 15 Juni 2000. Tepat sebelum pembicaraan ini dimulai, pada tanggal 4 Juni 2000 aku menubuatkan apa yang akan terjadi dimasa mendatang sehubungan dengan Pembicaraan Puncak tersebut.

"Dalam pembicaraan puncak ini, Korea Utara mempunyai agendanya sendiri. Hendaknya perwakilan kita jangan sampai tertipu. Salah satu alasan adalah ekonomi, namun hal ini tidaklah terlalu penting. Aku mendesak kalian para anggota gereja untuk mendoakan acara ini."

Pada tanggal 11 Juni, dalam kebaktian Minggu, aku menjelaskan apa yang Allah beritahukan kepadaku.

"Pembicaraan ini akan diadakan. Pembicaraan awal akan sangat bersahabat, mereka akan berjalan-jalan dan saling membuat lelucon. Setelah itu akan ada banyak pembahasan mengenai politik, ekonomi dan pertukaran atlet. Tetapi, sejak pembicaraan kedua, presiden akan mengalami kesulitan karena agenda mereka. Mohon dukungan doa agar kita mampu mencegah terjadinya kesulitan besar. Yang dimaksud dengan 'berjalan-jalan' di sini adalah bahwa kedua pemimpin akan berjalan-jalan dan berbicara dalam suasana yang akrab dan bersahabat."

Dan memang, pada tanggal 13 Juni, ketika Presiden Kim

Daejoong tiba di Pyong-yang, Kim Jong-il datang ke bandara untuk menyambutnya. Banyak orang memperkirakan bahwa suasana pembicaraan akan kaku dan alot. Tetapi selama kunjungan Presiden, Kim Jong-il menunjukkan persahabatan yang hangat, berjalan bersama Presiden Kim Deajoong dengan sikap yang sangat bersahabat. Hal ini mengejutkan orang-orang di Selatan. Tindakannya bahkan memukau orang-orang di Selatan. Bahkan muncul kata-kata seperti, 'kejutan Kim Jong-il', atau 'sindrom Kim Jong-il.'

Seperti telah disampaikan Allah kepadaku bahwa pembicaraan puncak diadakan dalam suasana akrab dan ramah, dan mereka berjanji akan lebih sering mengadakan pembicaraan bersama. Pada waktu diadakan pembicaraan pertama, semua orang diliputi suasana emosional. Seluruh negara berada dalam suasan gembira.

Rencana yang Tersembunyi

Setelah Presiden Kim Daejoong kembali dari kunjungannya ke Korea Utara, pada tanggal 16 dan 18 Juni dalam kebaktian Jumat semalaman, dan kebaktian hari Minggu aku menjelaskan apa yang Allah telah beritahukan kepadaku. Korea Utara memperlihatkan sikap ramah dan menyambut Presiden Korea Selatan dengan sebuah rencana yang sangat rinci.

Allah mengatakan hal tersebut tepat setelah Kim Jong-il mengantarkan Presiden Kim Daejoong meninggalkan Korea Utara, dan dia kembali ke ruang pertemuan lalu mengadakan pembahasan rahasia mengenai rencana penyatuan kedua negara dengan kekerasan. Mereka melakukan analisis pada setiap perwakilan dari Korea Selatan dan mencari siapakah yang mau membantu mereka.

Sementara orang-orang di Selatan masih terpesona oleh sikap ramah dan bersahabat dari Utara, dan mengimpikan terjadinya persatuan dengan damai, Korea Utara menyusun rencana untuk menciptakan persatuan kedua negara dengan kekerasan. Allah memberitahuku bahwa Kim Jong-il telah membaca pikiran orang Korea Selatan dalam pertemuan singkat menyambut Presiden Kim Daejoong. Hingga saat itu, orang-orang Selatan mempunyai pandangan negatif terhadap Kim Jong-il. Tetapi melalui pertemuan ini, pandangan tersebut berubah menjadi sebuah citra positif. Artinya Kim Jong-il berhasil dalam rencananya mengambil hati orang-orang Korea Selatan demi mencapai tujuannya.

Allah juga memberitahuku bahwa yang disebut dengan 'Sunshine Policy' tidak akan membawa hasil yang baik. Jika Utara menerima bantuan, mereka akan bersedia bekerjasama, tetapi hanya sesaat saja. Dari luar, mereka kelihatan ramah dan bersahabat, namun di dalamnya mereka sangat berbeda. Peringatan ini menjadi kenyataan. Korea Utara telah mempersiapkan senjata nuklir sesuai dengan rencana mereka sendiri.

Segera setelah aku membuka gereja ini, Allah memberitahuku bahwa pada suatu hari Korea Utara akan membuka diri. Dan saat itu semakin dekat dengan adanya tekanan dari Amerika Serikat dan negara-negara lain. Untuk saat ini, kami menunjuk beberapa pendeta dan orang awam yang melakukan persiapan untuk pekerjaan misi di Korea Utara.

Tetapi Korea Utara memberikan kesempatan yang sangat singkat. Mereka merasa sistem mereka terancam, dan mereka akan segera menutup pintu mereka kembali. Sebelum mereka menutupnya, mereka akan mengingatkan semua orang asing untuk meninggalkan negara tersebut. Maka banyak pekerja misionaris akan meninggalkan Korea Utara, hanya beberapa saja akan tetap tinggal untuk mewartakan Injil sampai selesai, dan akhirnya menjadi martir.

Bab 5

Seperti Air
Menutupi Laut

Awal Misi ke Luar Negeri Dalam Skala Penuh

Sejak pertama kali gereja ini dibuka pada bulan Juli 1982 di sebuah tempat kecil seluas 70 meter persegi, aku terus berdoa bersama para pekerja gereja untuk misi dunia dan sebuah BaitAgung, dan semua ini adalah visi yang Allah berikan kepadaku.

Tujuh belas tahun kemudian, dalam menghadapi milenium baru dan dengan penyertaan Allah, misi dunia dimulai dengan kekuatan penuh.

Dalam Kisah Rasul, kita dapat mengetahui adanya kebangkitan besar gereja mula-mula di Yerusalem Karena penganiayaan terhadap gereja semakin parah dan ganas, orang-orang percaya terpencar-pencar ke berbagai tempat.

Karena mengalami penganiayaan maka iman orang-orang percaya tersebut menjadi semakin kuat dan inilah awal mulanya penyebaran ajaran Kristen ke seluruh dunia. Walaupun iblis terus mengganggu, rencana dan penyertaan Allah pasti akan digenapi.

Sejak awal mula, gereja kami telah dipenuhi Roh Kudus. Ada banyak tanda dan keajaiban terjadi, dan gereja berkembang dengan sangat cepat. Tentu saja iblis berusaha menghancurkan gereja. Setiap kali kami menghadapi sebuah ujian kami mengatasinya dengan iman dan kasih, dan Allah memberikan kami kuasa yang semakin besar. Diawali dengan kunjungan ke Uganda pada bulan Juli 2000, kami mampu memulai misi dunia dengan sempurna..

Uganda, Titik Awal dari Misi Dunia

Walaupun Uganda disebut sebagai "Mutiara Afrika," Uganda sangat memerlukan kasih-karunia Allah. Negara tersebut mengalami banyak bahaya kemiskinan, penyakit dan perang saudara. Menurut statistik, ada 30% dari seluruh penduduk yang mengidap HIV positif, dan penyakit ini menyebar dengan cepat.

Penganut Kristen di Uganda juga merasa was-was karena kecenderungan di seluruh dunia bahwa Islam semakin berkembang.

Pada waktu aku berbicara di KKR Gabungan Uganda (*Uganda United Crusade*), aku dapat menyadari mengapa Allah mengutus aku ke negeri ini.

Dalam pesawat dari London ke Nairobi, di luar jendela terlihat pelangi bundar. Sungguh suatu pelangi yang luar biasa. Pesawat berada di dalam pelangi bundar tersebut. Sejak saat itu, pelangi selalu muncul setiap kali kami pergi ke berbagai negara untuk pekerjaan misionari. Kami sudah mengalami pelangi bundar berlapis tiga, pelangi lurus, dan banyak lagi pelangi lain yang pernah kelihatan.

Pada tanggal 4 Juli 2000, bersama delegasi misi, aku tiba di Uganda. Berbagai pemimpin politik dan agama datang menyambut kami di bandara, termasuk Wakil Presiden Bidang Agama, Walikota Kampala, dan Mr. Jehoah Nkangi, Menteri Kehakiman Uganda. Orang-orang setempat, dalam pakaian tradisional mereka, menyambut kami dengan antusias, sambil menari dan bersukaria.

Dalam perjalanan dari bandara menuju hotel, banyak orang melambaikan tangan mereka kepada kami. Aku juga dapat melihat banyak poster dinding tentang KKR itu. KKR tersebut cukup sering dipublikasikan di TV, dan pers setempat juga sangat tertarik.

Kami mengadakan jumpa pers di Hotel Nile, Kampala dan banyak anggota pers berkumpul termasuk CTV. Aku berjanji kepada mereka bahwa yang buta akan melihat, yang lumpuh berjalan, dan akan banyak mukjizat dinyatakan untuk memuliakan Allah.

Namun ketika KKR itu dipublikasikan, iblis dan Setan berusaha mengganggu KKR ini. Ada banyak isu tidak benar beredar melalui beberapa orang misionaris Korea. Mereka juga menghasut beberapa anggota pers untuk menghentikan KKR tersebut.

Tetapi orang-orang Afrika yang memiliki iman yang murni untuk Allah memberi reaksi yang sangat berlainan dengan apa yang diharapkan oleh misionaris Korea tersebut. Maksud mereka untuk mengganggu KKR justru membuat KKR tersebut menjadi lebih dikenal luas karena publikasinya. Bukan hanya pegawai pemerintah tetapi juga banyak orang pers datang karena sangat tertarik dengan KKR ini.

Konferensi Para Pemimpin Gereja

Pada tanggal 5 dan 6 Juli, Konferensi Pemimpin Gereja diadakan di *Kampala International Conference Hall*. Para pendeta bukan hanya dari Uganda tetapi juga dari Kenya dan Tanzania hadir pada KKR tersebut. Ribuan pendeta dengan penuh semangat menghadiri acara tersebut. Bahkan lorong-lorong pun penuh sesak.

Aku menyampaikan khotbah dengan judul, 'Kekudusan Bagi Allah.' Mereka sangat penuh perhatian, dan ketika tanda-tanda dan keajaiban Allah mulai dinyatakan di tengah pewartaan, mereka memberi kemuliaan kepada Allah dengan sorak-sorai dan tepuk tangan. Mereka bersuka-cita seolah-olah mereka sendirilah yang telah mengalami karya-karya Allah.

Ketika mereka mendengar tentang pekerjaan Allah, ada banyak orang di Korea yang memberikan pandangan aneh saat karya ajaib itu disebutkan, dan mereka berusaha untuk menghina, mengganggu dan menimbulkan kekacauan mengenai hal-hal tersebut. Keadaan di Uganda sangat berbeda dengan Korea. Mereka mempunyai hati yang murni untuk percaya akan firman Allah sebagaimana adanya.

KKR Gabungan Meledak dengan Karya Penyembuhan

Sejak hari berikutnya hingga tiga hari lamanya KKR Gabungan (*United Crusade*) diadakan di Stadium Nakivubo. Kebaktian hari pertama dihadiri oleh sekitar 70.000 orang. Acaranya dimulai dengan pengumuman dari Pendeta Kepala, Grivas Musisi, dan aku menyampaikan pesan mengenai Allah Sang Pencipta.

Khotbah itu diterjemahkan ke dalam bahasa Inggris dan bahasa setempat, bahasa Uganda, sehingga waktu khotbah sesungguhnya hanya 20 menit. Setelah khotbah aku mendoakan orang-orang sakit selama lima menit. Walaupun waktunya hanya singkat, karya penyembuhan terjadi dengan luar biasa sejak hari pertama. Aku dapat melihat seorang wanita terbaring di bawah panggung. Dia tidak dapat bergerak.

Beberapa orang yang mungkin adalah anggota keluarganya mencoba menguncang-guncangkan tubuhnya tetapi dia tetap diam bagaikan orang mati. Akan tetapi setelah acara doa selesai, dia bangkit dan berjalan menuju panggung. Semua orang yang melihatnya saat itu sangat terkejut dan heran.

Seorang anak perempuan yang menderita luka bakar pada kakinya sehingga tidak bisa berjalan, akhirnya bisa berjalan setelah didoakan. Seseorang dengan kaki yang tidak sama panjang akhirnya mampu berjalan dengan sempurna. Selain kejadian-kejadian ini, ada banyak orang yang berdesakan dan berebut ingin memberikan kesaksian mereka bahwa mereka disembuhkan dari AIDS, banyak yang menderita penyakit kulit disembuhkan, dan banyak lagi mukjizat Allah yang terjadi.

Pada hari kedua dan ketiga, pekerjaan Allah dinyatakan dengan lebih dahsyat lagi. Pada waktu orang-orang melemparkan penopang dan tongkat mereka dan mereka semua maju ke depan, orang-orang semua bersorak menyatakan kegembiraan dengan cara mereka sendiri yang unik. Lampu kilat dari kamera para juru foto dan anggota pers terus menerus berkilauan, dan juga terdengar lengkingan suara seorang reporter penuh kekaguman. Seseorang yang sudah menggunakan penopang selama 14 tahun dapat membuang penopangnya. Yang buta dicelikkan dan mampu melihat. Ada seorang pria yang tidak bisa berjalan karena penyakit kanker, namun saat itu dia bisa berjalan. Seorang anak lelaki berusia enam tahun dan tidak pernah bisa berjalan maupun berbicara, sekarang dia bisa berjalan dan bicara.

Disiarkan Oleh CNN

Dengan kesaksian-kesaksian tentang penyembuhan, tepuk tangan dan sorak-sorai, stadion tersebut menjadi seperti tempat bercampurnya berbagai luapan emosi dan keceriaan orang-orang yang hadir. Ada yang melambai-lambaikan sapu tangan mereka, dan ada juga yang menari-nari dan mengangkat kursi.

Acara KKR ini disiarkan langsung oleh TV nasional Uganda, dan juga oleh WBS. Berita tentang KKR ini disiarkan setiap hari melalui empat saluran, juga melalui stasiun penyiaran radio yang berbeda. Bahkan CNN dan seorang penyiar dari Inggris melakukan peliputan berita di tempat dan menyiarkannya.

"Dr. Jaerock Lee membuktikan bahwa dirinya adalah orang yang dipakai Allah melalui tanda-tanda dan keajaiban seperti yang dilakukan Yesus Kristus dengan kuasa Allah. Tanda-tanda dan keajaiban yang hanya berasal dari Allah saja ..."

Bahkan setelah KKR berakhir, CNN masih meneruskan peliputan mengenai kuasa Allah sebanyak tiga kali. Allah merencanakannya sedemikian rupa bahwa karya dan pekerjaan Allah dapat dikenal dari negara lain terlebih dahulu. Sementara mereka yang disembuhkan memberikan kesaksian akan kesembuhan yang mereka alami, yang lain memperoleh iman

Laporan oleh CNN

karena melihat karya dan pekerjaan Allah. Mereka membawa banyak saputangan untuk didoakan.

Ada setumpuk surat dan permohonan doa, dan juga foto. Aku tidak mempunyai waktu untuk mendoakan satu per satu, karena itu aku mendoakannya sekaligus. Lalu, ada lagi yang meletakkan tumpukan baru untuk didoakan.

Pemimpin gereja di Uganda mendengarkan pengajaran yang hidup dan murni, dan menjadi saksi akan kuasa Allah yang tidak dapat disangkal. Mereka mengakui bahwa mereka mendapatkan iman yang baru dan semakin dikuatkan.

Setelah acara KKR, ada beberapa pendeta datang menemuiku dan mereka berlutut, bertobat karena kesalahan mereka mencoba mengganggu kelancaran KKR tersebut. Aku juga mendengar

bahwa panitia pelaksana KKR tersebut menerima banyak pernyataan pertobatan melalui telepon. Karena mereka tidak tahu bahwa aku adalah anak Allah sehingga mereka berusaha untuk mengganggu, namun sekarang mereka ingin tahu apa yang dapat mereka lakukan untuk menjadi benar.

Menerima Pekerjaan Kuasa Allah

Ada seorang wanita Muslim berusia 22 tahun tidak bisa berjalan karena tubuhnya lumpuh pada bagian bawah, namun dia disembuhkan pada KKR tersebut. Beberapa penguasa Islam mengeluarkan perintah untuk bungkam dan tidak membicarakan tentang wanita ini maupun tentang kesembuhan yang didapatnya dari mengikuti KKR. Kemudian aku mendengar bahwa wanita ini mengatakan, "Aku hadir pada acara KKR dan menerima kesembuhan, dan aku harus menceritakannya."

Orang-orang Uganda mengalami kemiskinan dalam hati, mereka menerima Injil yang kudus dan karya Kuasa Allah dengan hati yang murni. Apakah pendeta ataupun orang awam yang percaya, jika ada orang di dekat mereka yang mengalami kesembuhan, mereka akan bersukacita dan bersorak bagaikan kesembuhan bagi diri sendiri. Walau KKR sudah berakhir, banyak orang tidak segera beranjak pergi untuk waktu yang lama. Aku tersentuh oleh kemurnian dan kebaikan hati mereka.

Ada satu orang yang melihat sesuatu dengan mata rohaninya. Dia mengaku bahwa dia melihat kuda dan kereta berapi di sekeliling tempat KKR (2 Raja-Raja 6:17). Allah mengusir semua pekerjaan iblis melalui kejadian ini. 'Kuda dan kereta berapi' berarti pasukan surgawi hadir di tempat tersebut.

Setelah KKR, setiap kali aku berdoa bagi orang-orang di Uganda, Allah memberitahuku bahwa walaupun mereka dapat menyanyi dan memuji dengan segenap hati mereka, mereka tidak banyak mengenal akan firman Allah.

"Orang-orang di negara ini menyanyikan lagu pujian dengan segenap hati mereka untuk memberi kemuliaan kepada Allah. Mereka tahu Allah bertahta di atas puji-pujian, tetapi mereka tidak mengenal Allah di dalam firman. Namun kali ini engkau telah memberitahu mereka dengan jelas mengenai Allah di dalam firman."

Firman Allah dan karya kuasa Allah yang dinyatakan dalam KKR ini menyebar dan diketahui secara luas melalui berbagai media dan penyiaran. Dengan cara ini gereja-gereja di Uganda dipersatukan dan dikuatkan.

Sepuluh Orang Bisu Tuli Disembuhkan di KKR Nagoya

Setelah KKR Uganda, Allah membimbingku untuk mengadakan KKR di Jepang. Orang Jepang menyembah begitu banyak berhala, dengan populasi masyarakat Kristen bahkan tidak mencapai satu persen.

Ada beberapa pendeta Jepang yang tersentuh hatinya, dan ada yang tergerak hatinya dalam KKR Gabungan Korea-Jepang (*Korea-Japan United Crusade*) yang diadakan di gereja kami pada tahun 1992. Mereka ingin mengadakan suatu persekutuan berkesinambungan serta dukungan misionaris. Kami mengirimkan misionaris kami yang pertama ke Jepang pada tahun 1994, dan mendirikan gereja cabang. Itulah awal dari misi kami di Jepang.

Sebuah KKR dijadwalkan akan diadakan pada tanggal 14 September 2000, akan tetapi sejak tanggal 11 hujan turun dengan lebat karena pengaruh badai dan angin topan. Laporan berita memperlihatkan kota Nagoya terendam banjir. Mereka mengatakan bahwa badai itu akan terus berjalan menuju Korea. Sudah lebih dari 30 ribu.rumah terendam banjir di Jepang. Walikota Nagoya mengeluarkan perintah evakuasi penyelamatan bagi 17 ribu orang. Semua fungsi dan kegiatan di kota terhenti. Ada peringatan akan terjadinya hujan lebat di Nagoya pada minggu saat KKR itu dijadwalkan.

Akan tetapi pada tanggal 13 September ketika kami tiba di Jepang, hujan lebat itu berhenti dan air banjir segera surut. Kami dapat melaksanakan KKR sesuai rencana semula, dari tanggal 14 hingga 15 September dengan cuaca musim gugur yang cerah. Untuk mereka yang hadir, Orkestra Nissi dari gereja kami melakukan pertunjukkan budaya bernuansa Kristiani dengan sangat bagus.

Ada satu hal khusus dari KKR ini yaitu hadirnya tiga belas orang bisu-tuli. Untuk mereka, kami menyediakan penerjemahan dengan bahasa tubuh, dan mereka sangat penuh perhatian berusaha untuk mengerti pesan yang disampaikan.

Melalui doa pada hari kedua, oleh kasih Allah yang mendalam, sepuluh dari mereka disembuhkan seketika. Sangat mengharukan melihat mereka bersukacita dan memberikan kesaksian bahwa mereka sekarang dapat mendengar.

Nishio Shenbiro tidak dapat menyembunyikan luapan sukacitanya, dan dia mengatakan bahwa dia belum pernah bisa mendengar sejak lahir, dan selama dua tahun sebelum KKR ini dia mengalami suara berdengung di telinganya, dan kemudian suara mendengung itu hilang sedikit demi sedikit hingga akhirnya dia bisa mendengar.

Aku Pergi ke Pakistan Dengan Semangat Kemartiran

Pakistan adalah suatu negara dengan 97% penduduknya beragama Muslim. Secara hukum mereka mempunyai kebebasan beragama, tetapi orang-orang Kristen menghadapi masalah dan ketidaknyamanan dalam banyak hal.

Mereka menderita karena kekerasan dan kadang-kadang mereka bahkan dibunuh, tetapi mereka tidak bisa menuntut hak mereka. Karena di antara kelompok Muslim sendiri terjadi perpecahan dan saling menghancurkan, apalagi yang dapat diharapkan oleh orang Kristen?

Sebenarnya aku harus siap untuk menjadi martir. Pada waktu aku mendoakan KKR ini, Allah berbicara, "Akan terjadi banyak gangguan sampai KKR ini selesai. Namun Aku akan menggerakkan para petugas untuk menolongmu, jadi engkau tidak perlu kuatir. KKR akan berjalan tanpa ada kecelakaan ataupun kejadian lain yang tidak menyenangkan, dan engkau akan memuliakan Aku dengan megah."

Pada tanggal 16 Oktober 2000, dalam penerbangan ke Pakistan, aku dapat melihat sebuah pelangi bundar berlapis empat di luar jendela.

Aku menyadari bahwa Allah menunjukkan pelangi itu kepadaku yang berarti Allah akan menjamin bahwa empat hari KKR di Pakistan dengan terang kuasa Allah level keempat. Para pendeta, panitia penyelenggara KKR dan reporter pers semua menunggu di bandara.

Cynthia, putri Pdt. Wilson John Gil, menyambutku dengan sebuah rangkaian bunga. (Aku sudah menceritakan mengenai kesaksiannya dalam Bab 3). Dia bertumbuh menjadi seorang wanita muda yang sehat.

Di kota Lahore, terdapat banyak poster dinding tentang KKR ini. Selain itu, juga ada publikasi melalui berbagai media publik. Di sana-sini poster dinding tersebut dirobek oleh orang-orang Muslim, bahkan ada ancaman-ancaman bom.

Pada tanggal 18 Oktober, penyelenggara mempersiapkan sebuah acara makan bersama untuk penyambutan di Hotel Avari Internasional. Banyak pejabat tinggi pemerintahan hadir, termasuk S.K. Tresler, Menteri Kebudayaan, Olah Raga, Kepemudaan dan Pariwisata; Menteri Kehakiman negara bagian Punjab; dan Mantan Ketua Mahkamah Agung.

Sebelum acara makan malam tersebut, terjadi sesuatu yang sulit dibayangkan. Mr. Abdula, pemimpin Islam tertinggi dari negara bagian Punjab, datang dengan kursi roda dan meminta didoakan untuk kakinya.

Orang Mulsim dilarang untuk berhubungan dengan orang Kristen. Karena itu, pastilah merupakan suatu perjuangan besar dalam dirinya sebagai seorang pemimpin Muslim untuk mendatangiku dan minta didoakan. Sewaktu aku sedang berdoa untuk pemimpin Islam ini, aku menyadari bahwa inilah suatu tanda yang telah dimenangkan oleh Yesus Kristus melalui peperangan rohani dalam KKR itu.

Karena negara ini adalah negara Islam, tanpa dukungan pemerintah Pakistan, akan sangat sulit untuk dapat mengadakan KKR. Sebelumnya, Allah telah mempersiapkan banyak tangan penolong.

Gerbang yang Terkunci Rapat

Hari itu tanggal 19 Oktober jam sembilan pagi, hari pertama diadakannya konferensi para pendeta. Pagi itu aku diberitahu bahwa konferensi dibatalkan dengan tiba-tiba. Stasiun kereta api dan lokasi konferensi juga ditutup. Sebenarnya kami sudah memiliki semua izin penting yang diperlukan dari pemerintah.

Pada waktu kami tiba di lokasi KKR, polisi bersenjata lengkap menghentikan kami. Sewaktu staff kami meminta agar mereka membukakan pintu gerbang, mereka hanya mengizinkan mobilku dan pengantar di belakangku untuk masuk. Setelah itu gerbang kembali ditutup. Petugas kepolisian yang bersenjata laras panjang dan granat tangan mencegah bus untuk masuk ke stadion.

Karena tekanan dari umat Muslim kepada pemerintah daerah, maka pemerintah membatalkan acara pertemuan demi alasan keamanan. Di stadion ada beberapa orang pendeta setempat yang telah tiba sebelum pintu gerbang ditutup. Mereka mengadakan doa dan pujian.

Dengan berjalannya waktu, petugas kepolisian menjadi lebih tegas terhadap orang-orang yang datang. Banyak orang yang sudah menempuh perjalanan lebih dari 10 hingga 20 jam dari tempat-tempat yang jauh untuk datang ke sana, tetapi mereka tidak dapat mendekat ke stadion. Aku dapat mendengar suara puji-pujian dan doa dari kejauhan di luar gerbang.

Aku hanya mengandalkan Allah dan berdoa, dan aku mendapatkan suatu jawaban yang mengatakan, "Tidak seorang pun dapat mengganggu acara KKR ini. Pintu gerbang akan segera dibuka menjelang siang hari."

Aku katakan kepada orang-orang di sana, "Konferensi akan dimulai pada siang hari, karena itu tidak perlu kuatir."

Kenyataannya, di sana masih ada polisi bersenjata dan tidak tampak adanya perubahan situasi. Tetapi staf yang ada bersamaku juga mengakui dengan iman bahwa konferensi akan dimulai pada siang hari.

Allah Menyediakan Sebuah Tangan Penolong

Dan karena kami telah mengakui dalam iman, maka pintu gerbang stadion dibuka menjelang tengah hari.

Karena itu banyak orang memasuki stadion dengan bangga dan dengan tangan terangkat ke atas. Mereka tampak bagaikan para jenderal yang kembali dari perang dengan membawa kemenangan besar. Menteri S.K. Tresler mendengar bahwa konferensi dibatalkan. Ia memanggil petugas pemerintah negara bagian memintanya untuk mengizinkan konferensi dilaksanakan, dan kemudian dengan bergegas dia sendiri juga menghadirinya.

Dia sebenarnya akan berangkat menuju Islamabad namun karena mendengar berita ini menunda jadwalnya agar bisa hadir di sini. Mereka yang menunggu di pinggiran kota, menunggu dan berdoa agar konferensi segera dimulai, juga datang dengan sukacita.

Menteri S.K. Tresler memberikan ucapan selamat atas dilaksanakannya konferensi para pendeta. Selama dua hari konferensi aku berbicara mengenai rahasia pertumbuhan gereja dan 'Pesan Salib.' Pada saat aku berdoa bagi mereka yang sakit, seorang anak perempuan dibebaskan dari cengkeraman iblis. Sebuah tumor yang berada dalam tubuh seseorang selama empat belas tahun bisa sembuh dan hilang. Mereka yang tidak bisa mendengar dipulihkan pendengarannya. Ada banyak kesaksian mengenai pembebasan dari rantai penderitaan. Berita ini tersebar dengan cepat melalui TV nasional dan siaran lain, melalui pers, dan dari orang ke orang melalui pembicaraan satu dengan yang lain.

Orang Banyak Berkumpul Di luar Lokasi KKR

Pada jam tujuh malam tanggal 20 Oktober, KKR dimulai di Institut Burt. Karena konferensi para pendeta berhasil dilaksanakan dengan baik, orang-orang tetap saja berdatangan dan berkumpul di area tersebut. Selama tiga hari, ada lebih dari 100.000 orang berkumpul setiap hari.

Orang-orang berdatangan dari seluruh penjuru negeri ini dengan kereta api dan bis. Tempat diadakannya KKR sudah dipenuhi banyak orang dan tidak ada lagi tempat tersisa. Mereka yang tidak bisa datang ke tempat itu harus mendengarkan khotbah di luar melalui pengeras suara. Aku juga mendengar bahwa banyak orang terpaksa harus pulang karena mereka tidak bisa mendapat tempat cukup dekat untuk dapat mendengar dengan baik.

KKR Gabungan Pakistan

Kebanyakan orang datang pada hari kedua atau ketiga, dan tempat di luar masih tetap saja penuh. Sikap petugas kepolisian yang berusaha menghalangi kami pada hari pertama berubah total dan mereka bahkan membantu mengamankan tempat tersebut sampai acara berakhir.

Polisi dengan senjata lengkap menjaga panggung dan seluruh staf kami sepanjang hari. Mereka memasang tali pengaman di sekeliling tempat KKR diadakan untuk menjamin keamanan. Banyak pejabat tinggi dan pemimpin gereja hadir dalam KKR ini, TV nasional dan juga pers sangat antusias melaporkan acara ini. Berita tentang KKR ini dengan cepat menyebar luas ke negara-negara Islam lainnya di Timur Tengah.

Aku menyampaikan pengajaran mengapa Yesus adalah Juru Selamat kita. Aku juga menekankan bahwa semua penyakit dapat disembuhkan, masalah dapat diselesaikan dan mereka akan dapat menikmati hidup kekal di surga hanya jika mereka berdoa dalam nama Yesus Kristus. Semua orang mendengarkan pengajaran ini dengan penuh perhatian. Pengajaran ini diterjemahkan ke dalam dua bahasa, Inggris dan Urdu.

Beberapa puluh ribu orang Muslim juga hadir pada acara KKR ini. Penyelenggara acara memberitahuku bahwa 50-60% dari yang hadir adalah umat Muslim. Pada satu saat aku meminta semua yang hadir untuk mengangkat tangan, jika mereka sekarang percaya kepada Yesus Kristus. Hampir semua mengangkat tangan mereka. Sungguh suatu momentum yang penuh sukacita sekaligus mengharukan.

Selama tiga hari KKR, setelah khotbah, aku mendoakan orang sakit secara umum bersama-sama. Aku berdoa mengerahkan seluruh energiku agar ada lebih banyak orang lagi yang menerima kesembuhan ilahi. Melalui doa, dengan dahsyat Allah menunjukkan pekerjaan Roh Kudus.

Pada saat doa selesai, banyak orang yang mengalami kesembuhan ilahi maju ke mimbar untuk memberikan kesaksian mereka. Dalam sekejap panggung dan mimbar dipenuhi banyak orang. Tak terhitung banyaknya orang yang mengalami karya penyembuhan Allah dalam KKR ini.

Berbagai penyakit endemis disembuhkan, dan iblis diusir pergi. Mereka yang tidak dapat melihat dicelikkan dan dapat melihat kembali, dan mereka yang tuli memperoleh kembali pendengarannya. Satu orang wanita, yang tidak pernah bisa berjalan sejak lahir karena lumpuh sejak bayi, akhirnya mampu berjalan, dan satu kaki yang lebih pendek dari yang lainnya bertambah panjang 5 cm dari semula.

KKR misionari ini dapat terlaksana karena dukungan dari anggota jemaat gereja melalui doa, puasa, dan persembahan bagi misionaris. Banyak orang memberikan 'uang dua peser' mereka dengan penuh iman sebagai persembahan bagi misionari. Allah memberitahuku bahwa orang-orang ini akan menerima berkat di dunia dan juga penghargaan yang indah berupa emas dan permata dalam kerajaan surga.

Allah berkenan dengan KKR di Pakistan ini, dan karena itu, Allah mengatakan kepadaku bahwa Ia akan melingkupi gerejaku dan semua gereja cabang di seluruh dunia dengan terang penciptaan setelah KKR berakhir.

Selain itu, Allah juga memberitahu bahwa Ia memberikan aku sebuah pedang api sebagai hadiah. Ketika terang kehidupan mengusir semua kegelapan, pedang api tersebut akan membelah dan mematahkannya. Ia juga menjelaskan bahwa, dengan pedang api ini, Ia akan memberi jaminan akan apa yang kuucapkan, misalnya bila aku memerintahkan agar tulang-tulang menjadi sembuh, maka tulang-tulang itu akan menyambung kembali seperti semula dan sembuh. Ia juga memberitahu kami bahwa akan terjadi karya-karya penciptaan.

Kuasa Allah Membangkitkan Orang Mati

Pada tanggal 6 Mei 2001, sebuah pelangi bundar dengan jelas sekali tampak di sekitar matahari di atas gereja selama kebaktian hari Minggu. Kejadian itu merupakan tanda bahwa Allah menyertai kita selama Kebangunan Rohani Khusus Dua-Minggu yang ke-9 yang akan dimulai keesokan harinya.

Sepanjang acara kebanguan rohani tersebut, pelangi bundar dan lurus muncul beberapa kali di atas gereja kami. Dalam kebangunan rohani ini terjadi banyak karya penyembuhan. Misalnya, penyakit kanker yang sudah menyebar sampai ke bagian perut (*abdominal peritoneum*) dan leukemia disembuhkan.

Yamazaki Hiromi, dari Jepang, sebelum dia datang ke acara kebangunan rohani punggungnya bungkuk 90 derajat selama sepuluh tahun. Dia mengikuti kebaktian kebangunan rohani ini melalui Internet di Jepang selama minggu pertama. Ketika dia menerima doa untuk orang sakit, punggungnya menjadi hampir kembali normal dan sedikit demi sedikit rasa sakitnya mereda.

Dia sangat terkejut dan dia datang ke Korea untuk menghadiri acara selanjutnya dari kebaktian kebangunan rohani. Pada tanggal 17 Mei sewaktu dia sedang didoakan, api Roh Kudus turun atasnya. Dia berkeringat di seluruh tubuhnya dan punggungnya menjadi tegak sempurna.

Ueda Hideo, juga dari Jepang, menderita penyakit diabetes, hepatitis dan kecanduan alkohol. Dia hampir tidak mau menghadiri kebangunan rohani ini kalau bukan karena desakan orang lain. Ketika dia didoakan, dia merasa seolah-olah ada sesuatu seperti sampah dibersihkan dari kepalanya, dan sekarang dia bisa berjalan sendiri dengan kekuatan baru yang diterimanya.

Sekujur Tubuh Kaku dan Dingin

Jaeho Lee adalah seorang pendeta dari gereja kami. Pada tanggal 8 Mei dia mengalami sesuatu. Anggota keluarganya memberi tahu bahwa dengan tiba-tiba pada suatu pagi dia muntah-muntah. Menjelang jam dua siang dia tidak bisa lagi mengontrol tubuhnya.

Dia terus kehilangan cairan tubuhnya karena diare dan muntah, dan sekitar jam lima sore ia tidak sadarkan diri. Karena cairan tubuh keluar begitu cepatnya, kulitnya menjadi keriput. Bahkan anusnya sudah membuka dan cairan dengan gelembung mulai mengalir keluar dari tubuhnya. Secara medis, dia dapat dikatakan mati.

Pada waktu itu, dia dalam keadaan yang sangat sehat, tetapi tetap saja kejadian ini menimpa dia hanya dalam waktu beberapa jam saja. Keluarganya membawa dia ke gereja pada saat menjelang sesi malam kebangunan rohani. Mereka sangat kuatir

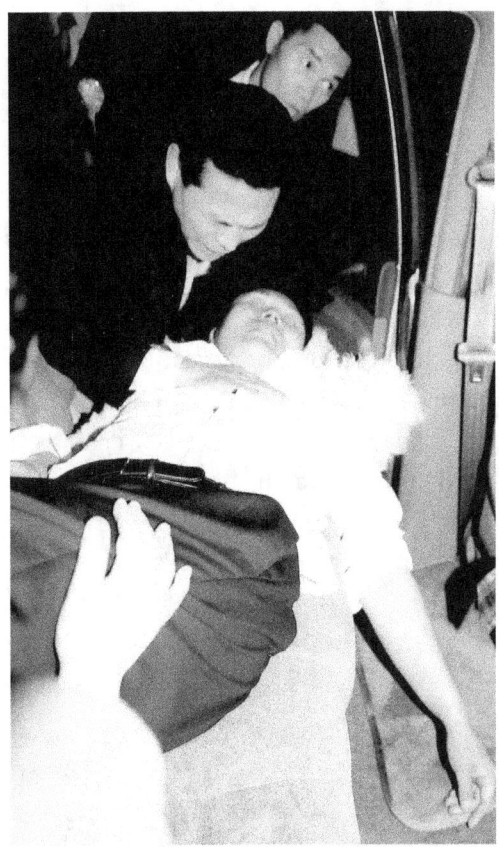

Pendeta Lazarus Jaeho Lee didoakan karena pingsan

sesi malam akan terganggu jika aku mengetahui keadaan ini. Karena itu mereka menunggu sampai sesi malam selesai sebelum mereka membertitahuku.

Pada saat itu, Pendeta Lee mengalami kelumpuhan di seluruh tubuhnya. Telah terjadi serangkaian kekejangan otot dan kemudian dia kehilangan kesadaran total.

Sekitar jam sebelas malam, aku mendapat berita ini dan aku bergegas keluar. Pendeta Jaeho Lee terbaring kaku di mobilnya. Pupilnya membesar, dan seluruh badannya dingin dan kaku. Akan tetapi keluarganya mempunyai iman yang kuat dan percaya bahwa dia akan hidup bila saja aku bersedia menumpangkan tangan kepadanya.

Sewaktu aku berdoa dengan penuh iman kepada Allah, Dia yang juga membangkitkan yang telah mati, Allah segera menjawab doaku. Saat aku selesai berdoa, badannya menjadi lemas kembali, dan dia mulai sadar. Dalam waktu lima menit dia dapat berdiri sendiri. Pendeta Jaeho Lee mengganti namanya menjadi 'Lazarus' Lee dan mengatakan bahwa hidup yang dijalaninya sekarang adalah sebuah hadiah dari Allah. Sekarang, dia melayani di Amerika Latin sebagai seorang misionaris.

Dia melayani sebagai seorang misionaris di Amerika Latin

Pelajaran Tentang Kitab Kejadian (Genesis) dan Mukjizat

Allah menjelaskan kepadaku mengenai Kitab Kejadian. Pada tanggal 1 Desember 2000, aku mengawali serangkaian pengajaran mengenai Kitab Kejadian. Aku memulainya bertepatan dengan doa Jumat semalaman. Rangkaian pengajaran ini berlangsung selama enam tahun. Karena Allahlah satu-satunya pencipta segala sesuatu di alam semesta, Ia juga mampu memberikan keterangan akan segala sesuatu bahkan dari sejak sebelum dimulainya waktu.

Sekarang, walau dengan ilmu pengetahuan yang canggih dan maju, tidak ada seorang pun yang dapat mengerti akan hal mengenai waktu sebelum permulaan waktu. Kita dapat memahami semua ini hanya karena Allah menjelaskannya kepada kita.

Jika tidak, bagaimana kita dapat percaya bahwa penjelasan ini benar? Allah mulai menjelaskan mengenai kitab Kejadian setelah Ia mulai menunjukkan banyak pekerjaan yang penuh kuasa seperti tertulis dalam Alkitab di gereja kami.

Yesus berkata, *"Jika kamu tidak melihat tanda dan mukjizat, kamu tidak percaya."* (Yohanes 4: 48). Seperti dikatakan, hari ini, walau pun ada bukti, orang cenderung tidak terlalu percaya, dan karena itulah kita sungguh memerlukan karya dan pekerjaan Allah yang hidup.

Pada tanggal 5 April 2001, ada sebuah konferensi kecil bagi para pemimpin kelompok yang diadakan oleh Misi Wanita (*Women's Mission*) dari gereja kami. Dalam konferensi tersebut ada satu acara khusus disebut 'Memperhatikan Awan.' Mereka sudah merencanakannya sejak bulan Januari tahun yang sama.

Karena Allah telah menunjukkan kepada kita begitu banyak mukjizat dengan bintang-bintang, maka mereka ingin memperhatikan awan. Aku berdoa untuk acara ini.

"Ya Allah, akan ada suatu acara memperhatikan awan dalam konferensi ini, sudilah tunjukkan kepada kami sebuah mukjizat."

Jawaban Allah adalah, "Aku akan memperlihatkan kepadamu pemandangan berbagai macam awan."

Aku mendapatkan jawaban atas doaku aku mengumumkannya kepada para anggota dalam kebaktian semalaman hari Jumat tanggal 30 Maret, dan juga pada kebaktian Minggu.

"Allah akan memperlihatkan kepada kita sebuah panorama berbagai macam bentuk awan saat kita mengadakan acara melihat awan."

Sesungguhnya, karena acara itu direncanakan beberapa bulan

sebelumnya, kami tidak pernah tahu bagaimana cuaca pada hari acara itu diadakan. Kita tidak bisa tahu apakah langit akan penuh dengan awan gelap, mendung atau hujan. Tetapi aku mengakui dengan bibirku dan berdoa dengan sungguh-sungguh karena Allah sudah menjawab aku.

Dari jam delapan pagi pada hari itu, ada pelangi bundar sangat jelas di langit. Pada pagi hari, kami mengadakan konferensi di *gymnasium* (gedung olah raga). Acara tersebut direncanakan pada jam 3 siang hari yang sama. Tempat tersebut dipenuhi oleh ribuan orang percaya yang datang dari seluruh penjuru negeri ini. Pada waktu aku melangkah keluar dengan harapan akan apa yang akan terjadi, aku dapat melihat langit sangat cerah tanpa awan sama sekali.

Acara tersebut dimulai ketika aku berdoa agar dapat melihat awan. Kami mengadakan upacara pembukaan dan mereka yang percaya berbaris di sekitar lapangan. Pada saat itu juga, awan berbentuk domba mulai muncul dari sekitar matahari dan perlahan-lahan mulai menutupi langit. Awan itu bergerak dari barat ke timur.

Namun yang bergerak bukanlah awan yang sudah muncul di langit, tetapi pintu surga terbuka dan awan-awan tercurah keluar. Awan berbentuk domba tersebut menutupi langit dan kemudian menghilang, lalu ada awan lain dalam bentuk 'V' yaitu symbol kemenangan. Kemudian ada juga awan berbentuk para nabi dan kemudian menghilang.

Pada waktu awan tebal mulai muncul di langit dan menutupi matahari, matahari tampak bagaikan bulan. Suasana segera menjadi gelap seperti waktu malam. Allah memperlihatkan kepada kami bagaimana Dia membimbing orang Israel dalam masa pengembaraan mereka di padang gurun.

Melalui mukjizat ini yang membuat keadaan langit berubahubah, Allah memberitahu kita tentang 'jendela' atau 'gerbang' surga yang terbuka. Sungguh suatu panorama awan yang indah yang Allah buat selama satu setengah jam. Sungguh fantastis.

KKR Saputangan di Indonesia

Dalam tahun 2001 sejak tanggal 19 hingga 29 April kami mengirimkan pendeta muda dan sebuah tim misi untuk mengadakan KKR saputangan di empat kota di propinsi Irian Jaya, Indonesia.

"Dan merekapun pergilah memberitakan Injil ke segala penjuru, dan Tuhan turut bekerja, dan meneguhkan firman itu dengan tanda-tanda yang menyertainya" (Markus 16:20).

Tim misi ini mengadakan KKR dan memakai saputangan yang sudah aku doakan. Setiap kali ada orang yang meminta aku mendoakan saputangan, aku akan berdoa demikian, "Ya, Allah berikanlah kuasa kehidupan pada saputangan ini sehingga mereka yang memakainya dengan iman, mereka yang sedang sekarat dan bahkan mereka yang mati dapat dibangkitkan."

Pada waktu mereka berdoa penuh iman dengan menggunakan saputangan ini, terjadilah pekerjaan besar Roh Kudus. Dalam setiap sesi, Allah memperlihatkan kepada mereka karya api Roh Kudus. Pada saat tim misi berkhotbah dan berdoa dengan menggunakan saputangan, maka roh-roh jahat pun pergi. Anak-anak yang sejak lahir tidak bisa berjalan dipulihkan sehingga bisa berjalan, dan mereka yang tidak dapat mendengar juga dipulihkan pendengarannya. Allah banyak memberikan tanda-tanda. Pers setempat juga memberikan perhatian besar pada kejadian ini. Sebuah stasiun penyiaran setempat bahkan mengundang tim misi kami untuk program siaran langsung dari stasiun penyiaran tersebut.

Gubernur setempat Berdiri dari Kursi Rodanya

Mantan Gubernur Irian Jaya, Bpk. Jacob Patipi saat itu berusia 65 tahun. Pada tahun 1996 yang lalu, karena tekanan darah tinggi dia mengalami stroke dan jatuh, sehingga badannya menjadi lumpuh sebagian. Dia hadir pada acara KKR dengan kursi roda. Dia hampir tidak bisa berjalan, walaupun sudah dibantu oleh empat orang. Dia juga tidak bisa berbicara dan mendengar dengan jelas.

Tetapi saat pendeta muda mendoakannya sambil menumpangkan saputangan tersebut, dia kemudian berdiri dari kursi rodanya dan berjalan. Dia juga dapat mendengar dan berbicara. Setelah KKR usai, kami menerima surat ucapan terima kasih dari propinsi Irian Jaya yang mengatakan bahwa Bpk. Jacob Patipi sekarang sudah dapat menjalankan kembali kehidupan normal.

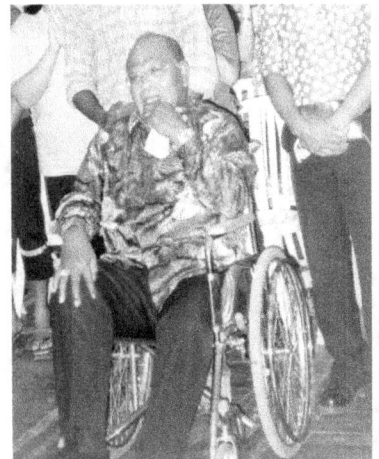

Jacob Patipi berdiri dari kursi roda dan berjalan setelah didoakan dengan sapu tangan

Karya Roh Kudus Mengguncang Taman Uhuru

Dalam bukan Juni 2001, kami mengadakan KKR di Kenya, kota yang dianggap sebagai pintu gerbang di Afrika Timur. Kuasa Kehidupan yang kami berikan dalam KKR di Pakistan juga menjadi kenyataan dalam KKR di Kenya kali ini. Sebelum diadakannya KKR, kami mengadakan konferensi para pendeta di *Kenyatta International Conference Center* di Nairobi.

Aku menjelaskan bahwa Allah sudah ada sejak sebelum dimulainya waktu. Aku juga menjelaskan tentang pemberontakan Lucifer, Taman Eden, dan mengenai alam roh. Semua yang hadir sangat penuh perhatian dan rindu akan firman yang hidup. Ada yang mengorbankan makan siang mereka supaya tidak perlu meninggalkan tempat duduknya.

Hari berikutnya ada sekitar delapan ribu orang yang hadir. Jumlahnya bertambah dua ribu orang dibanding hari pertama. Semua ini terjadi karena adanya beberapa pendeta yang pada awalnya tidak mau bekerja sama setelah mereka mendengar isu palsu, akan tetapi akhirnya mereka juga hadir pada hari berikutnya. Ada beberapa misionaris Korea di sana yang membuat dokumen palsu dan menyebarluaskannya pada gereja-gereja setempat dan juga kepada pers dengan tujuan untuk membatalkan KKR ini.

KKR Akbar diadakan mulai dari tanggal 29 Juni hingga 1 Juli di Taman Uhuru. Panggung diletakkan langsung menghadap ke matahari. Tidaklah mudah untuk menyampaikan pengajaran sambil langsung menghadap matahari.

Namun Allah juga menunjukkan karya-Nya di sana. Pada saat aku naik ke mimbar untuk memulai pengajaran, muncullah awan yang mulai bergerak dan menutupi matahari. Dengan adanya awan yang menutupi matahari, aku dapat berkhotbah menyampaikan pengajaran tanpa kesulitan.

Orang-orang menjadi takjub setelah melihat kejadian ini selama tiga hari berturut-turut. Bahkan pengemudi setempat yang mengemudikan mobilku juga mengatakan bahwa dia sangat terkejut melihat semua kejadian ini.

Sejak hari pertama KKR, panggung dipenuhi dengan orang-orang yang ingin memberikan kesaksian mereka akan kuasa kesembuhan yang mereka alami. Lebih dari seratus ribu orang memenuhi Taman Uhuru setiap harinya.

Ada seorang anak dengan kaki yang tidak sama panjang sehingga dia tidak bisa berjalan dengan normal. Anak tersebut mengalami kesembuhan dan mulai melompat. Banyak orang mengalami kesembuhan dari penyakit AIDS dan bermacam penyakit lainnya. Aku juga merasa sangat bahagia dan berharga melihat kebahagiaan mereka.

KKR Gabungan Kenya (Taman Uhuru)

Keseokan harinya kami mengadakan makan bersama dengan anggota panitia penyelenggara setempat. Banyak pendeta senior merasa heran dan kagum akan pernyataan kuasa Allah dan bertanya kepadaku bagaimana mereka juga dapat menerima kuasa Allah seperti itu.

Ada banyak komentar sebagai berikut:

"Ini pertama kalinya saya melihat sekian banyak orang disembuhkan pada saat bersamaan, dan lebih mengherankan lagi adalah bahwa Anda tidak mendoakan mereka satu persatu."

"Aku merasa bagaikan melihat kejadian-kejadian dalam Alkitab dua ribu tahun yang lalu."

"Aku tidak bisa percaya Alkitab sepenuhnya, tetapi melalui KKR ini, aku sungguh diyakinkan bahwa Alkitab adalah suatu

kebenaran."

Semua hamba Allah pasti mempunyai kerinduan untuk menyatakan kuasa Allah sama seperti Yesus meneguhkan firman dengan tanda-tanda yang mengikutinya. Akan tetapi, bukanlah hal yang mudah untuk menjelaskan segalanya dalam waktu yang singkat.

Dalam penerbangan pulang ke Korea, aku dapat melihat pelangi bundar dan lurus di luar jendela pesawat.

Seorang wanita bisa berjalan

Akar Rambut Dihidupkan Kembali

Pada tahun 2001, Heehoon Park memiliki rambut tebal, akan tetapi sewaktu menjadi murid kelas tujuh dia menderita suatu penyakit yang menyebabkan dia menjadi botak tanpa diketahui sebabnya. Rambutnya rontok sedikit demi sedikit, dan pada waktu di sekolah menengah, rambutnya tinggal sedikit dan sangat tipis. Dia merasa sangat jelek sehingga dia mencukur seluruh rambutnya.

Dokter mengatakan bahwa kerontokan rambutnya yang berbentuk lingkaran sangatlah langka. Dokter mengatakan penyebabnya bukan karena akar rambut tersebut lemah namun sudah mati. Tidak ada obat untuk menyembuhkannya.

Perawatan medis tidak berhasil sama sekali. Dia juga berusahan memakai pengobatan herbal, tetapi tidak ada hasilnya. Dia juga berusaha memakai perawatan tradisional dan beberapa obat-obatan mahal, namun semuanya tidak membawa hasil.

Pada waktu dia sudah di sekolah menengah atas, dia mulai

datang ke gereja kami. Dia ikut hadir dalam Kebangunan Rohani Khusus Dua-Minggu dalam tahun 1998, dan rambutnya mulai tumbuh kembali. Sejak kami mempunyai air manis Muan, dia terus menerus menyemprotkan air itu pada kepalanya.

Pada tahun 2001, rambutnya sudah tumbuh kembali dengan sempurna. Oleh rahmat Allah, akar rambutnya dipulihkan sehingga rambutnya menjadi sehat kembali.

Permulaan dari Kuasa Tertinggi Penciptaan

Bangsa Filipina adalah bangsa yang dominan beragama Katolik Roma, dan banyak orang mempunyai patung Bunda Maria. Kita dapat melihat banyak orang berdoa kepada Bunda Maria memohon berkat. Dalam bulan September 2001, Allah menyatakan Kuasa Tertinggi Penciptaan, level paling akhir dari kuasa-Nya, pada KKR di Filipina.

Sewaktu aku berdoa untuk KKR Filipina ini, Allah berkata bahwa Dia akan memberikan peringatan terakhir kepada semua pemeluk agama Katolik Roma di seluruh dunia melalui KKR ini. Artinya Allah sudah memberikan mereka 'peringatan' akan apa yang mereka lakukan di masa lalu.

Aku pernah mendengar tentang patung Bunda Maria mengeluarkan airmata darah. Tetapi penganut agama Katolik Roma sendiri tidak menyadari mengapa Allah perlu menyatakan hal tersebut.

Maria, Alat yang Dipakai Allah

Perawan Maria hanyalah seorang mahluk ciptaan sama seperti kita manusia. Tetapi sewaktu Yesus datang ke dunia dalam bentuk manusia, Allah memakai Maria untuk melahirkan Yesus. Namun, Maria tidak dapat menjadi ibu Yesus. Karena Yesus dikandung dari Roh Kudus, dan dalam pembuahan-Nya Yesus tidak menerima sel telur dari Maria atau sperma dari Yusuf. Karena Yesus tidak menerima sel telur dari Maria, Maria tidak bisa menjadi ibu Yesus. Begitu juga Yusuf tidak bisa menjadi ayah Yesus, karena Yesus tidak menerima sperma Yusuf. Karena itulah, di dalam Alkitab kita dapat melihat bahwa Yesus tidak pernah memanggil Maria 'ibu.'

"Wanita, lihatlah anakmu!" (Yohanes 19:26).

Hal ini dicatat oleh Rasul Yohanes pada saat dia berdiri di dekat Yesus yang tergantung di salib. Yesus tidak memanggil Maria 'ibu' tetapi 'wanita.' Dalam konteks ini, yang dimaksud dengan 'putera' adalah Rasul Yohanes.

Dalam Yohanes 2:4, Yesus berkata kepada Maria, *"Hai wanita apa yang kau inginkan dariku? Saatku belum tiba."* Yesus menggunakan sebutan 'wanita' dengan maksud menekankan bahwa Dia datang ke dunia ini sebagai Penyelamat.

Yesus, Juru Selamat kita, adalah salah satu pribadi dari Allah Tritunggal, Sang Pencipta, karena itu tidak mungkin Dia mempunyai seorang ibu. Dalam pengertian ini, Yesus tidak pernah memanggil Maria 'ibu' tetapi menyebutnya sebagai 'wanita.'

Penganut agama Katolik Roma membuat patung Maria

dan memujanya, hal ini sangat bertentangan dengan Sepuluh Perintah Allah yang mengingatkan kita untuk tidak membuat berhala dalam bentuk apapun, dan tidak menghormati ataupun menyembahnya.

Karena Perawan Maria melihat dari surga bahwa orang menjadikan Yesus hanya sebagai seorang bayi yang berada di sampingnya, sedangkan mereka memuja Maria, yang sebenarnya hanya seorang mahluk manusia, dia sangat sedih sehingga mengeluarkan airmata darah.

Badai Topan Berhenti

Negara Filipina sedang mengalami musim badai antara bulan Juni hingga Oktober, dan dalam sehari bisa terjadi hujan lebat beberapa kali. Karena hujan yang sangat lebat, banyak terjadi kemacetan lalu lintas . Pada tanggal 24 September 2001, kami tiba di Bandara Internasional Manila sekitar jam 11.00 malam. Badai menimbulkan angin kencang dan hujan lebat.

Setelah kami tiba, kami langsung mengadakan konferensi pers di Hotel Manila. Para reporter tampaknya sangat tertarik dengan berita mengenai badai, dan akibat dari aksi serangan teroris 11 September.

"Saat ini kami masih memikirkan mengenai badai, karena akan terjadi badai lagi dalam waktu singkat. Mungkinkah Anda mengadakan KKR di luar gedung? Apakah tidak akan menimbulkan masalah berkenaan dengan kejadian serangan teror 11 September?"

Aku meyakinkan mereka, "Sejak saat ini, tidak akan lagi ada

hujan, dan badai akan segera berlalu. Karena Allah beserta kita, tidak akan ada gangguan atau serangan apapun selama masa ini. Jangan kuatir."

Aku katakan dengan tegas kepada mereka karena aku selalu mengalami penyertaan Allah, dan belum pernah mengalami hujan dalam semua kegiatan kami di luar gedung. Para reporter tampaknya tidak bisa mempercayai apa yang kukatakan. Akan tetapi Allah menggenapi apa yang sudah diucapkan.

Tidak seperti yang dikatakan dalam ramalan cuaca, badai dengan kecepatan angin 130 km per jam dengan tiba-tiba berubah haluan dan bergeser ke arah Thailand. Suatu badai lain berhenti dan melemah seolah-olah terhalang oleh sebuah tembok besar dan kuat, dan kemudian berhenti sama sekali.

Selama musim panas di Filipina, biasanya udara sangat panas disertai kelembaban tinggi. Tetapi saat kami berada di sana, udara cerah disertai angin sejuk. Pendeta setempat sangat gembira dan mengatakan bahwa hanya dengan melihat keadaan cuaca mereka sudah merasakan bahwa Allah sungguh menyertai mereka.

Mengalami Kuasa Penciptaan yang Paling Tinggi

Pada tanggal 26 September 2001 kami mengadakan konferensi para pendeta yang dihadiri lebih kurang lima ribu orang di sebuah pusat konferensi internasional di Manila.

Pada tanggal 27 September pagi kami mengadakan konferensi pendeta, dan KKR pertama di Taman Luneta Manila pada sore harinya. Dalam acara tersebut banyak orang mengalami kesembuhan.

Salah satu dari mereka yang disembuhkan adalah seorang pemain basket bernama Gilbert Ondinal. Gilbert mengalami kecelakaan serius pada saat dia sedang bermain basket. Kakinya terkilir, disertai patah tulang. Untuk bisa berjalan, dia harus menjalani operasi dan dipasang dua buah pen logam pada tulangnya. Akan tetapi dia tidak mampu untuk membayar biaya operasinya. Dia cukup menderita harus memakai penyangga selama satu tahun. Tetapi saat didoakan dalam acara konferensi para pendeta tersebut, seluruh tubuhnya menjadi hangat dan sakit yang dialaminya pun lenyap.

Setelah konferensi berakhir, Gilbert ingin pergi ke Taman Luneta mengikuti KKR, tetapi dia tertinggal oleh bis. Karena itu dia harus berjalan kaki dengan memakai penyangganya. Tak lama kemudian dia menyadari bahwa dia tidak lagi merasakan sakit, tetapi ada kekuatan pada kedua kakinya. Dia membuang penyangganya dan berjalan lebih dari dua kilometer untuk mencapai lokasi KKR.

Allah sangat berkenan akan kerinduannya mencari rahmat Allah, dan Allah membuat dia bisa berjalan dengan kekuatan baru.

Setelah itu, Gilbert memeriksakan kakinya ke rumah sakit dan mengetahui bahwa tulangnya yang patah sudah pulih dengan sempurna, dan kembali normal. Kemudian dia menulis surat kepada kami mengatakan bahwa dia sudah bisa bermain basket kembali.

Di Taman Luneta

Banyak karya besar Roh Kudus terjadi pada sesi pujian dan penyembahan pada hari pertama KKR. Mereka yang datang dengan tandu bisa berdiri dan berjalan, lalu memberikan kesaksian bahwa mereka sudah disembuhkan sejak saat mereka tiba di tempat KKR tersebut. Ada juga yang disembuhkan pada saat mereka mendengarkan pengajaran. Ada seseorang yang mendengar suara pujian dan penyembahan ketika dia melewati tempat KKR sehingga dia mampir dan mengikuti acara KKR. Dalam sepuluh tahun terakhir orang ini tidak bisa melihat, tetapi pada malam itu dia mengalami kesembuhan.

Setelah pengajaran, aku menyelesaikan doa untuk orang sakit. Tiba-tiba ada beberapa orang dari bawah panggung membawa seorang pria yang sudah kaku bagaikan kayu kepadaku.

Orang itu kaku bagaikan sebuah balok kayu. Dia mengalami gangguan jantung dan tiba-tiba jatuh pingsan. Tubuhnya kaku bagaikan sebuah tiang, dan pupil matanya bagaikan pupil mata orang mati.

Aku sangat kuatir seandainya dia mati di sini, tentunya akan sangat mempermalukan Allah. Aku segera turun dan berdoa dalam nama Yesus Kristus sambil menumpangkan tanganku kepadanya. Pada saat aku selesai berdoa, orang tersebut mulai sadar dan duduk.

Allah bekerja dengan hebat menggunakan Kuasa Tertinggi Penciptaan. Aku sangat bersyukur atas rahmat Allah yang ditunjukkan-Nya melalui sebuah karya besar yang penuh kuasa. Akan tetapi sewaktu aku kembali ke hotel aku menangis bercucuran airmata. Aku sangat malu di hadapan Allah karena aku tidak memenuhi kehendak-Nya dengan lebih baik.

Nubuatan Akan Keadaan Dunia

Pada tahun 1982, tidak lama setelah pembukaan gereja, Allah membuat aku mengerti bahwa di dunia ini ada tiga kekuatan besar: Amerika Serikat, Cina dan Rusia, dan Uni Eropa. Allah juga memberitahu bahwa Amerika Serikat akan menjadi kekuatan yang diasingkan, dan akan menjadi semakin berkurang kekuatannya. Allah juga menjelaskan bahwa pada suatu saat sekutu-sekutunya akan meninggalkan Amerika Serikat, menentang, dan mengambil jalan mereka sendiri yang lebih menguntungkan.

Pada saat negara ini pertama kali dibentuk, Amerika Serikat adalah negara yang sangat beriman dan mengagungkan Allah, sehingga Allah memberkati mereka hingga menjadi bangsa yang terkuat di dunia. Tetapi hari ini, banyak orang Amerika cenderung untuk melupakan Allah.

Allah juga menjelaskan bahwa Cina akan bersekutu dengan Rusia. Mereka akan mengadakan latihan militer bersama, dan

Kunjungan ke Dubai

akan menjadi semakin kuat. Negara-negara yang dahulunya sahabat Amerika Serikat akan berpaling ke Cina.

Kenyataannya, sekarang kita dapat menyaksikan bahwa negara-negara Amerika Latin dan Afrika lebih banyak menjalin hubungan dengan Cina daripada dengan Amerika Serikat. Jauh sebelum Cina tampil dalam masyarakat internasional, aku sudah menyampaikan peringatan akan hal ini. Karena itu, anggota jemaat gereja tampak agak terkejut dan tidak menanggapinya dengan 'Amin.'

Sulit bagi mereka untuk mempercayai hal tersebut karena kenyataan yang ada saat itu. Selain itu, Allah memberitahuku bahwa keadaan ekonomi dunia akan menjadi semakin buruk, harga minyak akan naik dan negara-negara Timur Tengah akan bersatu memakai minyak sebagai senjata melawan negara-negara lain. Dalam bulan Juni 2001, Allah menjelaskan lagi kepadaku bahwa dunia sekarang memasuki era persaingan tidak terbatas. Ini berarti bahwa tanpa memandang bagaimana sistem politik-ekonomi mereka, apakah negara demokratis atau komunis, semua bangsa akan bersatu atau saling berpaling tergantung kebutuhan mereka masing-masing.

Sebelumnya jika mereka menjadi sekutu, persekutuan ini akan berlangsung lama, akan tetapi sekarang semua sudah berbeda. Semua ini karena dunia sedang memasuki akhir zaman.

Dimulai dengan Teror 11 September

Hampir semua orang Kristen sangat tertarik akan waktu kedatangan Tuhan yang kedua kalinya. Ketika para murid bertanya kepada Yesus akan tanda-tanda akhir zaman dalam Matius pasal 24, Yesus memberikan mereka sebuah jawaban:

"Kamu akan mendengar deru perang atau kabar-kabar tentang perang. Namun berawas-awaslah, jangan kamu gelisah; sebab semuanya itu harus terjadi, tetapi itu belum kesudahannya. Sebab bangsa akan bangkit melawan bangsa, kerajaan melawan kerajaan. Akan ada kelaparan dan gempa bumi di berbagai tempat. Akan tetapi semuanya itu barulah permulaan penderitaan menjelang zaman baru" (Matius 24: 6-8).

Aku menyampaikan sebuah pengajaran pada tanggal 21

Oktober 2001 dengan judul "Apa Yang Menjadi Tanda-tanda Akhir Zaman?" Berikut ini adalah ringkasan dari apa yang kusampaikan:

"Anda semua tahu bahwa pada tanggal 11 September, telah terjadi sebuah tragedi besar yang mengejutkan seluruh dunia. Sebuah serangan teroris pada jantung Amerika Serikat. Amerika Serikat bersumpah untuk mengadakan pembalasan, dan pecahlah sebuah perang. Sekarang seluruh dunia terlibat dalam ketegangan ini.

Semua ini adalah peringatan bagi kita akan tanda awal dari akhir zaman. Keadaan ini juga bisa menjadi pemicu pecahnya Perang Dunia III yang Allah izinkan. Bahwa Allah mengizinkan bukan berarti Allah yang menyebabkan terjadinya perang tersebut.

Artinya, Allah tidak mencegah terjadinya perang ini karena semua berasal dari kejahatan manusia semata. Diawali dengan teror 11 September, Allah mengingatkan kita akan adanya bencana-bencana menjelang akhir zaman.

Karena Amerika Serikat mengalami penderitaan akibat aksi terorisme ini, mereka memperoleh simpati dari seluruh dunia, dan para sekutunya bersumpah akan mempererat kerja sama antara mereka, akan tetapi sementara perang tetap berlanjut, negara-negara Timur Tengah juga akan bersatu, dan negara-negara Eropa akan bersatu menghadapi Amerika Serikat. Akhirnya, perang ini akan menjadi sebuah perang antara umat Kristen dan Islam."

"Serangan teroris ini dapat dianggap sebagai awal

pemicu terjadinya Perang Dunia III. Bencana kelaparan dan gempa bumi terjadi setiap tahun.

Ketika ribuan orang mati dalam suatu insiden, kita tidak mengatakannya bahwa inilah awal dari bencana menjelang akhir zaman. Tetapi serangan teroris yang tidak terduga terhadap Amerika Serikat sungguh mengejutkan seluruh dunia. Insiden ini dapat disebut sebagai awal dari segala bencana dan kekacauan.

Aku tidak mempunyai perasaan apapun terhadap Amerika Serikat, dan aku sama sekali tidak bermaksud untuk menyinggung perasaan siapa pun. Aku sangat menyesali bahwa hal seperti ini dapat terjadi. Aku hanya berusaha menjelaskan situasi ini dari sudut pandang Allah sehingga sebagai sebuah bangsa mereka mungkin dapat mengambil manfaat dari kejadian ini. Inilah yang Allah sampaikan kepadaku:

Seandainya Allah melindungi mereka, tentu insiden seperti ini tidak akan mungkin terjadi. Tidak seperti pada saat awal berdirinya bangsa tersebut, Amerika Serikat sekarang telah sangat berubah dalam perjalanan iman mereka. Ada beberapa gereja bahkan mentahbiskan pendeta homoseksual.

Ketika bencana seperti ini terjadi, jika mereka mempunyai hati nurani yang benar, mereka seharusnya memeriksa diri mereka sendiri terlebih dahulu dan bertanya mengapa Allah tidak melindungi mereka, lalu bertobat akan hal-hal yang tidak benar yang telah mereka lakukan.

Pada saat hukuman Allah dijatuhkan atas orang-orang Niniwe, raja dan semua orang melakukan pertobatan dengan berpuasa. Demikian juga hendaknya, diawali oleh presiden, bangsa Amerika seharusnya dengan rendah hati bertobat di hadapan Allah. Mereka harus mencari jalan untuk berdamai dengan semua orang melalui pengampunan dan rekonsiliasi.

Tetapi karena bangga sebagai bangsa terkuat di dunia, mereka berpendapat bahwa mereka dapat membalas dengan kekuatan mereka atas apa yang sudah terjadi. Mereka sedang berusaha melakukan perhitungan 'mata dibayar mata dan gigi ganti gigi.' Sikap ini justru membuat mereka mengalami lebih banyak kesulitan.

Karena Amerika Serikat terus bersikeras untuk melakukan pembalasan mereka dengan kekerasan, mereka semakin jatuh dalam permasalahan politik dan ekonomi. Karena perekonomian Amerika Serikat mengalami guncangan, demikian halnya dengan perekonomian seluruh dunia akan juga mengalami kesulitan.

Negara-negara Timur Tengah akan bersatu dan bersama-sama menentang Amerika Serikat. Mereka akan memakai minyak sebagai senjata untuk mengendalikan perekonomian dunia. Banyak negara merasa takut akan ancaman terorisme dan mengambil keputusan bahwa tidak ada manfaatnya lagi mereka bersekutu dengan Amerika Serikat. Mereka mulai mengundurkan diri."

"Ada banyak penyebab timbulnya peperangan di seluruh dunia. Di Timur Tengah saja, banyak negara termasuk Iran, Irak, dan Syria memendam kebencian terhadap Amerika Serikat. Banyak serangan teroris terjadi di seluruh dunia.

Pasti ada suatu alasan mengapa peperangan yang akan menjadi salah satu tanda datangnya akhir zaman terjadi

di Afghanistan. Jika perang terjadi di suatu tempat dan menimbulkan konflik besar di seluruh Timur Tengah, perang ini dapat dengan cepat berkembang menjadi Perang Dunia III, dan akan melibatkan seluruh dunia.

Tetapi seperti yang dikatakan Yesus, hal-hal demikian memang harus terjadi, namun bukanlah akhir dari segalanya. Memang bukan akhir namun awal dari suatu bencana dan kekacauan yang akan terjadi sepenuhnya. Selain itu memang sudah diciptakan demikian bahwa akan terjadi Perang Dunia III karena itu Afghanistanlah yang dipilih.

Semua ini akan berakhir pada saat kita semua diangkat ke udara. Dan inilah insiden yang menyebabkan datangnya akhir zaman. Insiden ini menaburkan benih peperangan yang akan melibatkan seluruh negara Timur Tengah."

"Karena itu, apakah yang akan terjadi dengan Korea? Bila tiba saatnya Korea tidak lagi merasakan manfaat dari hubungan baiknya dengan Amerika Serikat, Korea akan berpikir untuk mengandalkan yang lain. Karena akan terjadi kekacauan ekonomi termasuk guncangan harga minyak, perekonomian kita tentunya juga akan mengalami kesulitan.

Tetapi karena Allah mempunyai rencana untuk mencapai sesuatu melalui negara ini pada hari-hari terakhir, Allah akan melindungi kita dari segala penderitaan."

Secara khusus, Allah akan membuka jalan melalui gereja kami. Allah mengizinkan kami mengadakan KKR di luar negeri, di Uganda, Pakistan, Kenya, dan negara-negara di sekitar Timur Tengah.

Seringkali Allah memberitahukan bahwa kami akan mengerti mengapa Ia mengizinkan kami mengadakan KKR di negara-negara tersebut. Allah juga memberitahu kami bahwa berita mengenai diriku dan gereja kami sudah menyebar luas di kalangan penguasa negara-negara Islam tersebut.

Bab 6

Hanya Dengan Nama Yesus Kristus

Walau Dengan Tangan yang Terluka

Sebelum kebaktian Jumat semalaman, sekitar jam tiga sore anggota jemaat gereja kami mulai berdatangan ke rumahku. Aku mulai menemui mereka sekitar pukul empat sore, walaupun hanya dalam waktu singkat mereka berkonsultasi denganku, dan aku memberikan nasihat, berdoa serta menyalami mereka. Normalnya kami selesai sekitar jam enam sore.

Setelah itu aku pergi ke gereja dan memulai pertemuan lain dengan anggota jemaat gereja. Pada waktu kebaktian mulai pada pukul sebelas malam, aku merasa bahwa energiku sangat menurun, tetapi Allah membantu menopangku sehingga aku dapat menyampaikan pengajaran dengan penuh kekuatan.

Bahkan pada hari Minggu, anggota jemaat gereja mendatangi rumahku sejak pagi hari. Karena cinta kasihku kepada mereka, dan juga karena mereka sudah berada di sana menungguku, aku keluar dan menyambut mereka. Pertemuan kami dimulai sebelum jam lima pagi. Aku mendengarkan masalah-masalah mereka dan juga mendoakan mereka. Semua ini berlangsung sekitar tiga jam lalu aku berangkat ke gereja.

Sejak kebaktian Jumat semalaman hingga beberapa kebaktian hari Minggu, aku berjabat tangan dengan ribuan jemaat, dan tanganku mulai lecet, luka dan bahkan berdarah. Tanganku pasti selalu lecet dan luka setiap minggu, tetapi aku mempunyai satu alasan untuk tetap meneruskan pertemuan-pertemuan seperti ini.

Sungguh anugerah Allah bahwa semua anggota jemaat gereja, mulai dari anak-anak hingga orang tua mengasihi gembala mereka, sehingga mereka selalu ingin bertemu dan bersalaman. Aku mendoakan mereka dan juga menyalami mereka sehingga kuasa Allah juga dapat turun atas mereka, dan mereka memperoleh jawaban atas doa-doa mereka.

Jika aku melihat mereka yang bersukacita karena disembuhkan dari penyakit yang parah atau karena mereka menerima jawaban atas doa mereka, dan jika aku melihat mereka memperoleh jawaban atas permasalahan mereka hanya dengan berjabat tangan denganku sambil memuliakan Allah, aku merasa berharga dan mendapatkan suatu kekuatan baru.

Apa yang akan dilakukan Yesus? Aku berdoa dengan segenap kekuatanku untuk setiap orang, aku menumpangkan tangan kepada setiap bayi dan anak tanpa mengabaikan seorang pun dari mereka.

Mengarah pada Tujuan

Pada permulaan tahun 2002, Allah memberikan aku sebuah sasaran baru yang harus dicapai. Sasaran kali ini adalah penyempurnaan dari 'Kuasa Tertinggi Penciptaan.' Kuasa Tertinggi Penciptaan adalah kuasa Allah yang digunakan-Nya untuk menciptakan langit dan bumi hanya dengan perkataan-Nya. Misalnya, atas perintah-Nya, yang buta melihat, yang tuli mendengar, dan yang lumpuh berjalan.

Seperti tertulis di Alkitab, sesuatu dapat diciptakan dari yang tidak ada hanya dengan firman. Kuasa Tertinggi Penciptaan dapat membangunkan satu regu tentara dari tulang-tulang kering. Juga dapat membuat seekor keledai berbicara. Ketika kuasa ini dapat dinyatakan tanpa gangguan apapun, dapat dikatakan bahwa kuasa ini disempurnakan. Kuasa Tertinggi Penciptaan dapat melakukan kontrol bukan hanya atas dunia nyata namun juga atas dunia roh yang tidak kelihatan.

Agar aku dapat menyatakan Kuasa Tertinggi Penciptaan,

Allah mengatakan bahwa aku juga harus menjalani tiga ujian seperti yang dialami Yesus melalui tiga macam pencobaan. Yesus adalah Putra Allah, tetapi Ia dilahirkan sebagai manusia dan menjadi Juru Selamat. Karena itulah Dia mengalami pencobaan sama seperti halnya manusia. Begitulah caranya untuk menyatakan autoritas dengan sabda-Nya baik dalam dunia nyata maupun dunia roh yang tidak kelihatan.

Yesus memang memiliki Kuasa Tertinggi Penciptaan, akan tetapi Ia mulai menyatakannya hanya setelah Ia melalui ketiga pencobaan. Ia mengubah air menjadi anggur dalam sebuah perjamuan kawin. Ia memberi makan lima ribu orang dengan lima roti dan dua ikan. Ia meredakan angin dan laut dengan perintah-Nya. Semua ini adalah karya penciptaan. Ketika Ia memerintahkan dengan sabda-Nya, seorang lumpuh berjalan dan penderita kusta sembuh.

Ia juga mengatakan Ia dapat membawa lebih dari dua belas pasukan malaikat (Matius 26:53). Tetapi, untuk memenuhi hukum alam, mematuhi keadilan dan menggenapi rencana Bapa, Ia tidak melakukannya, walaupun Ia mempunyai autoritas dan kuasa untuk memerintah atas dunia roh dan dunia nyata.

Pada bulan Februari 2002 aku menjalankan sesi kedua doa di bukit. Selama aku berdoa, Allah membuat aku menyadari bahwa semua pencobaan yang telah aku lalui sejak aku dipanggil sebagai hamba Allah bertujuan agar aku siap menerima Kuasa Tertinggi Penciptaan. Allah juga memperlihatkan sebuah alegori yang indah untukku.

Dalam kisah itu aku sedang berlayar dengan sebuah kapal yang bernama 'Manmin,' dan Allah mengirimkan badai besar. Ingatlah bahwa pada tahun 1998 dan 1999 Allah mengguncangkan gereja kami dengan tiga pencobaan. Beberapa orang melompat keluar dari kapal dan jatuh ke laut. Yang lain merasa ragu-ragu dan bertanya-tanya apakah akan ikut terjun atau tidak. Namun yang lain tetap berpegang teguh pada pagar pembatas dan tali, berjuang keras agar tidak jatuh.

Ada juga orang yang masuk ke ruang kabin dan mereka tidur dengan tenang sementara kapal terombang-ambing. Allah memuji orang-orang ini.

Secara rohani, akulah kapten kapal 'Manmin.' Mereka yang ragu-ragu apakah akan ikut terjun atau tidak sedang mengalami suatu perjuangan antara dua pilihan karena mereka mengalami godaan Setan. Tentu, Allah pasti akan berbelaskasihan dan menyelamatkan orang-orang ini juga.

Mereka yang tidur di kabin dapat tidur dengan tenang karena mereka sepenuhnya percaya kepada kapten kapal. Aku memperhatikan bahwa orang-orang ini adalah mereka yang bertumbuh dan menjadi balatentara rohani. Mereka adalah orang-orang yang telah menerima banyak berkat.

Melalui ketiga pencobaan ini, anggota jemaat gereja dapat menguji iman mereka. Alasan Allah mengizinkan kami mengalami pencobaan demikian adalah untuk membimbing kami menuju Yerusalem Baru dan untuk mendapatkan penyertaan-Nya dalam misi dunia dan dalam pembangunan Bait Agung.

Dalam penyertaan tersebut, Allah mengizinkan Setan menguji kami, namun kami berhasil mengatasinya dengan iman kami. Allah memberikan aku banyak ujian dan pencobaan yang tak tertahankan. Tetapi setelah aku mampu mengatasi segalanya, Allah memberikan aku kuasa yang lebih besar, kuasa di atas kuasa. Dan akhirnya, Ia memberikan aku Kuasa Tertinggi Penciptaan. Iblis tidak dapat menjatuhkan tuduhan akan satu hal apapun atasku. Allah telah mengizinkan semua ujian ini terjadi kepadaku sebagai akhir dari seluruh rangkaian ujian yang harus aku jalani.

Disembuhkan dari Kanker Hidung Dengan Merangkul Iman

Dalam bulan Januari 2002 aku menerima sebuah surat dari Diaken Hoim Choo. Beginilah isi surat tersebut:

"Dalam bulan Desember 2001 ibu mertua saya yang tinggal di Mokpo tiba-tiba mengalami pendarahan pada hidungnya. Dia pergi ke rumah sakit terdekat, dan mereka menganjurkan dia agar pergi ke rumah sakit besar di Seoul. Dia tiba di Seoul dan mendapatkan diagnosa dari dua rumah sakit. Diagnosa mengatakan ada kanker pada hidungnya.

Penyakit kankernya sudah menyebar cukup parah. Para dokter menganjurkan agar dilakukan operasi untuk mengangkat tulang hidung dan menggantikannya dengan tulang buatan. Ibu mertua saya sudah mengalami pendarahan selama 15 hari, dan sebuah pembalut dipasang di hidungnya.

Dua hari setelah menerima diagnosa, saya menghadiri kebaktian Jumat semalaman. Setelah kebaktian berakhir, saya menuliskan nama ibu mertua saya dan penyakitnya di telapak tangan saya. Lalu, sewaktu Anda melewati saya, saya bersalaman dengan Anda, Pendeta Senior. Saya sangat merindukan agar Allah menunjukkan kuasa-Nya melalui Anda. Pada Sabtu pagi, sewaktu saya pulang dari kebaktian semalaman tersebut, salah satu keluarga saya dari desa ada di sana.

Saya katakan kepadanya, 'Saya menuliskan pada telapak tangan saya nama penyakit ibu mertua saya dan kemudian saya bersalaman dengan Pendeta Senior supaya Allah menyembuhkan ibu mertua saya.'

Saya mengakui dengan iman saya bahwa Allah akan menyembuhkan dia. Pada hari Sabtu, saya menjenguk ibu mertua saya sekitar jam 7.30 pagi. Saya tahu sebuah mukjizat terlah terjadi.

Ibu mertua saya mengatakan, 'Hoim, tadi pagi sewaktu saya bangun, hidung saya sudah tidak lagi mengeluarkan darah.'

Pada saat itu saya hanya berpikir bahwa pendarahan hidungnya sudah berhenti. Saya tidak tahu bahwa penyakit kankernya sudah disembuhkan total. Pada tanggal 2 Januari 2002, saya membawanya ke rumah sakit untuk dioperasi.

Ada sebuah pemeriksaan terakhir sebelum dilakukan operasi. Dokter kemudian mengatakan, 'Aneh sekali, Anda sama sekali tidak menderita kanker.' Penyakit kankernya sudah lenyap! Dia segera diizinkan pulang dari rumah sakit.

Dengan penuh iman saya bersalaman dengan ibu mertua saya yang tidak memiliki iman, dan Allah menyembuhkan dia. Selain itu, ketika suami saya menerima doa untuk orang sakit pada kebaktian Tahun Baru, dia disembuhkan dari penyakit diare yang sudah dialaminya selama dua bulan. Dia sangat bahagia dan sekarang dia bersaksi kepada banyak orang di sekitarnya akan pengalamannya."

Ibu mertua Diaken Hoim Choo sekarang dalam keadaan sehat dan bergabung di gereja kami. Kuasa Tertingi Penciptaan bukan hanya suatu kemampuan untuk menyembuhkan penyakit hanya dengan menjamah atau mendoakan, tetapi juga untuk merubah keadaan cuaca.

Disembuhkan dari Kanker Melalui Doa Saputangan

Soonchang Shim tinggal di Hampyeong, propinsi Cheonnam. Pada bulan April 2002 dia mengalami pusing dan sulit untuk berjalan. Dia merasakan sakit yang amat sangat bila akan buang air kecil, dan air seninya mengandung darah.

Dia didiagnosa mengalami sakit kanker empedu yang sudah menyebar cukup parah. Dokter mengatakan kemungkinan besar kanker itu akan menyebar ke paru-paru, dan menganjurkan agar dia menjalani operasi di rumah sakit besar di Seoul. Dia masuk rumah sakit di Ehwa Women's University Hospital. Atas permintaan Diaken Soollay Shim, yang bergabung di gereja kami, salah satu pendeta dari gereja kami menjenguknya di rumah sakit.

Pendeta tersebut menjelaskan bahwa dia bisa disembuhkan melalui iman bila dia bertobat karena tidak hidup dalam firman Allah dan jika dia mau menekuni dan menjalankan firman Allah. Pendeta tersebut juga mendoakan dia dengan sebuah sapu tangan.

Saputangan yang digunakan adalah saputangan yang sudah aku doakan. Allah menunjukkan api karya Roh Kudus pada saat orang-orang berdoa dengan penuh iman menggunakan saputangan ini.

Setelah didoakan, dia tidak bisa tidur karena rasa sakit yang luar biasa. Dia buang air kecil pada jam 4 pagi, dan merasakan ada sesuatu yang keluar dari tubuhnya yang sebelumnya terasa amat menekan pada perutnya.

Penyakit kankernya keluar dari tubuhnya. Sejak saat itu dia tidak lagi mengalami rasa sakit saat buang air kecil, dan urinnya menjadi jernih. Keesokan harinya sebelum dilakukan operasi, dia menerima diagnosa terakhir dan dia dinyatakan sangat sehat. Dia segera diizinkan pulang.

Walaupun melalui operasi, akan sangat sulit bagi dia untuk bisa sembuh karena kankernya sudah menyebar cukup parah. Tetapi melalui doa sapu tangan, dia mengalami jamahan Allah dan menjadi sembuh dan sehat.

Setiap minggu kami menerima kesaksian, bukan hanya dari Korea tetapi dari seluruh dunia, dari mereka yang telah mengalami kesembuhan melalui doa dengan sapu tangan yang sudah aku doakan. Aku hanya bisa mengucap syukur kepada Allah atas semuanya ini.

Tangisan yang Tulus

Acara tahunan Kebangunan Rohani selama 2 minggu adalah suatu perjamuan surgawi di mana mereka dapat mengalami karya-karya Allah yang besar. Kebangunan Rohani diadakan dari tanggal 6 hingga 16 Mei 2002 dengan judul 'Kuasa.' Pada saat aku berdoa untuk kebangunan rohani ini, Allah memberitahuku bahwa Ia akan berkonsentrasi pada penyembuhan bagi mereka yang mengalami gangguan penglihatan pada hari Senin minggu kedua; dan hari Selasa untuk mereka yang mengalami bermacam gangguan dan mereka yang tidak dapat berjalan; dan hari Rabu untuk mereka yang tidak dapat mendengar dan bicara. Allah juga memberitahu bahwa akan ada banyak orang disembuhkan.

Pada hari Minggu pagi tanggal 5 Mei, sebuah pelangi bundar bersinar di atas gereja. Setelah melihat pelangi itu, aku berharap kuasa Allah akan dinyatakan lebih besar lagi dalam kebangunan rohani ini.

Allah menyatakan karya penciptaan lebih dari yang diharapkan. Yang buta dapat melihat kembali, yang bisu berbicara, dan banyak penyakit disembuhkan. Semua ini serupa dengan yang ada di Alkitab.

Betapa sukacitanya aku menyaksikan banyak orang disembuhkan melalui doaku yang sungguh-sungguh! Setiap kali aku berseru-seru dengan lantang memanggil, 'Tuhan!' Aku berseru dengan segenap kekuatanku.

Melalui karya Roh Kudus yang penuh kuasa, ratusan orang disembuhkan lalu mereka memenuhi altar. Orang-orang berdatangan maju ke altar untuk memberikan kesaksian akan mukjizat yang terjadi kepada mereka.

Sebagaimana Allah telah berjanji, melalui sinar terang penyembuhan, banyak orang akhirnya dapat melepaskan kaca mata mereka, ada yang membuang penopang yang mereka pakai, dan ada juga yang berdiri dari kursi roda mereka.

Ada beberapa orang yang mengalami mata rohani mereka dicelikkan sehingga mereka dapat melihat bola api berputar cepat dari dadaku. Bola api itu keluar melalui kedua lenganku dengan kuasa Roh Kudus. Beberapa dari mereka bahkan melihat para malaikat menjamah mereka yang sakit dan melembutkan kembali tulang yang sudah kaku.

Dalam kebangunan rohani ini mereka yang mengalami gangguan penglihatan memperoleh kembali penglihatan mereka. Bahkan orang buta bisa melihat kembali. Mereka yang tidak dapat melihat karena katarak atau diabetes juga dapat melihat. Selain itu, ada banyak orang yang dapat berdiri dari kursi rodanya. Mereka yang lumpuh sejak lahir juga disembuhkan. Orang-orang percaya melihat mereka bersukacita dan bersama-sama memuliakan Allah.

Hembusan Roh Kudus yang Cepat dan Kuat

Allah memberikan Injil yang kudus dan kuasa penciptaan kepada kita karena keduanya merupakan senjata yang ampuh untuk melaksanakan misi di dunia ini karena dunia ini terlalu banyak dosa dan kegelapan. Kemana pun kami pergi karya kuasa Roh Kudus yang dahsyat membuat orang berbalik kepada Tuhan.

Mengabaikan Kesempatan untuk Menjadi Calon Presiden

Mayoritas penduduk Honduras beragama Katolik. Negara ini menderita kelaparan dan berbagai macam penyakit.

Sebelum aku berangkat ke Honduras, staf kami, yang sudah melakukan semua persiapan untuk KKR melaporkan kepadaku bahwa keamanan di sana sangat buruk. Mereka mengatakan bahwa orang-orang sipilpun membawa senjata dan sangat berbahaya.

Karena cuaca yang amat panas, banyak orang mati akibat gigitan nyamuk. Sewaktu aku mendoakan situasi tersebut, Allah memberikan jawaban bahwa Allah sudah mengelilingi kota dan tempat KKR akan diadakan dengan kuasa-Nya, dan bahwa balatentara surgawi dan para malaikat menjaga area tempat KKR diadakan. Karena itu, aku tidak perlu kuatir akan apapun juga.

Pada tanggal 23 Juli 2002, aku tiba di Bandara Internasional San Pedrosula. Ada sekitar 1.700 orang menyambut kami. Di antara mereka terdapat juga seorang anggota kongres, Mr. Esteban Handal. Handal memegang peranan besar untuk terlaksananya KKR ini di negaranya.

Mr. Handal adalah seorang calon presiden. Dia seorang anggota kongres yang terkenal, seorang pebisnis, dan juga seorang penyiar Kristen.

Sejak dia menghadiri acara KKR kami di Filipina pada tahun 2001 dan menyaksikan langsung bagaimana kuasa Allah bekerja, hidupnya berubah.

Dia bertanya, "Pendeta, haruskah saya ikut mencalonkan diri sebagai Presiden sekarang, atau lebih baik saya hanya konsentrasi pada pekerjaan Allah?"

"Jika aku harus memilih, aku akan menganjurkan Anda hanya melakukan pekerjaan Allah."

Setelah menerima nasihatku, dia mengakhiri semua kegiatan politiknya dan mengambil keputusan untuk menyebarkan kebenaran Injil ke seluruh dunia.

Kita Tidak Pernah Bisa Kompromi Dengan Ajaran Agama Lain

Pada waktu aku tiba di hotel, ada banyak reporter dan anggota pers dari tujuh stasiun TV dan lima stasiun penyiaran radio. Pertanyaan pertama adalah mengapa aku memilih Honduras.

"Allah meminta aku datang ke Honduras karena Allah ingin memberkati negara ini. Anda akan melihat di KKR bahwa ribuan orang akan disembuhkan."

Aku menceritakan hal ini dengan detil.

"Aku katakan ribuan orang karena bukan hanya mereka yang hadir di tempat KKR, tetapi juga mereka yang melihat KKR melalui TV dan mendengarkan melalui radio, akan menerima kesembuhan."

Aku dapat menyatakannya dengan tegas karena Allah selalu menunjukkan tanda dan mukjizat yang menakjubkan dalam setiap KKR. Sejak aku memperoklamirkan hal yang sulit dipercaya itu di hadapan umum, aku pasti akan disebut seorang pembohong besar jika tanda-tanda tersebut tidak terjadi.

Tetapi perkataanku digenapi dan menjadi kenyataan. Kami dapat mendengar dari para penyiar yang melakukan siaran langsung KKR tersebut bahwa mereka menerima banyak sekali panggilan telepon dari para penonton. Aku dengar ada lebih dari seribu panggilan telepon masuk, dan semua menceritakan bahwa mereka disembuhkan pada saat mereka sedang menonton acara KKR tersebut di TV.

Pertanyaan kedua dari para reporter adalah, "Gereja Katolik Roma dan beberapa gereja Protestan sedang berusaha untuk bersatu dan mengadakan rekonsiliasi antara berbagai macam aliran, bagaimanakah pendapat Anda akan hal tersebut?" Jawabanku sangat tegas. "Satu-satunya Allah adalah Allah Sang Pencipta. Ajaran Kristen tidak akan pernah bisa berkompromi dengan ajaran agama lain. Allah dengan jelas memerintahkan kepada kita dalam Sepuluh Perintah bahwa Ia adalah satu-satunya Allah dan tidak ada allah lain selain Dia. Karena itu, tidak ada agama lain." Para repoter tampak terkejut karena aku berbicara begitu tegas di Honduras, suatu negara dengan lebih dari 90% penduduknya beragama Katolik Roma.

Keesokan harinya, aku melihat surat kabar 'La Tiempo.' Pada satu halaman, terpampang foto Paus. Ia dibantu oleh beberapa orang karena ia menderita Parkinson.

Tetapi di halaman lain, ada sebuah iklan tentang KKR kami dengan fotoku dan tulisan di bawahnya mengatakan, "Yesus Kristus menyembuhkan hingga hari ini. Yang buta melihat, yang bisu berbicara, dan yang tuli mendengar."

Cuaca Panas Menjadi Sejuk

Di pagi hari tanggal 26 dan 27 Juli, kami mengadakan konferensi para pendeta di Gereja Ebenezer dalam cuaca yang sejuk.

Aku mendengar bahwa cuaca berubah dengan tiba-tiba tim misi kami tiba di Honduras. Sebelumnya, suhu udara mencapai 40 derajat Celcius (104F), akan tetapi sejak kami tiba angin sejuk mulai berhembus, dan pada siang hari, awan menutupi matahari sehingga cuaca menjadi lebih nyaman.

Sebelum kami menuju Honduras, Allah memberitahuku beberapa kali bahwa Dia akan mengontrol keadaan cuaca sehingga aku tidak perlu kuatir akan keadaan tersebut. Karena kami tidak pernah mengalami kesulitan apapun jika kami mengadakan kegiatan di luar gedung, aku sama sekali tidak kuatir. Tetapi karena Ia berulang kali mengingatkan agar aku tidak kuatir akan suatu apa pun, aku merasa sesuatu akan terjadi.

Pada jam tujuh pagi tanggal 26 Juli, kami mulai KKR hari pertama. Tetapi hari mulai hujan sekitar jam enam sore. Karena hujan semakin lebat, mereka tidak bisa menggunakan peralatan untuk siaran, mikrofon tidak dapat digunakan.

Stadion dengan kapasitas 60 ribu orang sudah penuh. Aku mendengar bahwa orang-orang setempat akan pulang jika hujan tidak berhenti.

Namun tim kami tetap mengadakan pertunjukkan di panggung di bawah curah hujan yang lebat. Mereka mengenakan pakaian tradisional Korea yang amat indah yang disebut 'Hanbok,' dan mereka mempersembahkan tari kipas, tarian Korea yang amat indah.

Panggung menjadi licin karena air hujan, karena itu mereka melepas sepatu untuk melakukan tari-tarian pujian yang indah sekali. Mereka yang hadir tidak meninggalkan tempat walaupun hujan. Para penari setempat juga tampil di lapangan dan semua memuji Allah dengan tari-tarian, dan mereka semua mengangkat tangan mereka.

Aku sedang berada di ruang tunggu, dan aku mengatakan bahwa aku ingin naik ke panggung pada jam enam, namun penyelenggara menganjurkan agar aku tidak melakukannya. Aku yakin bahwa hujan akan berhenti jika aku keluar dan naik ke panggung. Tetapi penyelenggara mencegahku, mengatakan bahwa aku tidak boleh basah.

Pada jam tujuh, aku tidak dapat menunggu lebih lama lagi, aku langsung berdiri dan berjalan menuju panggung tanpa mempedulikan larangan penyelenggara agar aku tetap tinggal di ruang tunggu.

Pada saat itu, hujan lebat berubah menjadi gerimis halus. Tak lama kemudian gerimis tersebut berhenti. Langit menjadi cerah dan angin sejuk berhembus pula. Karena adanya hujan dan angin tepat sebelum KKR dimulai, nyamuk yang ganas dan serangga yang mengganggu pun lenyap.

Ada Banyak Orang Yang Tidak Dapat Masuk ke Stadion

Setelah pengajaran, aku mendoakan orang sakit. Kesaksian mereka yang disembuhkan terus berlangsung hingga jam sepuluh malam. Penyakit AIDS, buta, bisu, dan bermacam penyakit lainnya disembuhkan.

Karya Roh Kudus yang dahsyat dan berapi-api dinyatakan kepada kami melalui Kuasa Tertinggi Penciptaan. Karena begitu banyak tanda yang kelihatan terjadi, berapa banyakkah orang yang pasti telah disembuhkan dari penyakit dalam yang tidak dapat terlihat?

Pada hari kedua, sebelum KKR dimulai, mereka yang datang bukan saja memenuhi tempat duduk yang tersedia tetapi banyak juga yang duduk di tanah.

Angin sejuk berhembus sehingga tidak ada serangga atau nyamuk, bahkan disekitar lampu pun tidak ada serangga. Nyamuk merupakan masalah yang serius sehingga Wakil Walikota San Pedrosulla meminta bantuanku untuk mendoakan masalah ini. Tetapi jika Allah beserta kita, kita tidak akan mengalami gangguan serangga yang berbahaya.

"Pendeta, ada lebih lebih dari seratus ribu orang yang hadir termasuk mereka yang di luar stadion, lebih kurang sepuluh ribuan orang yang tidak bisa masuk."

Mereka tidak diizinkan masuk ke stadion demi untuk menjaga keamanan karena kursi sudah penuh. Aku merasa kasihan kepada mereka yang terpaksa berdiri di luar.

Melalui doa singkat untuk orang sakit, ada banyak orang yang berdiri dari kursi roda dan berjalan, dan banyak juga yang disembuhkan dari penyakit mereka lalu mereka memberikan kesaksian.

Tidak Ada yang Mustahil Dengan Api Roh Kudus

Di bawah pimpinan Dr. Jose Samara dari Rumah Sakit Bethesda di San Pedrosula, para dokter melakukan verifikasi dan mendokumentasikan kasus-kasus kesembuhan ini. Mereka melakukan pemeriksaan menyeluruh dengan sinar-X, MRI, dan tes darah.

Para staf medis juga hadir untuk memperteguh iman mereka setelah menyaksikan dan mengalami sendiri pekerjaan Allah yang penuh kuasa. Salah satu dari para dokter yang hadir, Dr. Cruz Marin melakukan pemeriksaan terhadap seorang anak perempuan usia dua belas tahun bernama Maria Yesenia, lalu menyerahkan hasil dari pemeriksaannya. Akibat dari demam yang dideritanya saat berusia dua tahun, Maria Yesenia kehilangan penglihatan pada mata kanannya.

Dia menjalani transplantasi kornea, namun tetap saja dia tidak bisa melihat. Pada saat dia didoakan pada KKR tersebut, ada cahaya masuk ke matanya, dan membuat dia dapat membedakan benda-benda.

Seorang anak lelaki berusia dua belas tahun, Esteban Zuninga, mengidap infeksi HIV sejak usia delapan bulan. Dia hadir di KKR setelah melihat iklan KKR ini di TV. Pada saat diadakan doa untuk orang sakit, dia merasakan ada aliran panas keluar dari tubuhnya. Karena gangguan pada pencernaannya, dia tidak dapat makan dengan baik. Saat itu, sakit yang dialaminya lenyap sehingga dia dapat makan dengan baik. Dia dinyatakan sembuh total setelah dia melakukan pemeriksaan medis.

Osman Guerra Miranda menderita AIDS. Dia tidak bisa berjalan dan harus berbaring sepanjang waktu. Dia datang di KKR ini dan sewaktu didoakan, dia merasa seperti ada api keluar dari tubuhnya, dan pada saat yang sama penderitaannya lenyap. Dia segera dapat berdiri dan berjalan.

Arnaldo Batres adalah penanggung jawab keamanan dalam KKR ini. Sebulan sebelum KKR, dia mengalami cedera di kakinya. Untuk gerakan dan posisi tertentu sulit bagi dia untuk menggerakkan kakinya, selain itu dia tidak dapat berlari. Walaupun dengan kaki yang masih sakit, dia bekerja keras demi keamanan KKR ini. Akan tetapi, selama diadakan doa untuk orang sakit, dia merasa tubuhnya bergetar dan dingin, dan dia sungguh mengalami kesembuhan sempurna.

Dia disembuhkan dengan sempurna sehingga keesokan harinya dia sudah dapat bermain sepak bola. Dia mempunyai anak perempuan berusia delapan tahun. Sejak lahir anak ini tidak bisa mendengar, namun setelah didoakan dia dapat mendengar dengan baik.

Suiafa Liera adalah seorang penganut Mormon. Dia mengikuti acara KKR ini melalui TV dan pada saat doa untuk orang sakit, dia meletakkan tangannya pada kakinya. Delapan bulan sebelumnya dia mengalami kecelakaan, dan sejak itu dia tidak bisa menggunakan kakinya. Ketika didoakan, api Roh Kudus turun atas dia sehingga dia langsung dapat berjalan dan lari. Dia kemudian berpindah menjadi pemeluk Protestan.

Pendeta setempat mengatakan, "Saya merasa bagaikan berada di dalam Alkitab. Sekarang saya sungguh percaya bahwa Allah itu Maha Kuasa." Mendengar perngakuan tersebut, aku merasa mendapat upah yang amat besar.

Seperti halnya pada zaman Yesus, sewaktu orang sakit datang dengan iman, mereka mengalami api pekerjaan Roh Kudus dan disembuhkan.

Ketika aku kembali ke Korea setelah KKR selesai, aku menerima sebuah surat dari Wakil Presiden Honduras. Atas nama seluruh rakyat Honduras, ia mengucapkan terima kasih kepadaku karena telah menyembuhkan banyak orang, dan membantu serta membimbing mereka secara rohani.

Dimensi Kuasa yang Baru

Dalam setiap KKR (Kebaktian Kebangunan Rohani – Crusade) di luar negeri, Allah menyatakan pekerjaan kuasa-Nya yang besar, tetapi aku tidak terlalu puas. Misi dunia tidaklah cukup jika hanya diisi dengan kuasa seperti itu karena dunia ini penuh dosa.

Setelah KKR Honduras, Allah membimbingku menuju suatu kuasa dalam dimensi baru. Allah menjelaskan kepadaku mengenai 'Suara Penciptaan yang Mula-mula,' yang belum pernah kudengar sebelumnya. Allah memberikan aku sebuah target baru bahwa aku harus mendapatkan suara mula-mula (the original voice) untuk mencapai kesempurnaan dari Kuasa Tertinggi Penciptaan.

"Bagi Dia yang berkendaraan melintasi langit purbakala; Perhatikanlah, Ia memperdengarkan suara-Nya, suara-Nya yang dahsyat!" (Mazmur 68:34).

Suara mula-mula adalah suara Allah Sang Pencipta pada permulaan waktu. Suara tersebut demikian hebat dan agung sehingga bergema ke seluruh alam semesta. Allah menciptakan alam semesta dan segala isinya hanya dengan suara-Nya. Suara Allah ada di dalam segala sesuatu sehingga mereka akan segera patuh bila suara ini bergema.

"Berfirmanlah TUHAN, 'Roh-Ku tidak akan selamanya tinggal di dalam manusia, karena manusia itu adalah daging, tetapi umurnya akan seratus dua puluh tahun saja' " (Kejadian 6:3).

Hanya ada satu hal saja yang tidak dapat mendengar suara penciptaan ini. Itu adalah manusia daging yang tidak dilahirkan kembali oleh air dan Roh. Untuk membangunkannya, kita memerlukan kuasa Allah. Di dalam keempat Injil, kita membaca bahwa banyak hal tunduk pada perintah Yesus.

"Maka datanglah murid-murid-Nya membangunkan Dia, katanya 'Guru, Guru, kita binasa!' Iapun bangun, lalu menghardik angin dan air yang mengamuk itu. Dan angin dan air itupun reda dan danau itu menjadi teduh. Lalu kata-Nya kepada mereka, 'Dimanakah kepercayaanmu?' Maka ketakutanlah mereka dan heran, lalu berkata seorang kepada yang lain: 'Siapa gerangan orang ini, sehingga Ia memberi perintah kepada angin dan air dan mereka taat kepada-Nya?' " (Lukas 8:24-25).

Ketika Yesus memberi perintah, angin dan gelombang mematuhi-Nya. Karena Ia memerintah dengan Suara Penciptaan Allah, bahkan benda yang tidak hidup pun mendengar dan mematuhinya. Semua ini karena Yesus terdengar sama dengan suara Allah.

Ada perbedaan antara kuasa yang dinyatakan dengan perintah Allah dan yang dinyatakan melalui doa dan iman. Perbedaannya adalah pada seberapa cepat dan besar kuasa itu dinyatakan. Suara Allah dapat dengan segera menunjukkan terjadinya karya penciptaan. Akan tetapi awalnya, doa dan iman menggerakkan para malaikat dan mahluk surgawi, sehingga perlu waktu lebih lama.

Di Korea kami mempunyai beberapa orang bijak yang menubuatkan akan hal-hal yang akan terjadi beberapa puluh bahkan ratusan tahun lebih dahulu.

Orang-orang ini telah membuang sifat jahat mereka melalui latihan disiplin rohani yang sangat lama, dan mereka telah mencapai 'suatu keadaan hampa.' (*the state of nothingness*). Mereka tidak menghakimi atau mengutuk apapun juga, dan mereka mendengar suara Allah. Tidak selalu, tetapi kadang-kadang mereka mendengar dan mengerti bahwa apa yang mereka nubuatkan akan digenapi.

Misalnya, dalam kasus Laksamana Soonshin Lee, dia mengorbankan hidupnya demi raja dan rakyat dengan tulus hati tanpa maksud jahat sama sekali. Dalam buku hariannya, kita dapat melihat dia mengakui keberadaan Allah dan dia berdoa kepada Allah dengan hati yang murni.

Dia sudah apa yang akan terjadi, bahwa bahwa Jepang akan melakukan invasi. Dia membuat apa yang disebut 'kapal-kura-kura' tanpa mempedulikan kritikan, dan dia berhasil menyelamatkan negeri ini dari kehancuran.

Bapa-Bapa Iman yang Mendengar Suara Penciptaan

Karena kita bertumbuh dalam roh, kita dapat mendengar suara dan menerima bimbingan Roh Kudus. Dan jika kita mengubah keadaan yang sedang bertumbuh ini menjadi keadaan hampa tanpa apa-apa, dan masuk lebih dalam lagi menuju dimensi roh, kita dapat mendengar suara penciptaan Allah. Allah mengatakan bahwa aku harus meningkatkan keadaan penuh roh yang telah aku dapatkan menjadi keadaan hampa tanpa apa-apa.

Dalam Alkitab kita dapat melihat banyak keadaan saat orang mendengar suara penciptaan. Untuk membelah Laut Merah, Musa patuh pada suara Allah dan dengan tongkat yang diacungkan dia memerintahkan Laut Merah agar terbelah dua. Kemudian Allah melakukan sebuah pekerjaan besar.

Ketika Yosua memerintahkan matahari dan bulan agar berhenti, dia mendengar suara penciptaan dan kemudian memerintahkannya. Karena itulah matahari dan bulan berhenti. Bukan karena imannya yang demikian besar. Kalau saja dia memiliki kuasa untuk menghentikan matahari dan bulan dari dalam dirinya sendiri, segala sesuatu pasti akan terjadi atas perintahnya.

Dia tidak perlu memberi perintah pada matahari dan bulan untuk berhenti. Seandainya dia bisa mengucapkan, "Musnahlah semua tentara orang Amalek." Maka, tentara tersebut tentunya sudah binasa, dan perang akan berakhir.

Sama halnya ketika Lazarus yang telah mati selama empat hari, dan Yesus memrintahkannya untuk bangkit. Yesus sudah mendengar suara Allah. Sesungguhnya, Ia selalu mendengar suara Bapa.

Karena Dia telah mendengar suara Bapa berkata kepada-Nya bahwa Lazarus akan bangkit dan Allah akan dipermuliakan, Yesus sama sekali tidak kuatir. Saat Dia memerintah Lazarus dengan suara penciptaan, Lazarus keluar dari kubur dan hidup.

Buah dari Darah Kemartiran Thomas

Chennai, India adalah tempat rasul Thomas memberitakan Injil dan dibunuh sebagai martir. Di tempat tersebut sekarang berdiri sebuah katedral sebagai peringatan akan Thomas. Thomas adalah salah satu dari dua belas murid Yesus. Dia menjadi terkenal karena dia meragukan kebangkitan Yesus. Akan tetapi setelah dia bertemu dengan Tuhan yang telah bangkit, dia memiliki iman yang benar dan menerima Roh Kudus. Dia dibunuh sebagai martir pada saat sedang mewartakan Injil.

Pada bulan Oktober 2002, Allah membimbingku ke India, negara dengan mayoritas penduduknya beragama Hindu. Allah memberitahu bahwa KKR kali ini memang sudah direncanakan sejak lama, dan merupakan KKR pertama di mana pekerjaan dan pekerjaan suara penciptaan dinyatakan; KKR ini merupakan awal yang sangat penting untuk masuknya Injil ke Timur Tengah dan Israel.

Kekeringan yang Parah

Chennai terletak di sebelah tenggara India. Dan merupakan kota keempat terbesar di India. Sebuah KKR diadakan di Pantai Marina dengan dukungan dari *Chennai Full Gospel Ministers' Fellowhip.* Pada tanggal 8 Oktober aku berangkat meninggalkan Bandara Incheon. Ketika kami dalam penerbangan ke Singapura aku melihat pelangi timbul tenggelam. Aku telah seringkali mengatakan bahwa kita dapat melihat pelangi setiap kali kita berada dalam perjalanan misi, dan kali ini kami dapat melihat sebuah pelangi mengikuti pesawat selama hampir satu jam lamanya.

Mungkin ini sebuah tanda bahwa Allah akan menyertai kita selama empat hari KKR, dengan tanda sebuah pelangi berlapis empat yang tampak jelas sekali. Selain itu, muncul pelangi lain berbentuk lurus. Anggota tim misi kami berulang kali berseru penuh sukacita dan kagum, dan mereka merekam pelangi-pelangi tersebut dengan kamera video dan foto.

Sekitar jam sepuluh malam pada tanggal 8 Oktober, kami tiba di Bandara Chennai. Saat itu sedang hujan gerimis. Saat aku masuk ke mobil dan meninggalkan bandara, hujan lebat mulai turun.

Namun mereka yang ada di luar sana untuk menyambut kami tampak sangat gembira walaupun mereka basah kuyup. Aku mendengar bahwa mereka mengalami kekeringan yang amat parah selama tiga tahun terakhir ini, dan mereka tidak mengalami hujan selama sembilan bulan. Keadaan itu merupakan masalah sosial yang berat.

Seluruh kota Chennai melakukan aksi mogok melawan pemerintah pusat karena masalah persediaan air. Aku tiba dalam kondisi seperti itu, dan kemudian turunlah hujan dengan lebih sering. Dan beberapa orang menjuluki aku 'Manusia Pembawa Hujan (Rain Man)' sambil mengatakan akulah yang membawa hujan besertaku.

Undang-Undang Anti Konversi

Allah menginginkan agar Dia ditinggikan dan dimuliakan melalui KKR ini akan tetapi Setan pun berkarya dan menyebabkan timbulnya banyak hambatan.

Banyak orang menyebarkan berita bohong di Chennai untuk menghentikan KKR ini. Tetapi sesuatu yang jauh lebih besar dan penting sedang terjadi. Ada peraturan setempat yang melarang orang berpindah kepercayaan (konversi agama) dengan paksa.

Peraturan tersebut berbunyi, "Tidak seorangpun boleh berpindah atau berusaha berpindah, baik secara langsung atau sebaliknya, dari satu agama ke agama lain baik dengan paksaan atau ajakan atau dengan cara-cara lain yang menyesatkan.

Siapapun yang melanggar peraturan ini akan dikenai hukuman penjara selama tiga tahun dan dikenai denda sebesar 50 ribu Rupee. Jika orang yang berganti kepercayaan itu 'seorang anak, seorang wanita atau seseorang yang termasuk dalam Kasta atau Suku Terdaftar,' hukuman penjara akan menjadi 5 tahun dengan denda sebesar.seratus ribu Rupee."

Mereka yang berpindah agama atas kemauan sendiri dan para pemuka agama yang ikut terlibat dalam segala bentuk kegiatan pindah agama diwajibkan untuk melapor kepada pengurus setempat.

Undang-undang ini diberlakukan pada 10 Oktober, tepat pada hari pertama KKR. Aku harus menanggung risiko akan ditangkap karena mewartakan Injil.

Aku sama sekali tidak tahu akan hal ini sampai aku tiba di India. Anggota staf gereja yang mempersiapkan KKR ini tidak memberitahu aku tentang semua ini. Mereka takut aku akan menjadi kuatir. Karena keadaan inilah maka penyelenggara meminta aku hanya menyampaikan pesan mengenai perdamaian dan berkat. Akan tetapi jika aku tidak mempuyai kesempatan untuk mewartakan Allah Sang Pencipta dan Yesus Kristus, tidak ada gunanya aku pergi ke sana. Aku tidak mundur sama sekali. Walaupun itu berarti aku mungkin akan ditangkap, aku akan tetap mewartakan tentang Allah Sang Pencipta dan Yesus Kristus.

Dalam setiap sesi, aku menegaskan bahwa hanya dengan menerima Yesus Kristus mereka dapat diampuni akan dosa mereka dan diselamatkan. Aku juga mengajarkan tentang surga yang indah dan neraka yang mengerikan.

Konferensi Para Pendeta

Tanggal 10 Oktober adalah hari pertama diadakannya KKR. Pada hari itu tampak sebuah pelangi bundar di sekitar matahari di Chennai. Pada pagi hari, kami mengadakan konferensi para pendeta di Kamaraj Arangam.

Ada sekitar tiga ribu pendeta menghadiri konferensi ini, kira-kira dua kali lebih banyak dari yang diperkirakan oleh penyelenggara. Aku membahas tentang mengapa Allah menempatkan pohon pengetahuan akan yang baik dan yang jahat.

Melihat mereka sangat penuh perhatian dan bertepuk tangan dari waktu ke waktu, aku dapat merasa bahwa secara rohani mereka haus untuk mendengarkan pengajaran seperti ini.

Penerjemah yang bertugas untuk konferensi ini datang tidak tepat waktu sehingga orang lain harus menggantikannya. Belakangan aku mengetahuinya bahwa penerjemah ini telah bersepakat dengan salah seorang panitia penyelenggara bahwa dia tidak akan menerjemahkan jika aku berbicara mengenai hal-hal yang berkenaan dengan alam roh.

Aku membahas mengenai pohon pengetahuan akan yang baik dan yang jahat, dan jika aku meniadakan pembahasan mengenai Taman Eden, maka inti dari seluruh pembahasan tersebut akan hilang.

Karena penerjemah pengganti tidak tahu akan keadaan ini, dia menerjemahkan semua yang kusampaikan. Di tempat ini tidak ada kemacetan lalu lintas; aku dapat merasakan campur tangan Allah bahwa petugas penerjemah yang seharusnya bertugas belum juga datang.

Aku tiba di Pantai Marina sekitar jam enam sore dengan harapan besar disertai sedikit perasaan gugup. Pantai ini merupakan pantai kedua terpanjang di dunia, hanya 15 menit dari hotel. Aku bahkan dapat melihat panggungnya dari kamar hotel.

Panggung itu bertingkat tiga dan lebarnya 45 meter. Panggung tersebut dapat menampung dua ribu orang di atasnya. Cukup besar untuk menampung mereka yang ingin maju dan memberikan kesaksian mereka. Tempat tersebut sangat besar sehingga dilengkapi video layar lebar di tempat-tempat lain. Ukurannya sekitar 25 meter diagonal. Masih satu jam lagi sebelum KKR dimulai, namun orang banyak sudah berkumpul di tempat diadakannya KKR ini.

Awal dari KKR Akbar *(Great Crusade)*

Pada hari itu aku mengajarkan tentang Allah Sang Pencipta. Aku memproklamirkan bahwa aku akan menunjukkan kepada mereka apakah Allah adalah Allah yang benar, apakah Dia Yang Maha Kuasa, dan apakah Dia sungguh-sungguh bekerja. Setelah khotbah, aku mendoakan orang sakit dengan segenap kekuatanku. Banyak iblis dikalahkan dan diusir keluar, selain itu pasien yang disembuhkan tidak terhitung jumlahnya. Banyak saluran TV yang menyiarkan kejadian ini secara langsung.

Salah satu dari mereka yang disembuhkan adalah seorang anak laki-laki berusia enam belas tahun bernama Ganesh. Dia mengalami kecelakaan dan harus dirawat di rumah sakit. Dia menderita tumor pada tulang panggulnya. Dokter mengangkat tumor dan juga sebagian dari tulang panggulnya, dan memasang pen logam untuk menghubungkan paha dengan panggulnya. Dia harus berbaring di tempat tidur selama enam bulan lamanya. Setelah itu, dia masih mengalami kesulitan untuk duduk dan berjalan. Akan tetapi dengan bantuan orang lain dia hadir pada acara KKR ini. Ketika dia menerima doa untuk orang sakit, dia merasa ada sesuatu seperti kejutan listrik. Sejak saat itu sakit yang dirasakanya lenyap dan dia tidak lagi memerlukan tongkat penopangnya.

Pada hari kedua KKR, hujan turun dengan lebat sejak pagi hari. Lebih banyak orang yang datang daripada hari pertama dan

Festival Mukjizat Penyembuhan di India (di Pantai Marina)

terjadi karya penyembuhan lebih banyak daripada sebelumnya. Sekitar ratusan ribu orang hadir setiap hari. Aku berada di panggung yang tinggi, akan tetapi masih tetap sulit bagiku untuk melihat barisan paling belakang dari orang banyak yang hadir di situ. Setelah doa penyembuhan, tak terhitung jumlahnya orang yang naik ke panggung, dan penyelenggara sangat terkejut.

Banyak orang yang telah hidup baru mengadakan KKR di

Marina, namun mereka belum pernah melihat begitu banyak karya kesembuhan terjadi, dan mereka mengatakan bahwa mereka tidak terlalu mengharapkan terjadinya kesembuhan sedahsyat itu.

Penyertaan Allah pada KKR Akbar Terbesar

Sejak hari ketiga KKR, tampaklah pelangi baik yang bundar maupun lurus muncul di langit. Sekali lagi, ratusan ribu orang berkumpul, dan KKRpun dimulai.

Tetapi terjadilah sesuatu yang tidak terduga. Tiba-tiba datang angin kencang disertai hujan lebat, dengan kilat dan petir. Aku tidak dapat membuka mata dengan sempurna karena curahan hujan.

Panggungpun bergoyang-goyang karena angin yang sangat kencang. Mereka yang hadir mulai menjadi gelisah. Kelihatannya mereka akan pergi meninggalkan acara ini. Aku mendesak mereka agar tidak tergoyahkan oleh hujan lebat namun mengatasinya dengan iman dan memberikan kemuliaan kepada Allah. Tak lama kemudian mereka menjadi tenang dan terus mendengarkan khotbah.

Aku pun tidak bisa menahan perasaan kuatirku. Masalah terbesar adalah bahwa peralatan untuk siaran akan basah dan rusak atau bisa terjadi gangguan listrik akibat hubungan singkat. Siaran TV pasti akan terganggu. Namun aku mengabaikannya, melepaskan kekuatiran dan menenangkan pikiranku serta mengimani bahwa Allah akan melindungi kami semua.

Menakjubkan, angin kencang dan hujan lebat terus berlangsung selama satu jam lebih, akan tetapi tidak ada satupun dari lampu-lampu, layar video, peralatan listrik, dan perlengkapan untuk siaran yang rusak. Dengan hujan dan angin sekeras itu, disertai petir dan kilat seharusnya kami mengalami masalah besar.

Air hujan menyebabkan sumber listrik, stop kontak dan kabel listrik di panggung menjadi basah, tetapi tidak terjadi kebocoran ataupun gangguan aliran listrik. Karena Allah melindungi kami semua berlangsung aman tanpa ada satu kecelakaan pun. Sementara aku menyampaikan pengajaran, aku pun berdoa dalam hati meminta agar hujan segera berhenti. Namun yang terjadi adalah hujan semakin besar. Dalam dua puluh tahun terakhir, Allah selalu memberikan kami cuaca baik setiap kali kami mengadakan kegiatan di luar gedung. Bahkan hujan deras pun akan berhenti karena doa-doa kami. Inilah pertama kalinya aku menjadi basah kuyup karena hujan.

Aku sangat gugup, dan kedua kakiku kehilangan kekuatan. Aku merasa ingin duduk dan menangis. Tetapi aku tidak boleh memperlihatkan airmata kesedihanku. Aku terus menyampaikan pengajaran di bawah curah hujan lebat, dalam keadaan basah kuyup. Aku juga mendoakan mereka yang sakit. Dan semua ini aku lakukan tanpa ada perlindungan payung! Aku yakin orang yang hadir tersentuh dengan keadaan ini sehingga mereka sama sekali tidak meninggalkan tempat.

Allah memperlihatkan pada kami karya penyembuhan yang amat besar pada hari itu, dan banyak orang menyaksikannya melalui TV dan internet.

Setelah acara doa, maka mereka mulai memberikan kesaksian. Aku memperhatikan mereka. Beberapa orang yang naik di bagian bawah panggung menatapku dengan berlinang airmata menungkapkan terima kasih mereka.

Mendoakan orang sakit di bawah curahan hujan lebat

Setelah aku kembali ke hotel, aku bertanya kepada Allah dalam doa mengapa terjadi hujan begitu deras dan tidak berhenti walaupun kami sudah berdoa. Allah memberitahu bahwa hujan lebat dan angin kencang adalah pemberian dari Allah.

Karena hujan tersebut adalah pemberian Allah maka hujan tidak dapat dihentikan dengan doa.

"Melalui keadaan ini, Allah dan Yesus tertanam sangat dalam dan akan tetap diingat di dalam pikiran orang India, dan mereka pun akan selalu mengingatmu."

Allah menjelaskan alasan mengapa Ia memberikan kami hujan lebat, karena Ia ingin pendeta setempat dan orang banyak untuk mengerti apa arti iman yang benar, dan agar mereka mengukirkan kasih Allah jauh di dalam hati mereka. Selain itu, karena kami melalui semua keadaan ini dengan penuh iman, maka kami akan menerima kelimpahan berkat sebagai balasannya.

Sejak tahun 2001, Allah selalu mengingatkan aku bahwa KKR di India memang sudah direncanakan sejak sebelum dimulainya waktu, dan KKR ini akan menjadi yang terbesar dan yang paling baik dalam segala aspek. Karena Allah tahu benar isi hati manusia, Allah tahu berapa banyak lagi orang yang akan datang berkumpul.

KKR ini disiarkan langsung oleh empat saluran TV dan juga melalui internet. Hal ini sangat jarang terjadi untuk sebuah acara Kristen, apalagi di sebuah negara seperti India.

Tak terhitung banyaknya orang India yang melihat acara KKR ini melalui TV, KKR yang berlangsung di bawah curahan hujan lebat membuat mereka sangat tersentuh hatinya. Mereka melihat kasih Kristus yang tulus, dan kasih Allah sungguh terukir mendalam di hati mereka.

"Siapakah orang yang mengasihi orang India dengan pengabdian yang luar biasa itu?"

Jumlah Pengunjung Paling Banyak

Keesokan harinya pada tanggal 13 Oktober, sekitar satu setengah juta orang berkumpul di Pantai Marina – sebuah rekor terpecahkan. Banyak orang yang melihat KKR ini melalui TV menjadi tersentuh dan tergerak untuk hadir, lalu mereka datang ke Pantai Marina. Aku tidak bisa melihat pengunjung yang berada di garis paling belakang.

Ada yang mengatakan karena banyaknya pengunjung pasir di pantai seolah berubah menjadi orang. Pada hari itu sewaktu aku berdoa untuk orang sakit, aku mendengar banyak jeritan dari iblis.

Iblis tahu bahwa aku akan memerintahkan mereka untuk pergi, karena itu mereka menjerit-jerit. Banyak orang India yang dikuasai oleh roh iblis karena selama ini mereka menyembah berhala.

Pada waktu aku memerintahkan iblis untuk keluar, jeritan-jeritan itu melemah dan kemudian keadaan menjadi sunyi. Ada yang melihat dengan mata rohani mereka bahwa iblis berlarian pergi tanpa sekalipun menoleh ke belakang.

Kuasa dari suara penciptaan sungguh luar biasa kekuatannya. Mereka yang dikuasai iblis kembali menjadi utuh, mereka yang tidak dapat mendengar dan bicara akhirnya dipulihkan.

Ada yang datang dengan tandu, namun mereka bisa pulang dan berjalan. Banyak orang dengan penyakit yang tidak dapat disembuhkan mengalami kesembuhan. Banyak rekor terpecahkan terutama pada hari terakhir, KKR berlangsung dengan penuh api dan pekerjaan Roh Kudus.

Sama sekali tidak masuk akal. Ada sebagian orang Hindu yang melakukan ilmu sihir. Mereka menggantungkan telur atau buah-buahan di dalam rumah dan mereka mengutuk orang lain. Setelah aku kembali ke Korea, aku menerima banyak surat tentang kegiatan ilmu hitam tersebut.

Seorang pria tidak percaya pada Allah menggantungkan telur di banyak tempat dalam rumahnya, akan tetapi istrinya adalah seorang yang percaya pada Allah. Istrinya ini mengikuti acara KKR melalui TV.

Dan sewaktu aku sedang mendoakan orang sakit, paku-

Banyak orang memberikan kesaksian akan mukjizat kesembuhan yang mereka alami

paku yang dipakai untuk menggantungkan telur-telur tersebut tercabut dan jatuh, sehingga telurnya jatuh dan pecah. Suaminya sangat terkejut dan mengatakan ia akan ikut ke gereja, dan tidak akan mengganggu orang Kristen lagi.

Pendeta setempat mengatakan bahwa KKR ini adalah yang terbesar dan yang paling indah dalam segala aspeknya. Mereka mengatakan bahwa pengajaran akan Allah Sang Pencipta dan Yesus Kristus disampaikan secara harmonis, dan firman yang diberikan diteguhkan oleh tanda-tanda yang mengikutinya, sehingga pengajaran ini menjadi sempurna dan bebas dari segala macam prasangka dan tuduhan.

Penyelenggara mengatakan lebih dari 60% orang yang hadir adalah pemeluk agama Hindu. Banyak dari mereka menerima

Yesus Kristus dan bertobat.

Bukan hanya di Pantai Marina, namun di sembilan kota yang berbeda, mereka memasang video dengan layar lebar dan menayangkan KKR ini secara bersamaan. Puluhan ribu orang berkumpul di tempat-tempat itu juga. Mereka mendengarkan pengajaran dan mengalami kesembuhan. Hal ini merupakan suatu kejutan besar bagi sejarah agama Kristen di India. KKR ini merupakan harga dari darah kemartiran Thomas yang terlahir sebagai buah.

Undang-Undang Anti Konversi Akhirnya Dihapuskan

Sejak hari pertama KKR, banyak petugas kepolisan yang memperhatikan aku dengan wajah yang kaku. Namun wajah mereka segera berubah seiring dengan berjalannya waktu. Karena mereka menyaksikan sendiri begitu banyak orang yang mengalami kesembuhan, mereka datang kepadaku dan bahkan berlutut minta didoakan.

Petugas kepolisian melaporkan kepada pemerintahan Tamil Nadu dan Pemerintah Pusat bahwa ada lebih dari tiga juta orang berkumpul selama empat hari, dan mereka semua mengadakan acara yang bersifat Kristiani tanpa terjadi kecelakaan apa pun. Inilah satu peluang bagi ajaran Kristen untuk sekali lagi dievaluasi di masyarakat India. Banyak orang percaya yang sudah lama hidup di bawah tekanan datang untuk memproklamirkan diri.

Cukup banyak orang beralih menjadi Kristen sehingga iman kepercayaan Kristen semakin diteguhkan. Para pemimpin Kristen saling bersatu dan mengeluarkan sebuah pernyataan menuntut dihapuskannya undang-undang anti konversi. Sekolah dan rumah sakit Kristen tutup, dan orang-orang Kristen ikut melakukan protes kepada pemerintah propinsi setempat dengan melakukan puasa. Sebelumnya, hal ini adalah sesuatu yang tidak dapat dibayangkan.

Akhirnya, dalam pemilihan yang diadakan pada tahun 2004, partai *All-India Munnetra Kazhagam* (AIADMK) kalah mutlak, dengan perbedaan yang mencolok.

Ternyata Nn. Jayalalitha, gubernur propinsi Tamil Nadu, adalah anggota partai AIADMK. Alih-alih, *Democratic Progressive Alliance* (DPA), yang lebih bersahabat dengan umat Kristen mendapat suara mayoritas.

Gubernur negara bagian tersebut, Ms. Jayalalitha, mengeluarkan berbagai kebijakan untuk mengambil hati masyarakat. Salah satunya adalah penghapusan undang-undang anti konversi pada tanggal 18 Mei 2004.

Banyak pendeta dan juga orang-orang dari pers ikut berpartisipasi dalam KKR ini. Mereka datang dari Amerika Serikat, Timur Tengah, Rusia, Australia, Israel, dan negara-negara lain. Mereka menjadi saksi akan kuasa Allah, yang semula mereka kira hanya ada di dalam Alkitab, dan mereka meminta kepada kami untuk mengadakan KKR di negara mereka juga.

Ada lebih dari tiga puluh negara yang meminta untuk diadakannya KKR di tempat mereka. Sejak tahun 2000, ini adalah KKR yang ketujuh akan tetapi aku tidak pernah menentukan tempatnya atas keinginanku sendiri. Aku hanya mematuhi perintah Allah dan tidak menggunakan pemikiran manusia.

Bab 7

Bangsa-bangsa Akan Datang pada Terang-Mu, dan Raja-raja pada Cahaya Kebangkitan-Mu

Apa yang Terjadi di Dubai

Setelah KKR Uganda selesai, Allah memberi tahu bahwa aku akan pergi ke Dubai. Hingga saat itu, aku belum pernah mendengar nama Dubai.

Setelah itu, pada saat aku akan pulang dari KKR Kenya, kami dialihkan ke Dubai. Inilah pertama kalinya aku menginjakkan kaki di tanah itu. Sementara aku menunggu di bandara, aku berdoa, "Ya Bapa, biarlah Engkau dimuliakan dan diagungkan di negara ini."

Dubai adalah kota kedua terbesar di Uni Emirat Arab. Korea mengimpor minyak dari Dubai. Allah mengatakan ketujuh KKR sebelumnya adalah KKR yang diukur dari besarnya jumlah orang yang hadir, akan tetapi KKR kali ini akan diukur dari aspek kualitasnya.

Allah mengatakan bahwa kami harus memilah-milah kerangka kerja pemikiran kami karena KKR ini sendiri bukanlah tujuan yang sebenarnya kami berada di Dubai. Tujuannya adalah untuk membuat aku dikenal oleh para pejabat tinggi di sana dan untuk menggenapi rencana pembangunan Bait Agung di kemudian hari.

Kami mendapatkan persetujuan dari penguasa setempat untuk mengadakan pertemuan, dan kami mempersiapkan sebuah acara "Festival Budaya Kristiani Korea" dari tanggal 2 hingga 4 April 2003 di aula konvensi internasional di Hotel Hyatt. Tujuannya adalah untuk mengadakan pertunjukan tarian dan musik tradisional Korea dengan maksud menciptakan relasi dan kerja sama yang lebih baik antara kedua negara sambil mewartakan Injil dengan lebih lancar.

Sebenarnya kami dapat mengadakan pertemuan tersebut di gereja, akan tetapi kendalanya orang Muslim tidak akan bisa menghadirinya. Karena itulah kami memilih untuk mengadakannya di hotel. Sejak awal aku sudah merasakan dalam hatiku bahwa pertemuan ini tidak akan terlaksana, tetapi aku tidak mengatakan kepada siapapun. Aku membiarkan mereka mempersiapkannya dengan iman.

Walaupun Dubai bersikap lebih terbuka daripada negara Timur Tengah lainnya, tetap saja Dubai adalah sebuah negara Islam, karena itu mewartakan Injil kepada penduduk Arab setempat dilarang keras.

Aku tiba di Dubai satu hari sebelum KKR dimulai. Aku diberitahu bahwa pertemuan itu harus dibatalkan karena alasan keamanan.

Saat itu situasi dunia sedang tidak stabil bertepatan baru saja berakhirnya perang di Irak. Namun hal tersebut bukanlah penyebab utama. Salah satu dari anggota staf kami saat itu secara kebetulan bertemu dengan Putra Mahkota Dubai yang datang melakukan inspeksi di hotel dan ia menyampaikan undangan kepada Pangeran ini. Setelah mengetahui bahwa acara ini adalah acara bersifat Kristiani, Pangeran tersebut segera mengeluarkan perintah untuk membatalkan pertemuan ini.

Di Bawah Pengawasan Ketat

Pada tanggal 2 April, ada lebih dari seratus petugas polisi melakukan pemeriksaan di sekitar hotel. Mereka mengusir setiap orang yang mencoba datang ke pertemuan tersebut. Mereka juga mengawasi tim misi kami.

Iblis menyangka bahwa pertandingan telah usai bagi kami jika pertemuan ini dihentikan oleh pejabat tinggi negara, akan tetapi penyertaan Allah sedang digenapi secara diam-diam.

Hari berikutnya, kami menerima sebuah permintaan dari Klub Penyandang Cacat Dubai. Kami pergi ke tempat tersebut dalam kelompok kecil, tiga sampai lima orang per kelompok. Karena pengaturan dilakukan dengan sangat mendadak, hanya sekitar seratus orang dapat hadir.

Hampir semua adalah penyandang cacat serius dengan kondisi parah, banyak dari mereka tidak bisa berjalan dengan kekuatan mereka sendiri. Para wanita mengenakan kerudung hitam. Aku menyampaikan pengajaran selama lima belas menit, dan berdoa dalam nama Yesus Kristus. Allah melakukan karya dan pekerjaan besar di tempat itu. Mereka yang tidak bisa berjalan disembuhkan dan mampu berjalan, ada juga yang sembuh dan memperoleh kembali pendengaran mereka. Mereka yang tubuhnya kaku dan keras karena cerebral palsy menjadi mampu untuk membungkuk, meregang, dan bergerak.

Pertemuan ini dan KKR-KKR sebelumnya disiarkan ke seluruh Dubai oleh TV ZEE, yang meliputi enam belas negara di wilayah tersebut.

Sementara aku tinggal di hotel, mereka yang haus akan kuasa Allah datang kepadaku, mereka mencari jalan menembus garis batas yang dipasang oleh polisi. Jika kami tetap mengadakan KKR, aku tidak akan bisa menemui siapapun, tetapi sekarang aku bisa bertemu banyak orang yang Allah kirimkan kepadaku.

Seorang wanita bernama Sheila Diwakar sudah cukup lama memakai kursi roda setelah dia mengalami cedera dalam sebuah kecelakaan lalu lintas. Sangat sulit bagi dia untuk bergerak. Namun setelah aku mendoakan dia, dia berdiri tegak dan mulai berjalan selangkah demi selangkah. Dia tidak dapat menyembunyikan sukacitanya.

Beberapa orang dari pers juga membantu kami. Dr. Omer Yassin datang bersama istri dan putrinya. Putrinya menderita gangguan bicara selama tiga puluh tahun karena serangan meningitis.

Sewaktu aku mendoakan dia, dia mampu mengucapkan, "Terima kasih!" Untuk pertama kalinya pasangan ini melihat anak mereka bisa berbicara. Mereka sangat terharu.

Dr. Omer mengatakan bahwa dia akan menulis tentang kesembuhan yang dialami putrinya. Walaupun dalam waktu yang singkat, aku bertemu banyak orang yang sangat membantu misi di Timur Tengah. Orang-orang inilah yang menjadi penghubung untuk penggenapan rencana penyertaan Allah.

KKR Rusia, Sebuah Perayaan Resmi Peringatan 300 Tahun St. Petersburg

Pada tanggal 27 Mei 2003, Presiden Putin dari Rusia mengundang pemimpin dari lima puluh negara untuk merayakan Peringatan tiga ratus tahun berdirinya kota St. Petersburg. Karena para pemimpin dari sekian banyak negara berkumpul di satu tempat, St. Petersburg menjadi pusat perhatian dunia.

Dalam tahun yang sama kami mengadakan KKR di Rusia, yang memang direncanakan sebagai salah satu acara resmi dari perayaan tersebut guna menggalang kerja sama dari pejabat pemerintahan. Sejak hari pertama KKR pada tanggal 12 November 2003, Stadion Olimpiade St. Petersburg dipenuhi banyak orang.

Pada bulan November cuaca sangat dingin disertai salju. Tetapi sepanjang KKR itu, cuaca amat baik dan suhu bearada di atas titik beku, cukup hangat bagi kami. Aku mewartakan tentang Allah Sang Pencipta, Mengapa Yesus Satu-satunya Juru

Festival Mukjizat Penyembuhan di Rusia
(Stadion Olimpiade St. Petersburg)

Selamat, dan tentang Kuasa Roh Kudus.

Dalam setiap sesi doa untuk orang sakit, stadion dipenuhi dengan panasnya api Roh Kudus.

Ada orang-orang yang berseru mengatakan bahwa mereka bisa mendengar; mereka yang tidak pernah bisa berjalan saat itu mampu berjalan; mereka yang selama ini harus memakai tongkat penopang karena kaki yang tidak sempurna bentuknya saat itu mampu berjalan sendiri; dan yang lain membuang kaca mata mereka setelah penglihatan mereka dipulihkan; dan ada juga yang disembuhkan dari gangguan kemampuan bicara. Kejadian ini disiarkan secara langsung ke seluruh dunia.

Di luar arena St. Petersburg, di lima tempat lain juga diadakan KKR secara bersamaan melalui siaran langsung, di Penza, Izhevsk, dan di Ukraina.

Pada waktu aku menghadiri pesta perpisahan setelah KKR berakhir, seorang pendeta yang hadir dalam KKR di Izhevsk mendekati aku. Walaupun cuaca amat dingin dengan suhu 20 derajat Celsius di bawah nol ada lebih dari seribu orang berkumpul dan banyak yang mengalami kesembuhan.

Seorang pendeta yang mengurus klub untuk orang cacat mengutarakan kebahagiaannya, dan mengatakan bahwa ada banyak orang disembuhkan dari gangguan pendengaran dan penglihatan mereka.

KKR ini disiarkan secara langsung bukan hanya di Rusia tetapi di lebih dari 150 negara melalui 27 saluran, berbagai jaringan kabel, menggunakan dua belas satelit yang berlainan. Orang-orang yang mengalami kesembuhan ilahi karena mengikuti KKR melalui TV di negara tetangga seperti Estonia, mengirimkan kisah kesaksian mereka pada stasiun-stasiun penyiaran yang melakukan siaran langsung tersebut.

Para dokter setempat menghadiri KKR ini untuk mencatat dan membuat dokumentasi akan kasus-kasus penyembuhan yang terjadi. Satu orang dokter mengutarakan keheranannya dengan mengatakan, "Saya sangat terkejut dan kagum melihat begitu banyak orang disembuhkan hanya melalui doa."

Presiden dari Asosiasi Gereja Pentakosta Moskow mengatakan bahwa dia merasakan api karya Roh Kudus dan kehadiran Allah, dan ini merupakan suatu titik balik yang besar bagi kebangkitan gereja-gereja Rusia.

Ia kemudian melanjutkan pembicaraannya bahwa para pendeta dibangunkan dari tidur mereka; mereka menjadi lebih percaya bahwa kuasa Allah bukan hanya ada dalam Alkitab tetapi juga dalam kenyataan, dan bisa terjadi hingga hari ini. Dengan cara ini mereka semua menjadi rindu akan kuasa Allah sehingga gereja-gereja nantinya dapat bersatu.

Awal dari Pelajaran-Pelajaran Rohani

Allah adalah roh, dan ada saatnya kita juga diubah menjadi kebenaran dan roh sehingga kita pun dapat ikut masuk ke 'ruang rohani.' Suatu saat nanti kita masuk ke dalam alam roh, kita akan disatukan dengan Allah di dalam kerajaan-Nya dan menerima kuasa-Nya. Dengan demikian, autoritas dalam berkhotbah akan menjadi berbeda.

Tidaklah terlalu sulit untuk meninggalkan sebuah kesan kepada para pendengar melalui pengajaran. Akan tetapi untuk membuat perubahan itu masuk lebih dalam lagi hingga merasuk ke dalam jiwa dan roh, ke tulang dan sumsum, kita harus menerima autoritas dari Allah.

Kedalaman dunia rohani tidak terbatas. Untuk membimbingku masuk lebih dalam lagi pada dimensi kuasa-Nya yang lebih tinggi, Allah membiarkan aku mengawali dengan pengalaman-pengalaman rohani pada bulan Januari 2003.

Hal ini merupakan sebuah proses yang sangat kuperlukan untuk dapat mendengar suara penciptaan Allah yang bersumber di hati-Nya 100%, dan menyingkap sepenuhnya Kuasa Penciptaan Tertinggi. Allah menjelaskan kepadaku mengenai hukum rohani sebagai awal mula segala sesuatu. Allah juga menjelaskan kepadaku tentang hukum keadilan. Ia memberitahuku dengan detil tentang nabi-nabi Allah yang sudah mencapai kehidupan roh yang dikenal sebagai 'roh yang penuh' seperti Abraham, Musa, Elia, dan Rasul Paulus.

Allah juga mengajarkan aku mengenai Allah Pencipta dan Tuhan Yesus, dan nabi-nabi lain dan para rasul yang melalui mereka kuasa Allah dinyatakan. Allah juga membuat aku belajar akan berbagai tingkat terang.

Mengajarkan Para Pendeta untuk Melayani Secara Rohani

Berdasarkan apa yang aku pelajari secara mendalam dari Allah tentang alam rohani, dalam setahun aku mengadakan dua kali konferensi para pendeta.

Untuk membimbing para pendeta di gereja kami dan para misionaris di luar negeri agar bertumbuh dalam roh dan menjadi kekasih serta hamba Allah yang penuh kuasa, aku mengajar mereka dengan segenap kekuatanku dan berdoa bagi mereka sambil menangis dan berpegang teguh kepada Allah demi mereka.

Seperti dikatakan Rasul Paulus, *"Sebab itu berjaga-jagalah dan ingatlah, bahwa aku tiga tahun lamanya, siang dan malam, dengan tiada henti-hentinya menasihati kamu masing-*

masing dengan mencucurkan airmata" (Kisah Para Rasul 20:31), aku mengajar mereka segala sesuatu yang aku peroleh dari Allah sehingga mereka bisa menjadi lebih dewasa dalam iman dan roh.

Betapa bahagianya jika banyak pendeta lain yang juga menerima kuasa lebih besar daripada yang aku terima, sehingga kerajaan Allah akan diperluas dan lebih banyak jiwa dapat diselamatkan. Pada bulan Juli 2003, aku berbicara pada Konferensi Para Pendeta ke-21 dengan judul 'Aliran Roh.'

Aku berbicara kepada para pendeta tentang 'ruang' yang aku pelajari dari Allah. Aku mengajarkan bagaimana kita dapat mempunyai hati dan roh dan berjalan dalam 'ruang' tersebut, dan juga tentang 24 penatua di Yerusalem Baru. Aku juga mendesak mereka untuk memiliki kuasa lebih besar dalam pelayanan rohani dan memiliki harapan yang lebih besar akan kerajaan surga.

Banyak ayat di dalam Alkitab seperti dalam 1 Raja-Raja 8:27 dan dalam Kitab Yeremia 10:12 mengatakan kepada kita bahwa ada beberapa surga berlainan, bukan hanya satu. Dan bahkan di dalam Perjanjian Baru, Efesus 4:10 memakai bentuk jamak yang mengatakan, "jauh lebih tinggi dari semua langit."

Ada beberapa langit, bukan hanya satu. Secara umum, langit dapat dikategorikan menjadi ruang fisik dan ruang rohani, atau disebut juga alam roh. Ruang fisik sangat kecil ukurannya dibandingkan dengan luasnya ruang rohani.

Ruang fisik adalah langit pertama, dan mulai dari langit kedua dan selanjutnya termasuk dalam alam roh.

Taman Eden dan roh-roh jahat berada dalam langit kedua. Kerajaan surga berada di langit ketiga, dan langit keempat adalah tempat berdiamnya tahta Allah. Namun berbeda dimensinya dengan tahta Allah di Yerusalem Baru.

Ruang

Di dalam hati Allah tersimpan semua ruang di alam semesta ini. Untuk memiliki ruang tersebut, seseorang haruslah menyimpannya di dalam hati. Artinya, untuk bisa mengetahui segalanya akan ruang tersebut, tanamlah sebagai pengetahuan rohani, dan buatlah menjadi lengkap di dalam hati.

Mazmur 68:34 *"Bagi Dia yang berkendaraan melintasi langit purbakala; Perhatikanlah, Ia memperdengarkan suara-Nya, suara-Nya yang dahsyat!"*. Suara yang dahsyat adalah Suara Penciptaan.

Inilah tingkatan untuk memiliki dan mengontrol hingga ruang yang ada di langit keempat. Hanya pada tingkat inilah seseorang dapat menyuarakan suara penciptaan. Dan suara itu disebut sebagai 'suara yang dahsyat.' Tetapi kita tidak bisa mendengar suara ini.

Ketika suara ini dibunyikan, segala sesuatu dan segala mahluk akan tunduk dan taat. Kekuasaan dan autoritasnya akan menguncangkan langit.

Jika seseorang bisa mendengar suara ini, gendang telinganya akan koyak. Kita dapat mendengar suara dahsyat ini hanya bila Allah membukakan telinga rohani kita.

Pada mulanya Allah membuat aku mengenal alam roh melalui ruang di langit keempat. Sangat memungkinkan bagi seseorang untuk melebihi level yang hanya 'roh' dan masuk ke tingkat roh Allah yang kudus dan menguasai ruang langit keempat sepenuhnya. Lalu, seseorang dapat sekaligus mengontrol langit kedua dan ketiga.

Mereka yang sudah mencapai alam roh sepenuhnya seperti Elia, Musa dan Rasul Paulus sudah mencapai tingkat yang dapat mengontrol roh-roh iblis yang ada pada langit kedua. Roh-roh iblis akan gemetar di hadapan mereka yang sudah menjadi roh yang penuh/sempurna, dan sesungguhnya, mereka bahkan tidak dapat mendekat dalam jarak dekat kepada orang-orang ini.

Tetapi sementara orang-orang yang kepenuhan roh masih hidup di dunia, iblis menghasut orang-orang jahat untuk menyiksa mereka dan melawan mereka. Autoritas inilah yang Allah berikan kepada roh jahat sampai kehidupan manusia di dunia ini berakhir. Iblis musuh menggunakan autoritas ini dan berusaha menyiksa, mengganggu usaha untuk mencapai Kerajaan Allah.

Demi alasan inilah setelah kita mencapai level penuh dengan roh, kita harus terus berperang melawan kekuatan kegelapan sampai pelayanan kita di dunia ini selesai. Tetapi jika seseorang memiliki tempat di langit keempat, segalanya akan terjadi pada saat suara penciptaan berbunyi, sehingga iblis, musuh kita, tidak dapat mengganggu pekerjaan ini.

Ada orang yang mungkin bertanya, "Jika Allah telah memberikan autoritas kepada roh-roh jahat, apakah mereka tidak bisa melakukan pekerjaan yang penuh kuasa?" Kesimpulannya, iblis tidak dapat melakukan pekerjaan dengan kuasa dan autoritasnya sendiri.

Musuh kita, si Iblis, mendatangkan pencobaan dan ujian pada mereka yang meninggalkan firman Allah dan berbuat dosa, dan semua ini terjadi sesuai dengan peraturan yang berlaku dalam alam roh. Allah berfirman kepada si ular itu bahwa dia akan menjalar dengan perutnya dan makan debu dan tanah seumur hidupnya (Kejadian 3:14), namun ular ternyata tidak makan debu. Ular justru makan mahluk hidup lainnya seperti kodok atau tikus.

Dalam hal ini, debu mempunyai sebuah makna rohani. Debu yang dimaksudkan adalah manusia yang memang dibuat dari debu tanah. Allah mengizinkan iblis memangsa mereka yang adalah 'manusia duniawi' yang tidak taat pada firman Allah dan melakukan dosa.

Kuasa Penciptaan untuk menghidupkan yang mati, membangunkan mereka yang lumpuh, dan membuat mata yang buta terbuka hanyalah hak eksklusif kepunyaan Allah. Iblis tidak mempunyai kuasa seperti itu, itulah sebabnya tidak pernah disebutkan dalam Alkitab bahwa iblis melakukan pekerjaan-pekerjaan seperti yang dilakukan Allah.

Dalam proses pelatihan untuk bisa masuk pada ruang di langit keempat, Allah mengambil semua kekuatan fisik dari badanku, dan mengisi dengan kekuatan rohani. Dalam proses ini, aku mengalami beberapa hal yang tidak normal di dalam badanku, Karena saat itu badanku sedang berada dalam dunia tiga dimensi, tetapi aku juga sedang mengalami proses latihan untuk bisa memiliki dimensi keempat pada langit keempat.

Ruang rohani dalam dimensi keempat adalah suatu dimensi tempat Allah sendiri sebagai sumber suara dan terang. Pada level ini, segala sesuatu dicapai hanya dengan menyimpannya di dalam hati.

Rahmat Melalui Tiga Pencobaan yang Diizinkan Dalam Pemeliharaan Allah

Umpamanya kuasa Yesus ada seratus. Maka kuasa yang dimiliki oleh seseorang yang rohnya penuh maksimal hanya akan mencapai lima puluh saja. Rasul Paulus adalah satu-satunya yang dapat melakukan karya terbesar dan penuh kuasa di antara semua tokoh dalam Alkitab. Dia terus berkomunikasi dengan Allah secara aktif dan menulis empat belas kitab dari Alkitab. Walaupun dia sudah sehebat itu, dia tetap hanya memiliki 50% dari kuasa yang dimiliki Yesus.

Karena itulah dia tidak dapat membuat orang buta melihat, orang bisu berbicara. Dia tidak bisa melakukan pekerjaan-pekerjaan yang melampaui batas ruang dan waktu.

Ada yang berpikir bahwa Musa melakukan segala sesuatu pada suatu level kuasa yang lebih besar dari Paulus. Tetapi Musa memperlihatkan tanda dan keajaiban, seperti membelah Laut Merah, dengan cara patuh dan taat pada firman Allah.

Tetapi dalam halnya rasul Paulus, walau tanpa perintah Allah, melalui imannya sendiri dia mengadakan tanda-tanda dan mukjizat. Untuk menggenapi misi dunia yang sekarang ini penuh dengan dosa, Allah mengatakan bahwa 50% kekuasaan dan kekuatan yang dimiliki rasul Paulus pun tidak akan cukup.

Seandainya kuasa yang aku miliki hanya satu pada saat pembukaan gereja, Allahlah yang menggenapi 99 sisanya dan menyatakan kepada kita tanda dan mukjizat besar. Melalui berbagai pencobaan iman pada tahap awal, kuasa yang aku miliki semakin bertambah sedikit demi sedikit, dan akhirnya mencapai lima puluh tepat sebelum datangnya tiga ujian pada tahun 1998. Akan tetapi semua itu belumlah cukup untuk menggenapi semua rencana Allah hanya dengan nilai lima puluh. Karena itulah Allah membimbingku untuk memperoleh kuasa lebih besar lagi melalui ketiga pencobaan. Aku harus mengalami pengkhianatan banyak orang dan dianiaya tanpa sebab yang jelas. Namun aku mengatasi semua ini dengan sukacita, ucapan syukur, kasih dan kebaikan.

Iblis berusaha untuk menghancurkan aku melalui ketiga ujian ini dan rencana-rencana lainnya, tetapi tidak berhasil. Hukum alam rohani mengatakan bahwa upah dosa adalah maut. Karena itu, iblis tidak dapat membunuh atau menghancurkan siapa pun yang tidak berdosa. Iblis menghasut orang-orang jahat dan menyalibkan Yesus, akan tetapi karena Yesus tidak berdosa, Ia mengalahkan belenggu kematian dan bangkit.

Sejak saat itu dan seterusnya, iblis tidak dapat lagi melakukan apapun yang menghalangi aku dan menghambat misi dunia. Setelah aku lulus dari ketiga ujian ini, Allah memberikan aku terang akan kuasa level keempat. Sebelumnya, jika aku berdoa, kuasa akan turun atasku dari surga dan keluar melalui aku, tetapi sejak saat itu dan seterusnya, terang kuasa Allah mulai mengalir di dalam aku.

Untuk memperbaiki umat manusia di dunia yang penuh dosa ini, kita memerlukan kuasa penciptaan. Karena itulah Allah membimbingku hingga mencapai level ini dengan mengizinkan berbagai macam ujian sehingga iblis tidak dapat lagi melemparkan tuduhan atau keberatan apapun juga.

Karena aku mampu mengatasi semua ujian ini, iblis tidak dapat lagi mengajukan keberatan ketika Allah memberikan kuasa-Nya kepadaku. Tanpa aku mampu mengatasi semua proses yang harus kulalui, Setan pasti akan keberatan dan mengatakan kepada Allah, "Engkau berikan hamba-Mu sebuah kuasa sedemikian besarnya sehingga banyak orang menjadi percaya karenanya. Benarkah ini untuk kebaikan umat manusia?"

Allah melakukan pekerjaan-Nya dengan sempurna tanpa ada cacat sedikitpun. Allah sudah sejak lama banyak melakukan perbaikan demi umat manusia, namun Dia belum pernah melakukan suatu apapun yang tidak benar menurut hukum. Allah memberikan aku keempat level kuasa dan membuat aku terus belajar untuk bisa masuk hingga ke level yang lebih sempurna,

Karena harus menggenapi misi dunia, dan mewartakan Allah yang hidup ke seluruh dunia. Melalui proses ini, aku menyadari dengan amat mendalam akan Allah yang sungguh manusia yang karena kebaikan-Nya mengerti dan ingin mempercayai walau orang berdosa sekalipun, dan keilahian-Nya yang membedakan orang yang jahat dari yang baik. Inilah proses yang sedang bertumbuh di dalam hatiku mengenai kasih Allah dan keadilannya.

Dalam tahun 2000, peringkat kuasa yang kumiliki bertambah dengan cepat. Dimulai dengan KKR di Uganda, terbukalah pintu untuk misi ke luar negeri dan kuasa penciptaan pun dinyatakan. Namun tidaklah mudah bagi seseorang dengan tubuh manusia yang fana untuk masuk ke ruang dimensi keempat. Bayangkan saja betapa beratnya para astronot berlatih menyesuaikan diri menghadapi keadaan yang berbeda di dunia luar angkasa? Seperti besarnya tarikan bumi pada saat mereka akan keluar meninggalkan atmosfer bumi, demikian juga aku mengalami kejang-kejang pada saat aku berusaha memiliki ruang dari dimensi keempat. Pada bulan November 2003, proses ini mencapai puncaknya pada saat-saat menjelang KKR di Rusia. Kejang-kejang yang kualami juga mencapai puncaknya. Aku tidak bisa tidur karena aku harus berjuang mengatasi kejang-kejang itu siang dan malam. Tetapi dalam tahun 2004, kejang-kejang tersebut sangat berkurang.

Hingga sekarang, beban akan misi dunia dan pembangunan Bait Agung, dan permasalahan finansial untuk pembangunan ini masih menjadi beban yang berat bagiku. Pada saat semua keprihatinan ini lenyap, aku bisa beristirahat, dan kejang-kejang ini pun lenyap secara alamiah pada saat yang sama.

15 April 2004 adalah hari terakhir aku menyelesaikan pelajaran-pelajaran rohaniku. Kemudian, ada lagi latihan-latihan yang harus kujalani untuk sungguh bisa melakukan apa yang aku pelajari Hari itu aku sedang berada di rumah doaku, dan melihat ada sebuah pelangi bundar muncul di sekitar matahari.

Aku dapat merasakan bahwa kuasa yang kuterima semakin bertambah sejak aku menyelesaikan pelajaran rohaniku. Karya penyembuhan terjadi jauh lebih cepat dari sebelumnya. Bahkan aku sendiri tercengang dengan keadaan ini. Seseorang yang mengalami luka bakar parah disembuhkan dan menjadi bersih dari bekas luka-lukanya dalam waktu hanya satu minggu. Anggota jemaat gereja menerima berkat dengan lebih cepat. Segala sesuatu berjalan dengan cepat sekali. Jika aku telah menyelesaikan latihan rohaniku sepenuhnya, aku akan mampu menyatakan pekerjaan Allah yang penuh kuasa dalam hukum kasih dan keadilan Allah tanpa ada hambatan yang melampaui batasan ruang baik fisik maupun rohani. Pada bulan Oktober 2004, aku mulai latihan rohani dengan bimbingan tangan Allah yang membawaku pada kuasa–Nya yang lebih dalam.

Sembuh dari Depresi Karena Mengikuti Pelayanan Melalui Internet

Wei Iran, tinggal di Taiwan, sejak bulan Mei 2004 dia mengalami depresi disertai insomnia karena tekanan yang berlebihan di pekerjaannya. Pada jam 4 – 5 sore setiap hari, dia mengalami kesulitan bernapas sehingga harus dibawa ke rumah sakit dan dibantu dengan masker oksigen. Obat-obatan sudah tidak mampu menolongnya.

Penyebab utama depresi adalah stres, sangatlah sulit untuk mengatasinya hanya dengan kemauan sendiri. Dalam kasus-kasus yang serius, penderitanya akan melakukan bunuh diri. Sekarang ini, depresi sudah menjadi gejala mendunia.

Kondisinya semakin memburuk, dan dia mengambil cuti sakit pada bulan Juli. Ternyata dia menderita bukan hanya karena depresi, tetapi juga karena penyakit *Meniere* yang menyebabkan dia merasa pusing dan kehilangan keseimbangan. Pupil matanya tidak bisa fokus. Badannya sangat kaku sehingga dia hanya bisa bergerak jika ada orang yang membantunya.

Dalam keadaan seperti ini, dia menerima Injil yang disampaikan teman-temannya, dan dia pergi ke Gereja Manmin Taiwan. Dia mulai mengikuti kebaktian Minggu melalui internet dan menerima rahmat Allah. Dia juga mendengarkan khotbah-khotbah sebelumnya atas anjuran dari pendeta setempat, dan mulai berseru-seru kepada Allah dalam doa-doanya. Karena mendengarkan pengajaran-pengajaran tersebut, dia menyadari dosa dan kejahatannya, kemudian dia bertobat sambil menangis. Imannya bertumbuh sedikit demi sedikit.

Pendeta dari Gereja Manmin Taiwan mengirimkan foto wanita ini disertai permohonan doa bagi dia. Pada tanggal 17 September, dalam kebaktian Jumat semalaman, aku menumpangkan tanganku pada fotonya dan mendoakan dia dengan sungguh-sungguh. Allah menjawab doa ini dan wanita itu disembuhkan dari depresi dan penyakit *Meniere* yang dideritanya.

Dia bisa tidur dengan tenang dan bisa bernapas kembali dengan normal sejak saat itu. Dia segera kembali bekerja dan beberapa kali mengunjungi Gereja Pusat di Korea. Sekarang dia sudah menjadi seorang Kristen yang taat.

Perjalanan Ziarah

Dalam bulan Maret 2004, aku pergi berziarah. Aku sudah melakukan ziarah beberapa kali, tetapi kali ini sangatlah berbeda, dan penuh dengan gejolak emosi tertentu. Galilea adalah tempat yang menjadi pusat pelayanan Yesus kepada umum. Di tempat inilah Dia memanggil kedua belas murid-Nya dan memperlihatkan banyak tanda-tanda. Tim kami mengadakan doa, pujian dan meditasi yang sangat berarti selama perjalanan di atas kapal di Laut Galilea.

Merenungkan Tentang Yesus

Banyak firman yang disampaikan Yesus kelihatan bagaikan permata yang terang dan berkilauan di dalam danau tersebut. Apakah Yesus melalui jalan ini? Yesus mewartakan Injil dan menyatakan tanda keajaiban, dan Ia tidak mempunyai cukup waktu untuk makan dan istirahat dengan nyaman.

Aku tidak bisa melewatkan walau hanya satu pohon, batu karang ataupun tanaman apa pun di Galilea. Sambil berjalan mengelilingi kota di Galilea, aku sangat merindukan Tuhan sehingga aku merasa sedih karena memikirkan kerinduanku. Di pagi hari sebelum matahari terbit, aku berdoa dengan sungguh-sungguh sambil menatap ke Danau Galilea, dan melakukan meditasi merenungkan tindakan dan pekerjaan Yesus.

Kerinduanku akan Tuhan segera berganti dengan cucuran airmata yang membanjir dari mataku. Sewaktu aku sedang berdoa di Galilea, Allah menunjukkan kepadaku sebuah inspirasi akan suatu kejadian dalam Alkitab.

Yesus mengunjungi banyak tempat, mengajar dan menyembuhkan yang sakit, dan Ia tidak punya waktu untuk istirahat cukup. Yesus bersama para muridnya sedang berjalan, dan mereka kemudian duduk sejenak. Kemudian Petrus, yang bertindak sebagai pemimpin dari kedua belas rasul tersebut, dipenuhi keinginan untuk lebih dekat dengan Yesus dan melayani-Nya. Petrus selalu minta untuk didahulukan dan berjalan di muka. Dia melepaskan jubahnya, membersihkan batu untuk Yesus duduk.

Kaki Yesus kotor penuh dengan debu karena melakukan perjalanan jauh. Pada waktu Yesus duduk, Yohanes membersihkan kaki dan kasut Yesus dengan bajunya. Para murid pergi ke rumah-rumah terdekat di sekitar tempat itu dan mendapatkan makanan. Ada roti bundar dan tipis.

Petrus memilih yang terbaik dan memberikannya kepada Yesus, dan aku melihat bahwa para murid hanya duduk saja di tepian dan mereka saling berbagi roti. Yesus mengerti bahwa murid-Nya melayani Dia dengan segenap hati, dan Dia makan

Di Laut Galilea

satu potong roti tersebut.

Kata-kata yang diucapkan Yesus tampak seperti tetesan air di Danau Galilea. Kita tidak bisa lagi mendengarkan suara Yesus dengan ilmu pengetahuan modern, tetapi jika Allah membuka mata dan telinga rohani kita, kita juga akan dapat mendengar dan melihat hal-hal tersebut. Karena dilihat dengan mata rohani, tampak adanya jejak cahaya di tempat-tempat Yesus pernah berada atau lewat.

Gunung Kemuliaan

Gunung Kemuliaan adalah tempat ke mana Yesus pergi bersama Petrus, Yakobus, dan Yohanes untuk berdoa. Di sini, ketiga murid melihat Yesus dipermuliakan dan tampak sebagai tubuh rohani, bertemu dengan Musa dan Elia, dan mereka bercakap-cakap secara rohani dengan sangat mendalam. Petrus mengatakan ia ingin membangun tiga kemah di sana.

Sewaktu aku naik ke sana, ternyata gunung itu sangat besar, lebih dari cukup untuk mendirikan tiga kemah. Tidak sulitkah bagi Yesus dan ketiga murid-Nya untuk berjalan naik ke gunung? Aku dapat merasakan terang, suara dan kekuatan rohani.

Dengan mata rohani, seseorang dapat segera mengenali tempat Yesus bertemu dengan Musa dan Elia karena tempat itu diliputi oleh cahaya dan sinar yang berkilauan. Gereja yang dibangun untuk memperingati saat terjadinya transfigurasi/ kemuliaan berada sekitar 50 sampai 60 meter dari tempat tersebut.

Aku juga mengunjungi Taman Getsemani dan Gereja Segala Bangsa (dalam bahasa Korea diterjemahkan 'Manmin') yang dibangun di tempat Yesus berdoa hingga peluhnya berubah menjadi titik darah sebelum Dia memanggul salib-Nya.

Via Dolorosa

Yerusalem adalah kota yang suram. Karena orang-orang di sana tidak mengenal Yesus sebagai Juru Selamat, malahan mereka menyalibkan Dia. Aku dapat merasakan kesedihan dan airmata Yesus untuk Yerusalem. Bersebelahan dengan Tembok Ratapan ada Kubah Emas yang dijadikan Mesjid bagi umat Islam.

Pada hari kami tiba di Yerusalem kami mendengar sebuah berita yang sangat mengejutkan dari CNN. Pemerintah Israel membunuh pemimpin Palestina, Sheik Ahmed Yassin. Terjadi ketegangan di Yerusalem.

Masyarakat Palestina menutup toko-toko mereka untuk melakukan demonstrasi. Biasanya, Via Dolorosa merupakan tempat yang penuh sesak dan gaduh dengan banyaknya toko dan para pedagang Arab yang sibuk mengajak pembeli untuk mampir di toko mereka. Biasanya tidak mudah bagi para peziarah untuk melakukan meditasi dan merenungkan bagaimana Yesus memanggul salib sepanjang jalan tersebut hingga sampai ke bukit melalui kerumunan orang banyak.

Akan tetapi pada hari itu, karena para pedagang Arab menutup toko mereka sebagai bentuk protes, Via Dolorosa menjadi sepi. Banyak peziarah yang membatalkan perjalanan mereka demi alasan keamanan, dan kami juga tidak melihat adanya orang-orang setempat di sekitar situ. Kami dapat melakukan ziarah kami dengan sangat tenang dan khidmat. Allah memberikan aku rahmat-Nya sehingga aku dapat merasakan semua kejadian yang dialami Yesus sehingga menjadi sebuah inspirasi yang sangat jelas.

Aku dapat merasakan bahwa Yesus terus menerus berkomunikasi dengan Allah dalam roh sementara Dia memanggul salib-Nya. Yesus mengatasi semua penderitaan yang dialami-Nya dengan terus berkomunikasi dengan Bapa. Ketika Yesus sedang berjalan memanggul salib, Allah Bapa di surga juga merasakan penderitaan yang sama.

Petrus juga terlihat samar-samar jauh di belakang di antara orang-orang yang mengikuti Yesus. Dia berlinang airmata dan penuh dengan penyesalan dan pertobatan. Dia tidak berani mendekati Yesus karena dia merasa, "Mengapa aku menyangkal Tuhan sebanyak tiga kali?"

Setelah Petrus menyangkal Yesus tiga kali, dia segera pergi dan dalam kesedihannya dia bertobat. Wajarlah bila Petrus mengikuti Yesus yang memanggul salib. Hal ini tidak dituliskan dalam Alkitab karena Petrus mengikuti Yesus dari kejauhan dan para murid lain tidak dapat melihat dia.

Para Wanita yang Mengikuti Yesus Hingga Akhir

Perawan Maria mengikuti Yesus. Dia sangat berduka dan sangat tertekan mental dan fisik sehingga dia tidak lagi mengindahkan badannya sendiri. Pada saat yang sama, Maria Magdalena menemaninya dan menghibur serta berbagi perasaan dan kesedihan mereka. Pada saat itu, seorang wanita yang sudah disembuhkan dari penyakit pendarahannya dengan berani mendekati Yesus dan menyeka keringat-Nya.

Seorang serdadu Romawi berusaha mendorong dia, tetapi dia dengan cepat menerobos di antara orang banyak dan menyeka peluh Yesus. Sebuah cambuk entah dari mana mengenai dirinya dengan keras. Dia jatuh tersungkur di tanah. Para serdadu memakai tombak dan perisai untuk mengusir orang-orang agar menjauh.

Wanita itu bisa saja ditangkap dan dibunuh oleh tentara Romawi. Tetapi mereka tidak takut dan mereka tetap mengikuti Yesus sepanjang jalan hingga ke tempat penyaliban.

Wanita-wanita ini jugalah orang pertama yang pergi ke makam Yesus. Bukit Golgota terletak 800 meter di atas permukaan laut. Pada waktu itu, belum ada jalan aspal seperti sekarang, tetapi penuh batu-batu.

Tepat pada subuh setelah hari Sabat pertama, Maria Magdalena dan Perawan Maria berjalan ke atas bukit Golgota. Kaki mereka luka dan baju mereka koyak karena batu-batuan yang tajam, tetapi mereka tidak mempedulikannya. Kasih mereka yang sempurna melenyapkan ketakutan (1 Yohanes 4:18).

Api Roh Kudus di Jerman

Tangan Allah yang membimbing untuk menyelenggarakan misi dunia membawa kami ke Jerman. Ada suatu rencana dan penyertaan Allah untuk membangkitkan Jerman dan Eropa karena kebangunan rohani di sana telah mati.

Jerman adalah tempat dimulainya Reformasi Gereja, akan tetapi banyak gereja yang kosong, dan sama dengan di negara-negara Eropa lainnya, sangat sulit mengajak orang muda ke gereja. Hal ini terjadi karena berkembangnya filosofi dan teologi liberal, yang mengajarkan orang bahwa mereka boleh melakukan kompromi dengan dunia dan tidak menjalankan hidup berdasarkan Alkitab.

Secara roh, banyak gereja di Eropa sekarang yang tidak berbeda dari gereja di Sardis yang mendapat hardikan dari Tuhan, " ... *engkau dikatakan hidup, padahal engkau mati!*" (Wahyu 3:1).

Mereka yang mengerti firman Allah hanya sebagai

pengetahuan belaka tidak melakukannya sesuai dengan kepercayaan mereka. Artinya mereka memiliki iman yang mati dan mereka tidak memperoleh keselamatan. (Yakobus 2:26). Di Jerman, sudah lama sekali kaum muda meninggalkan gereja. Banyak orang sudah kehilangan iman sejati mereka. Jika mereka mendengar bahwa mukjizat di Alkitab tetap terjadi hingga sekarang, mereka meragukannya dan menunjukkan wajah aneh. Untuk membangunkan Jerman dari tidur dan kemalasan rohani mereka, pada tahun 2004 mulai tanggal 1 sampai 3 Oktober, kami mengadakan KKR di Arena Oberhausen, dekat Dusseldorf.

Pdt. Alexander Yepp dan para pendeta lain yang mempersiapkan segala sesuatunya untuk KKR ini mengatakan tidaklah mudah mengumpulkan dua atau tiga ribu orang walaupun untuk seorang pembicara kebangunan rohani yang terkenal sekalipun. Mereka mengatakan bahwa acara ini dapat dikatakan sukses besar bila ada seribu orang yang hadir. Karena itu, mereka ingin menyewa tempat yang dapat menampung sekitar 1.500 orang saja.

Kami berusaha meyakinkan mereka bahwa kami berjalan dalam iman, dan akhirnya kami memakai Arena Oberhausen yang memuat 12.ribu tempat duduk. Dalam persekutuan doa yang diadakan setiap malam, ribuan anggota jemaat gereja kami berdoa untuk KKR di Jerman.

Mungkin Allah tersentuh hati-Nya karena doa, puasa, dan persembahan misionari dari anggota jemaat gereja kami untuk kebangkitan gereja-gereja di Eropa, dan Allah memperlihatkan suatu ledakan karya dan pekerjaan Roh Kudus.

Tidak seperti perkiraan para pendeta setempat, sejak hari pertama arena tersebut penuh, mereka yang hadir mendengarkan khotbah dan firman yang disampaikan dengan penuh perhatian. Setelah mendengarkan khotbah tersebut, iman mereka mulai tumbuh, dan sewaktu aku berdoa untuk mereka yang sakit, mereka mengalami suatu pekerjaan penyembuhan yang dahsyat di seluruh arena tersebut.

Sejak hari pertama, banyak orang yang datang dengan kursi roda bisa berdiri dan berjalan, dan yang tuli dipulihkan pendengarannya. Banyak juga yang disembuhkan penglihatannya lalu membuang kacamata mereka. Banyak juga yang disembuhkan dari penyakit yang sulit disembuhkan kemudian mereka memberikan kesaksian di panggung. Para dokter dan ahli medis membuat dokumentasi dan melalukan verifikasi secara medis kepada mereka yang mengalami kesembuhan di lokasi tersebut.

Dr. Geoffrey mempunyai keahlian dalam bidang Pengobatan Olah Raga. Setelah dia menderita radang otak (*encephalomeningitis*), dia mengalami diabetes. Bersamaan dengan serangan jantung, tekanan darahnya naik hingga 180. Diagnosis menunjukkan bahwa dia tidak mungkin hidup panjang.

Tetapi dia datang pada KKR di hari pertama. Dan pada hari ketiga, dia menerima api Roh Kudus melalui doa untuk orang sakit. Dia sembuh dari gagal jantung. Tekanan darahnya juga menjadi normal, dan penyakit lainnya pun mulai membaik. Dr. Geoffrey mengirimkan surat ucapan terima kasih kepada kami karena penyakitnya yang secara medis sulit disembuhkan ternyata dapat sembuh, dia juga mengirimkan dokumen medis yang mendukung pernyataan bahwa dia telah sembuh.

Banyak juga yang datang ke KKR setelah melihat poster dan

Festival Mukjizat Penyembuhan di Jerman di Arena Oberhausen

Mereka yang memberikan kesaksian akan kesembuhan yang mereka alami melalui doa

papan reklame di jalan. Ada juga yang hadir di KKR setelah melihat berita di TV. Mereka mengalami karya penyembuhan. KKR kali ini disiarkan langsung ke 75 negara melalui empat satelit, dan kami juga menerima banyak kesaksian yang menyatakan bahwa mereka mengalami kesembuhan saat mereka melihat acara KKR di televisi.

Para pendeta setempat sangat terkejut menyaksikan bahwa anggota jemaat gereja mereka dan keluarganya mengalami kesembuhan. Setelah mereka melihat dahsyatnya pekerjaan Roh Kudus, mereka mengakui bahwa mereka sekarang sungguh percaya bahwa Allah yang hidup masih terus berkarya seperti pada zaman Yesus hingga sekarang; mereka juga mendapat banyak pengetahuan dan bertambah yakin dalam pelayanan mereka.

Di Peru, Tempat Bekas Kerajaan Inca

Kerajaan Inca yang pernah berkembang dengan luar biasa dan menjadi pusat peradaban kuno yang sangat indah masih sangat kuat pengaruhnya di Peru. Machupiccu adalah salah satu peninggalan Inca, terletak di Lembah Urubamba, 2.280 meter di atas permukaan laut.

Tempat ini dikelilingi oleh puncak gunung yang menjulang tinggi, dan tidak terlihat dari bawah gunung. Karena itu tempat ini disebut sebagai 'kota di udara.'

Terdapat kuil-kuil, kompleks perumahan dan istana yang dibangun oleh bangsa Inca dalam abad kelima belas. Ada kumpulan batu karang yang sudah dipotong dengan halus dan indah, dengan tinggi lebih dari 6 meter dan tebal 1,5 meter.

Sepotong batu karang bisa mencapai berat beberapa ton. Sekarang semua ini merupakan salah satu keajaiban dunia bagaimana mereka dapat membawanya ke puncak gunung, atau bagaimana mereka memotong batu-batu karang tersebut seperti halnya kita memotong tahu dan memasang potongan-potongan tersebut sedemikian tepatnya tanpa ada celah sedikitpun. Machupicchu artinya 'sebuah puncak tua', dan menjadi terkenal di seluruh dunia di awal abad ke-20 setelah seorang ahli sejarah bangsa Amerika, Hiram Bingham, menemukannya pada tahun 1911. Dalam bulan Desember 2004, sewaktu aku tiba di Peru, aku dapat merasakan mengapa Allah memilih Peru sebagai tempat diadakannya KKR. Bangsa Peru mempunyai kebanggaan bahwa mereka adalah bangsa keturunan Inca, tetapi mereka juga mengalami banyak penderitaan sebagai koloni penjajahan untuk waktu yang lama. Mereka bangsa yang miskin namun tulus hatinya, dan aku dapat melihat bahwa mereka merindukan kuasa Allah lebih daripada bangsa manapun di dunia.

Bertemu dengan Presiden Toledo

Tepat tanggal 1 Desember 2004, sebelum dimulainya KKR di Peru, aku diundang ke istana presiden oleh Presiden Toledo. Aku memperoleh kesan pertama bahwa dia adalah orang yang sangat peduli dan juga penuh penderitaan, mungkin akibat tekanan segala macam urusan kenegaraan.

Kami membahas mengenai banyak hal, dan dia berkata, "Dalam menjalankan hidup sehari-hari, tidaklah mudah untuk memenuhi kebutuhan rohani. Saya sangat menghormati mereka yang menjalankan kehidupan rohani dan memberikan bimbingan rohani kepada yang lain."

Dia juga meminta agar aku mendoakan dia, "Tolong doakan agar saya juga bisa menerima kebijaksanaan dan kekuatan surgawi untuk memerintah dan mengembangkan negara ini

Bertemu dengan Presiden Toledo dari Peru di Istana Kepresidenan

dengan baik, dan juga untuk persatuan bangsa Peru." Aku berdoa untuk banyak hal termasuk juga untuk perkembangan ekonomi dan untuk kestabilan politik di Peru.

Dia mengucapkan terima kasih kepadaku walaupun kunjungan ini hanya singkat saja. Mungkin karena dia merasakan pikirannya menjadi tenang dan damai setelah didoakan. Pada saat kami meninggalkan negara tersebut setelah KKR selesai, dia mengirimkan ucapan terima kasihnya melalui ketua partai terbesar yang ada di sana.

Kumpulan Orang Banyak

Dari tanggal 2 hingga 4 Desember, kami mengadakan KKR

di 'Campo de Marte' di Lima. KKR ini terlaksana karena dukungan dari para politikus, pebisnis, dan pers. Selama tiga hari, ada lebih dari 500 ribu orang berkumpul setiap hari. Kuasa dan karya Roh Kudus bekerja dan menyembuhkan bukan hanya mereka yang hadir. Sebagian orang yang menyaksikan KKR melalui TV juga mengalami kesembuhan dan datang ke lokasi KKR. Mereka yang sebelumnya tidak bisa berjalan meninggalkan kursi roda mereka, ada yang membuang tongkat mereka; mereka semua bisa berjalan. Ada yang disembuhkan dari kanker, yang lain mengalami penglihatan mereka dipulihkan. Panggung dipenuhi oleh orang-orang yang ingin memberikan kesaksian akan kesembuhan yang mereka alami. Bukan hanya mereka yang mengalami mukjizat, tetapi keluarga dan tetangga mereka semua ikut bersukacita sambil berlinang airmata.

KKR ini disiarkan langsung ke seluruh Peru melalui tiga saluran, dan ke seluruh dunia melalui dua puluh stasiun pemancar, berbagai jaringan kabel, dan internet.

Para pemimpin politik negara, bisnis, pers dan agama duduk di panggung. Juga terlihat wakil presiden sebelumnya Maximo San Roman, dan Nn. Rosa Graciela Yanarico, ketua dari partai mayoritas. Banyak anggota parlemen, pendeta dan anggota pers dari seluruh dunia juga hadir dalam acara tersebut.

Di salah satu sudut lokasi KKR disediakan sebuah meja untuk menerima 'pencatatan kesaksian.' Ada lebih dari dua puluh dokter dan perawat medis setempat mendokumentasikan dan mencatat kasus-kasus penyembuhan, dan mencatat semua kesaksian yang diberikan. Victor Callo Yerena (Dosen dari Sekolah Kedokteran Hernando) mengatakan, "Sebelum ini saya tidak pernah percaya kepada Allah. Tetapi melalui KKR ini, saya

mengenal dan mengakui mukjizat Allah karena saya melihat
kasus-kasus penyembuhan yang terjadi di sini."

Kisah tentang Seorang Pebisnis, Tn. Arce

Seorang pebisnis bernama Tn. Vicente Diaz Arce adalah
seorang yang aktif hadir dalam KKR ini. Dia seorang pebisnis
yang berpengaruh dan dikenal karena pekerjaan sosialnya.
Dia mendengar suara Roh Kudus yang meminta dia untuk
membantu staf kami yang sedang mempersiapkan KKR di Peru,
maka dia menemui staf kami. Dia mengenalkan kami kepada
ketua partai mayoritas dan juga membantu kami mengadakan
KKR yang sukses.

Akan tetapi dia masuk dalam daftar orang yang dicari karena
tersangkut masalah hukum. Dia dituduh oleh mantan mitra
bisnisnya, dan seorang hakim menghukum dia. Dia harus
dipenjara selama tiga tahun jika tertangkap, karena itu dia tinggal
di rumah untuk menghindari polisi. Suatu kali dia bertemu
dengan staf kami di muka rumahnya, namun tidak diketahui
oleh polisi.

Pada tanggal 30 November, hari kedatanganku di Peru,
dia datang ke hotel untuk menemuiku. Aku mendoakan dia
dan segala permasalahannya. Pada saat itu dia memutuskan
untuk hadir selama tiga hari dalam KKR tersebut. Inilah suatu
keputusan untuk hanya mengandalkan Allah.

Keesokan harinya Allah sibuk bekerja. Tidak seperti di
negara lain, di Peru mereka mengadakan pertemuan para hakim
dan mereka dapat melakukan investigasi ulang atas sebuah

KKR Gabungan Peru

kasus. Selain itu, para hakim lain dapat melakukan perbaikan dan perubahan. Begitulah yang terjadi bahwa seorang hakim lain menelaah kembali dokumen mengenai Tn. Arce. Hakim ini menyimpulkan bahwa Tn. Arce tidak bersalah dan mengirimkan pemberitahuan mengenai hal ini.

Pada tanggal 2 Desember, sewaktu dia menerima surat pemberitahuan dari hakim, Tn. Arce sangat terharu karena merasakan kuasa doa yang amat dalam. Karena permasalahannya telah selesai, dia bebas untuk menghadiri KKR ini. Dia membantu kami mengurus semua hal yang berhubungan dengan urusan administratif dan hal lain juga sehingga kami dapat mengadakan KKR dengan sukses.

Sangat banyak orang yang memberikan kesaksian akan kesembuhan yang mereka alami

Setelah KKR berakhir, banyak dari mereka yang memperoleh kesembuhan mengirimkan kesaksian mereka kepada kami. Karena banyak orang yang mengalami mukjizat, aku mendengar bahwa banyak gereja mengalami kebangkitan.

Lebih dari 500 ribu orang hadir pada KKR tersebut selama tiga hari dan KKR berakhir dengan penuh keberhasilan. Keberhasilan KKR ini berdampak pada diplomasi non-pemerintahan, para politikus, pebisnis, dan anggota pers melanjutkan dengan berkunjung ke Korea.

Pada tanggal 15 Mei 2005, Wakil Presiden David Waisman dan Wakil Presiden sebelumnya Maximo San Roman hadir pada kebaktian Minggu di gereja kami di Seoul. Pada saat itu, Wakil Presiden Waisman sedang berusaha memperbaiki pengaruh Peru dengan membantu Presiden Toledo, dan Wakil Presiden sebelumnya Maximo San Roman telah banyak melakukan pekerjaan sosial demi kebaikan masyarakat.

Tahun berikutnya, Wakil Presiden David Waisman dan istri, bersama dengan Tn. Vicente Arce dan Ketua Partai Mayoritas Peru mengunjungi gereja kami. Mereka merasa tersentuh dengan pelayanan Manmin dan mereka ingin sekali membantu dengan baik. Setelah KKR ini, pendeta Lazarus Jaeho Lee diutus sebagai seorang misionaris ke Amerika Latin. Di Lima kami membangun sebuah gereja, dan Lazarus Jaeho Lee akan bekerja di sana sebagai seorang misionaris yang melakukan pelayanan karya misionarisnya melalui siaran televisi dan KKR sapu tangan.

Terpilih sebagai Salah Satu dari Tujuh Keajaiban Dunia

Sebagai Presiden dari Seminari Internasional Manmin (*Manmin International Seminary*), Dr. Esther Kooyoung Chung banyak menyemangati para pendeta di seluruh dunia. Selain itu, dia juga menjadi Direktur Biro Penerjemahan yang bertanggung jawab untuk mengelola dan mengawasi pekerjaan penerjemahan gereja kami. Sebelumnya dia adalah presiden dari Seoul Women's University dan dia adalah presiden termuda dari sebuah universitas di Korea. Dalam bulan Mei 2007, dia melakukan perjalan misi ke Amerika Latin untuk mengadakan Konferensi Para Pendeta di banyak negara. Dan juga di Cusco, Peru.

Akan tetapi, pendeta setempat menerima rumor buruk dari beberapa misionaris Korea, sehingga konferensi ini hampir dibatalkan. Allah memperlihatkan karyanya dengan amat

Presiden dari Universitas Nasional San Antonio di Cuzco memberikan gelar profesor kehormatan kepada Dr. Esther Kooyoung Chung

menakjubkan kepada kami.

Presiden dari Universitas Nasional San Antonio Cusco (*San Antonio National University Cusco*) mendengar akan hal ini dan mengundang Dr. Chung untuk mengadakan konferensi di universitasnya. Sebelumnya dia juga pernah menghadiri KKR di Peru dan dia mengenal pelayanan dari Manmin.

Dr. Chung tiba di Cusco setelah menyelesaikan konferensi di Miami. Dia menyampaikan pengajarannya dengan tema, 'Hukum Rohani: Penciptaan dan Ilmu Pengetahuan (*Spiritual Laws: Creation and Science*)'. Konferensi pendeta ini diawali dengan sebuah konferensi pers dan berlangsung selama dua hari. Konferensi ini disiarkan secara langsung melalui CTC yang

Konferensi MIS untuk kebangkitan para pendeta di seluruh (di Honduras)

menyiarkan ke seluruh negara bagian Cusco. Konferensi ini menjadi sangat terkenal dan banyak orang meminta rekaman videonya.

Setelah konferensi berakhir, dengan persetujuan pemerintah Peru, presiden *San Antonio National University Cusco* menganugerahkan Dr. Chung gelar profesor kehormatan.

Pada saat yang bersamaan, kota Cusco sedang berusaha keras agar Machupicchu dapat terpilih sebagai salah satu dari Tujuh Keajaiban Dunia yang baru. Hasil pemilihan ini akan ditentukan berdasarkan perhitungan yang masuk, baik melalui internet dan pemberian suara melalui telepon. Ada satu kelemahan di Peru yaitu tidak banyak penduduk mereka yang mempunyai sambungan internet. Pada waktu Dr. Chung berada di sana,

Walikota Cusco meminta agar gereja kami mendoakan masalah ini.

Pada hari kedua, konferensi diadakan di aula pertemuan kota Cusco, dan sungguh suatu kebetulan karena pada saat bersamaan di gereja utama di Korea diadakan kebaktian Jumat semalaman. Karena mereka minta untuk didoakan, dalam kebaktian itu aku berdoa untuk Machupiccu agar dapat terpilih sebagai salah satu Tujuh Keajaiban Dunia yang baru. Pada saat itu juga, penguasa kota Cusco didoakan melalui siaran langsung Internet.

Pada tanggal 7 Juli 2007, hasil pemungutan suara diumumkan. Maccupicchu terpilih sebagai salah satu Tujuh Keajaiban Dunia yang baru, dan menjadi daya tarik dunia untuk memperhatikan Peru.

"Dengan dukungan dan doa dari para anggota jemaat Gereja Manmin Pusat, Machupiccu berhasil terpilih sebagai salah satu dari Tujuh Keajaiban Dunia yang baru. Kami mengucapkan banyak terima kasih."

Walikota Cusco, Marina Zequeiros mengirimkan pesan berisikan salam, dan sebuah plakat tanda penghargaan pada gereja kami.

Perjuangan Berat Melawan Kemiskinan dan Penyakit di Republik Demokrasi Kongo

Republik Demokrasi Kongo adalah negara ketiga terbesar di Afrika. Walaupun mempunyai banyak sumber daya alam, negara ini menjadi miskin akibat perang saudara dan penyakit -penyakit endemis. Mereka sangat membutuhkan firman kehidupan dan kuasa Allah. Selama beberapa tahun kami menerima permintaan dari para pendeta untuk mengadakan KKR di negara ini.

Berita tentang kuasa Allah disebarkan melalui stasiun penyiaran, internet, dan melalui publikasi. Kami menerima banyak permintaan untuk mengadakan KKR, tetapi aku tidak pernah memutuskan sendiri di tempat mana aku akan mengadakan KKR. Aku hanya pergi ke negara-negara yang Allah telah tetapkan untuk aku kunjungi. Pada waktu aku mendoakan Republik Demokrasi Kongo, Allah memberikan aku jawaban bahwa aku harus mengadakan KKR pada tahun 2006, dan KKR itu akan menjadi KKR yang terakhir di Afrika.

Walaupun Setan Mengganggu

Menjelang semakin dekatnya waktu diadakannya KKR, publikasinya disiarkan setiap hari melalui televisi nasional. Iblis takut akan apa yang akan terjadi melalui KKR di Republik Demokrasi Kongo, dan berusaha mengganggu kami. Gereja-gereja di Republik Demokrasi Kongo terbagi menjadi dua kelompok.

Gereja-gereja injili bekerja sama dengan kami melakukan persiapan untuk pelaksanaan KKR, tetapi mereka tidak mempunyai hubungan baik dengan kelompok gereja yang lain. Sekali lagi terjadi, ada beberapa pendeta yang terpengaruh oleh misionaris Korea yang menyebarkan berita bohong sehingga mereka tidak mau bekerja sama.

Selain itu, di antara para pembantu Presiden Republik Demokrasi Kongo ada beberapa orang dukun yang tidak setuju diadakannya KKR Kristen. Ada hal-hal aneh yang dilaporkan kepada Presiden disertai dengan dokumen palsu yang dikirim dari Korea.

"Pdt. Jaerock Lee akan datang ke sini untuk memperbesar pengaruhnya."

"Dia membawa pengaruh tidak baik bagi presiden. Anda harus berusaha untuk menghentikannya."

Pemilihan umum dan pemilihan presiden di negara ini dijadwalkan pada bulan April dan Juni. Banyak orang memberikan laporan negatif kepada presiden, sehingga layaklah jika presiden berpikiran negatif kepada kami.

Mengikuti Kebaikan

Sehari sebelum aku berangkat dari Korea, kami menerima sebuah permintaan dari Menteri Olah Raga agar pada hari terakhir kami memindahkan lokasi KKR kami ke tempat lain. Karena mereka harus sudah mulai melakukan persiapan sejak hari Sabtu untuk sebuah pertandingan sepak bola yang penting pada hari Minggu.

Sangat sulit bagi kami untuk memindahkan panggung pada hari terakhir tersebut. Kami harus memindahkan panggung yang besar, lampu penerangan dan layar video, perlengkapan musik dan suara, dan kemudian memasang kembali semua ini hanya dalam waktu satu hari.

Kami mempunyai kontrak untuk memakai *'Stade des*

KKR Gabungan Republik Demokrasi Kongo

Martyrs,' yang artinya 'Stadion Para Martir' selama tiga hari, tetapi firman Allah mengatakan bahwa kami harus melepaskan stadion itu bila ada yang memintanya. Tentu saja, tidak selalu benar untuk memberikan apa yang orang lain minta dari kita, tetapi jika kita memberikannya karena taat pada kebaikan, Allah pasti berkenan. Aku menasihati stafku agar menyetujui permintaan mereka yang ingin memakai stadion.

"Mengalahlah, berikan saja apapun yang mereka minta. Jika kami bersikeras untuk berpegang pada apa yang tertulis dalam kontrak, bisa dibayangkan betapa besar kesulitan yang akan dihadapi oleh orang yang bertanggung jawab atas keadaan tersebut karena dia melupakan suatu acara yang sangat besar dan menandatangani kontrak dengan kami? Pasti ada rencana dan penyertaan Allah yang membuat kami berganti lokasi pada hari terakhir."

Kami menyetujui permintaan mereka dan memutuskan untuk mengadakan KKR di tempat lain pada hari ketiga. Kami ingin memakai jalan dan lapangan terbuka di sekitar *'Boulevard Triomphal,'* atau *'Triumph Boulevard,'* tetapi tidaklah mudah untuk mendapatkan izin yang diperlukan.

Mereka sudah menutup jalan untuk sebuah acara nasional bagi Presiden. Khusus untuk hari ketiga KKR, ada sebuah acara politik nasional yang sangat penting. Hampir tidak mungkin untuk menutup jalan-jalan yang dekat dengan lokasi Parlemen.

Sebuah Pertemuan Penting Dengan Presiden

Pada tanggal 15 Februari 2006 setelah aku tiba di Republik Demokrasi Kongo, aku mengerti mengapa para politikus sangat memberi perhatian pada kunjunganku.

Bertemu dengan Presiden Joseph Kabila dari Republik Demokrasi Kongo

Pada hari terakhir KKR, pemerintah mengadakan sebuah upacara untuk mengganti undang-undang. Mereka mengubah organisasi pemerintahan bahkan juga bendera nasional. Saat-saat itu adalah saat yang peka sebelum pemilihan presiden. Sehingga mereka menjadi sangat peka apakah KKR kami akan berpengaruh kepada mereka.

Pada tanggal 16 Febuari, hari pertama KKR, aku diundang ke istana presiden oleh Presiden Joseph Kabila. Ada yang berusaha menghalangi kami untuk bertemu dengan Presiden, akan tetapi karena Allah menggerakkan hati Presiden, secara ajaib pertemuan itu dapat terlaksana. Dalam suasana percakapan yang paling menyenangkan Presiden Kabila mengetahui bahwa isi laporan yang selama ini diterimanya sangat berbeda dengan fakta yang dihadapinya.

Dia mengerti bahwa aku datang tanpa ada tujuan politis, tetapi hanya untuk perdamaian dan penyembuhan di Republik Demokrasi Kongo. Sikapnya berubah menjadi ramah.

"Mohon bantuan doa untuk terlaksananya pemilihan umum dengan damai. Apakah ada masalah dengan KKR ini? Saya akan membantu Anda," kata Presiden tersebut.

"Pada hari ketiga KKR, kami harus pindah lokasi dan kami mengalami kesulitan mendapatkan tempat yang tepat," jawab Pendeta Kienza, ketua dari panitia penyelenggara KKR.

"Mengapa Anda tidak mencoba melihat gedung olah raga yang lain?"

"Gedung olah raga yang dimaksud sedang dalam perbaikan. Izinkan kami menutup jalan-jalan di sekitar Parlemen."

Presiden mengabulkan permohonan kami. Setelah kami meninggalkan istana kepresidenan, beliau menandatangani dokumen yang mengizinkan kami untuk menutup jalan yang dimaksud. Semua ini dimungkinkan hanya dengan autoritas Presiden.

Pada hari pertama dan kedua sekitar seratus ribu orang berkumpul di stadion. Karena Presiden sedang sibuk beliau tidak dapat hadir, tetapi dia mengutus saudara kembarnya Dr. Janet Kabila yang bertindak sebagai Ibu Negara. Wakil Presiden, Mr. Bemba dan istrinya juga hadir. Banyak orang dari negara-negara lain juga ikut hadir.

Mr. Werasson, seorang penyanyi terkenal dan populer di Afrika hadir di KKR ini dan menyanyi untuk memuliakan Allah. Setelah KKR, dia datang dengan keluarganya minta untuk didoakan. Dia mempunyai dua anak perempuan, tetapi sudah tujuh tahun lamanya dia belum mempunyai anak laki-laki. Atas permintaannya, aku mendoakan agar beliau mendapatkan seorang anak laki-laki.

KKR ini disiarkan langsung melalui TV Nasional Kongo dan saluran-saluran sekuler lainnya, dan juga ke lebih dari 150 negara melalui sepuluh satelit lebih. Allah menyembuhkan orang-orang yang menderita karena kemiskinan dan penyakit dengan curahan kuasa-Nya. Banyak orang bersaksi bahwa mereka disembuhkan dari penyakit AIDS yang tidak dapat disembuhkan. Banyak sekali orang yang maju ke panggung untuk memberikan kesaksian sehingga kami kuatir panggung akan roboh.

Kumpulan Orang Banyak yang Tak Habis-habisnya

Pada hari ketiga, begitu banyak orang yang berkumpul sehingga sulit untuk melihat baris akhir dari kumpulan orang banyak tersebut. Diperkirakan ada sekitar 500 ribu orang. Seandainya kami tidak berpindah lokasi, kami tidak akan mungkin bisa menampung semua orang di dalam stadion.

Mungkin bisa terjadi kecelakaan karena banyaknya orang yang berkumpul di stadion, tetapi Allah sudah mengetahuinya, karena itu Allah membimbing kami untuk pindah ke tempat yang lebih besar.

Mereka yang buta dan bisu, dan mereka yang membutuhkan tongkat penopang dan kursi roda, dan mereka yang menderita bermacam penyakit seperti kanker dan AIDS disembuhkan dengan cepat. Allah menyembuhkan mereka dengan karya api Roh Kudus di dalam nama Yesus Kristus.

Ada seorang pria tua bernama Masudi Lisongi Bosongo,

seorang nelayan. Dia berusia 64 tahun, dan mencukupi kebutuhan sehari-harinya dengan menangkap ikan. Dia memakai kacamata karena tidak dapat melihat dengan baik akibat katarak. Satu-satunya kesukaan dia adalah mendengarkan radio. Dia mendengar berita tentang KKR ini dari radio, tetapi tidak mempunyai cukup uang untuk biaya transportasi.

Seperti janda miskin yang memberikan dua keping uangnya, hanya itulah yang dimilikinya, dia kemudian menjual radionya, satu-satunya barang yang dimilikinya seharga 9 dolar dan dia hadir di KKR. Allah berkenan akan tindakan imannya, dan dengan sukacita Allah menyembuhkan dia.

Dia bersaksi bahwa dia merasakan ada api di bagian belakang kepala dan turun ke matanya. Penglihatannya dipulihkan sehingga dia tidak perlu memakai kacamata lagi.

Siaran ke Afrika dan ke Seluruh Dunia Melalui Satelit

Kami mengutus Pendeta Peter Kim untuk menjadi misionaris di Republik Demokrasi Kongo. Dalam waktu kurang dari satu tahun sejak awal dibukanya, ada lebih dari seribu orang anggota hadir pada kebaktian Minggu.

Uskup Paul Musafiri, yang sebelumnya adalah seorang menteri, juga merasa sangat tersentuh dan terkesan dengan KKR ini lalu mengunjungi gereja kami. Dia sekarang membantu kami dan dengan aktif bekerja di Republik Demokrasi Kongo. Izinkan saya memperlihatkan suratnya.

"Dengan tulus hati saya menyampaikan salam dari RD Kongo. Bersama-sama kita semua percaya kepada Allah yang menyertai Pdt. Dr. Jaerock Lee dan saya mengakui bahwa pekerjaan Allah yang menakjubkan terjadi di sini karena Anda telah mendoakan negara ini.

Pada bulan Januari 2008, kesepakatan perdamaian ditandatangani di bagian timur negara ini setelah beberapa kali terjadi peperangan. Saya diutus ke Goma, di bagian timur dari negara ini dan tinggal di sana selama satu bulan untuk perjanjian damai ini. Saya juga hadir dalam konferensi yang diadakan oleh Pdt. Myong-ho Cheong, Pimpinan Pendeta untuk benua Afrika dan saya merasa sangat tersentuh dengan pesan dan pengajaran yang disampaikan.

Walaupun kesepakatan perdamaian sudah ditandatangani, mereka yang menentang tetap berusaha untuk mengacaukan negera ini dengan rumor-rumor buruk dari timur hingga ke barat RD Kongo, akan tetapi saya percaya bahwa doa-doa Anda tetap menyertai RD Kongo.

Saya menulis kepada Anda secara khusus meminta dukungan doa lebih banyak lagi untuk kami. Saya minta Anda untuk bersedia berdoa dengan penuh kasih untuk Presiden Joseph Kabila, para politikus, dan seluruh pekerja pendamping Presiden. Rekan sekerja saya Pendeta Peter Kim juga bekerja dengan sangat baik. Kami mengadakan persekutuan dan keakraban yang jauh lebih hangat daripada kekerabatan saudara sekandung, atau anggota keluarga dan kami saling berbagi mengenai impian dan misi Manmin.

Dia mengalami banyak kesulitan dari para petugas kepolisian karena dia seorang misionaris asing, akan tetapi dia selalu dapat mengatasi keadaan di dalam nama Tuhan. Dia memperoleh suatu tempat yang baik untuk membangun gereja, dan ada banyak kesaksian dari anggota jemaat gereja di sana. Mohon sampaikan salam saya kepada semua anggota gereja Manmin."

- Uskup Paul Musafiri, hamba yang taat kepada Allah Putra, Yesus Kristus.

Munculnya Sebuah Salib Pada Saat Siaran Publik Pertama

Pada waktu aku mendirikan gereja ini, Allah memberikan aku sebuah visi dari Yesaya 60:1, *"Bangkitlah, menjadi teranglah, sebab terangmu datang, dan kemuliaan TUHAN terbit atasmu."* Sejak saat itu, api karya Roh Kudus mulai turun dan terbit atas dunia ini.

Allah mengizinkan kami mendirikan TV *Global Christian Network* (GCN) sesuai rencana-Nya untuk memancarkan sinar terang keselamatan ke seluruh umat manusia di dunia. Siaran mengenai Kekudusan Injil dimulai di kota New York di Amerika Serikat. Melalui CGN, banyak stasiun siaran di seluruh dunia melakukan pelayanan mereka sesuai visi yang Allah berikan.

Dimulainya Siaran CGN dari Kota New York

Dalam bulan Mei 2004, stasiun siaran Kristen dari delapan

Salib yang terlihat di atas Empire State Building

negara termasuk Amerika Serikat, Inggris, Rusia dan Australia berkumpul bersama dan mendirikan GCN. Kami tidak mempunyai ahli dalam bidang penyiaran, tidak ada ahli teknik, dan ahli keuangan.

Kami hanya mampu melakukan investasi iman melalui doa-doa kami. Setelah serangkaian persiapan bersama, akhirnya, kami mulai melakukan uji coba siaran perdana pada tanggal 1 September 2005, pada saluran 17 di Kota New York.

Ruang siaran GCN terletak di Empire State Building, di pusat Kota New York. Untuk merayakan siaran perdana GCN, ada lebih dari dua puluh stasiun penyiaran dari seluruh dunia datang berkumpul di sana.

Mereka naik menuju ruang observasi di Empire State

Building dan sejenak menikmati pemandangan keindahan kota di malam hari. Pada saat itu, seseorang melihat bahwa dengan tiba-tiba sebuah bentuk salib muncul di langit dan bersinar dengan sangat terang.

Mereka yang hadir merasa yakin bahwa Allah sungguh berkenan dengan TV GCN dan Allah memberikan tanda kepada mereka. Mr. Dan Wooding yang juga berada di sana meyaksikan apa yang terjadi menulis sebuah artikel tentang apa yang dilihatnya disertai sebuah foto dan memasukkan artikel serta foto itu pada situs webnya.

GCN menyiarkan program-progam Kristen selama 24 jam sehari, bekerja sama dengan TV Manmin. Mereka berkembang dengan cepat menjadi sebuah stasiun penyiaran global dalam waktu yang sangat singkat. Fokus utama adalah untuk membangkitkan kehidupan penonton dengan membimbing mereka bertemu Allah dan memperoleh jalan keluar untuk setiap masalah yang mereka alami melalui berbagai macam program.

Penyembuhan Melalui GCN

Kami menerima banyak surat bukan saja dari Korea tetapi juga dari banyak negara lain yang mengatakan bahwa mereka mengalami kesembuhan dari penyakit yang mereka derita selama ini dan mereka sekarang menjalankan hidup baru setelah mereka mengikuti acara TV GCN. Pekerjaan Allah yang tidak dibatasi oleh ruang dan waktu ditampilkan melalui program siaran. Pekerjaan Allah membawa begitu banyak orang di seluruh dunia pada jalan keselamatan.

Elizabeth Goodall adalah seorang penonton GCN di Kota

Upacara Penandatanganan GCN

Kebaktian Peluncuran GCN

New York. Dia mengatakan bahwa dia percaya Allah memakai Pdt. Jaerock Lee untuk menyembuhkan mereka yang sakit, membawa mereka pada pertobatan, dan membimbing mereka pada kerajaan surga. Dia melihat siaran GCN TV di Kota New York. Dia menceritakan sebuah kesaksiannya. Inilah sebagian dari kesaksiannya:

"Saya Elizabeth Goodall. Sejak tahun 2005, kaki dan perut saya bengkak, dan saya juga mengalami tumbuhnya benjolan di bawah lidah saya. Saya meletakkan saputangan yang Anda berikan pada wajah dan perut saya. Keesokan paginya, saya melihat bahwa benjolan di bawah lidah saya sudah lenyap. Saya juga memeriksa pembengkakan pada perut dan kaki saya, ternyata juga sudah tidak ada lagi. Saya bersyukur kepada Allah akan apa yang Allah lakukan pada saya. Saya juga mengucapkan terima kasih kepada Anda."

9 November 2007
Elizabeth Goodall

Berikut ini sebuah kesaksian dari Kanada.

"Saya sedang menyaksikan program Dr. Jaerock Lee di TV dan ingin mengetahui apakah dia ada rencana untuk berkunjung ke Kanada. Saya tinggal dekat Ottawa dan sedang mengunjungi suami saya yang tinggal di New York. Kemarin malam, saya menonton TV dan saat Dr. Lee mendoakan orang sakit, saya merasa disembuhkan. Anda tahu bahwa saya seorang perawat, tahun lalu saya mengalami cedera pada bahu sewaktu saya menolong para pasien. Saya terus merasakan sakit pada bahu saya tetapi setelah saya ikut di doakan kemarin malam, saya tidak lagi merasakan sakit di bahu saya itu. Sekarang saya dapat mengangkat lengan saya dan membungkukkan bahu saya. Terpujilah Allah! Seharusnya saya sudah berangkat ke Kanada pada pukul empat tadi pagi, tetapi saya tidak tahu mengapa saya masih berada di sini. Mungkin Allah sudah merencanakan bahwa saya harus berbicara dengan Anda hari ini."

29 November 2007
Marie Lenie Saint Loth

WCDN, Sebuah Jejaring Global Kumpulan Para Dokter

Sebuah organisasi didirikan dalam usaha untuk memberikan bantuan klarifikasi kasus-kasus pengalaman kesembuhan ilahi. Dalam bulan Mei 2004, Jejaring Para Dokter Kristen Dunia, WCDN didirikan. Mereka mengadakan konferensi yang pertama di Seoul, dan yang kedua di Chennai India dalam bulan Mei 2005. Ada lebih dari lima ratus ahli medis hadir dan banyak yang memberikan presentasi mengenai kesembuhan ilahi ditinjau dari sudut pandang medis.

Konferensi selanjutnya diadakan di Cebu, Filipina pada tahun 2006, di Miami, AS tahun 2007 dan di Trondheim, Norwegia tahun 2008, dihadiri para ahli medis profesional dan mereka memaparkan studi kasus mereka mengenai kesembuhan ilahi. Setelah konferensi Miami, ada sebuah artikel tentang konferensi tersebut ditampilkan pada salah satu harian Korea.

Konferensi Medis Kristen Internasional keempat (*4th International Christian Medical Conference*) diadakan di Hotel

Konferensi Internasional Dokter dan Ahli Medis Kristen ke-3 di Cebu, Filipina

Hyatt di Miami, Florida, AS dengan tema 'Kerohanian dan Obat' (*Spirituality and Medicine*) pada tanggal 13 dan 14 Juli 2007; dan konferensi ini dihadiri oleh lebih dari 150 dokter dari 40 negara. Pada hari pertama, 13 Juli, konferensi dimulai dengan salam pembukaan dari Dr. Jaerock Lee, Ketua WDCN, melalui siaran langsung. Dalam pesannya, Dr. Jaerock Lee menekankan kepada yang hadir agar mereka bukan hanya menyembuhkan penyakit jasmani, tetapi juga agar mereka membimbing orang supaya hidup seperti para murid Tuhan yang memberikan kehidupan rohani kepada orang-orang yang datang kepada mereka.

Dr. Alvin Hwang, Presiden WCDN dan Dr. Armandi

Konferensi Medis Kristen Internasional ke 4 di Miami, USA

Pineda, Direktur WCDN Amerika Serikat, menyambut para dokter, pendeta dan tamu-tamu kehormatan. Setelah itu, para dokter memaparkan karya penyembuhan ilahi disertai dukungan data medis termasuk kanker kulit ganas (*Malignant Melanoma*) oleh Dr. Mark Miller, *Spina Bfida* oleh Dr. Brian Sanghoon Yeo, *Spontaneous Pneumothorax* oleh Gilbert Yoonseok Chae, *Pneumonia* oleh Junseong Kim, dan dua kasus penyembuhan kanker payudara dipaparkan oleh Dr. Pancheta Wilson.

Hakim Robert E. Newsom dari Sulphur Springs di Texas bagian utara, oleh Rumah Sakit di Houston Texas didiagnosa mengalami kanker kulit (*melanoma cancer*). Dokter mengatakan bahwa angka kematian akibat kanker jenis ini sangat tinggi, akan tetapi alih-alih menjalankan terapi penyinaran, Hakim Newsom menyerahkan permasalahannya kepada Allah dan dia memilih untuk tidak melakukan terapi. Dengan sepenuh hati dia minta agar Allah menyembuhkannya, dan banyak jemaat dari Gereja *Southern* Baptist mendoakan bagi kesembuhannya. Dua bulan kemudian sewaktu dia melakukan pemeriksaan ulang, sebuah mukjizat terjadi. Penyakit kanker melanoma tersebut sudah sembuh total. Dr. William Mark Miller yang merawat Newsom berbicara kepada hadirin yang ada tentang kesembuhan yang terjadi didukung dengan data medis sebagai bukti.

Dr. Chauncey W. Crandall IV yang bekerja di Palm Beach *Cardiovascular Clinic* di Palm Beach Gardens, Florida, membuat sebuah presentasi yang dramatis pada hari Jumat, 13 Juli. Katanya, "Kami mempunyai seorang pasien, pria seusia lima puluh tiga tahun. Dia datang ke unit gawat darurat akibat serangan jantung yang serius. Kami melakukan operasi selama empat puluh menit di ruang gawat darurat dan kami menyatakan dia telah mati. Pada saat itu Roh Kudus meminta saya untuk 'berbalik dan berdoa untuk orang tersebut,' dan saya duduk di sebelah badan pria itu dan berdoa, 'Ya Bapa, ya Allah, aku berseru bagi jiwa orang ini seolah dia tidak mengenal Engkau sebagai Tuhan dan Juru Selamat, tolonglah bangkitkan dia dari kematian sekarang dalam nama Yesus.' Sungguh ajaib karena dalam beberapa menit kemudian, saat kami sedang melihat pada monitor tiba-tiba tampak ada sebuah denyutan jantung. Dan beberapa menit berikutnya, orang tersebut mulai bergerak dan kemudian jari-jarinya juga bergerak, lalu jari kakinya dan akhirnya dia mulai menggumamkan kata-kata." Dr. Crandall memaparkan kasus ini disertai dukungan data medis.

Dr. John Youl Chun, sebelumnya adalah dekan di Sekolah Kedokteran Universitas Kyunghee, melaporkan tentang kesaksian kesembuhan dari seorang Pendeta Taiwan, Chen Tsen Man yang telah disembuhkan pada kebaktian Jumat semalaman di Gereja Manmin Pusat. Dia menderita infantile paralysis sejak usia 2 tahun, dan sejak dia mengalami kecelakaan lalu lintas 14 tahun yang lalu, dia harus memakai tongkat untuk menopangnya, dan akhir-akhir ini dia memakai kursi roda karena sakit yang parah pada kakinya. Tetapi sewaktu dia berkunjung ke Gereja Manmin Pusat dia disembuhkan melalui doa oleh Pdt. Jaerock Lee dan dia dapat berjalan tanpa tongkat atau kursi roda.

Dalam dunia modern ini karena dosa dan perkembangan ilmu pengetahuan, banyak orang menjadi sulit untuk percaya kepada Allah, tetapi WCDN melalukan satu program pelayanan untuk meneliti dengan lebih seksama secara medis kasus-kasus kesembuhan ilahi untuk membuktikan bahwa Alkitab sungguh benar dan Allah adalah hidup.

Api Roh Kudus di Jantung Amerika Serikat

Setelah Allah mengizinkan kami memulai siaran GCN, Allah membimbing kami untuk mengadakan KKR di New York. Madison Square Garden adalah tempat berkumpulnya orang-orang dari seluruh dunia yang suka mengadakan pertunjukan. Dalam rencana dan penyertaan untuk membangkitkan Amerika Serikat, dan untuk memulai misi kami di Israel, kami mengadakan KKR New York di Madison Square Garden pada bulan Juli 2006. Karena semua jadwal sudah ditetapkan satu atau dua tahun sebelumnya, sangat sulit mendapatkan tempat untuk mengadakan pertunjukan dalam waktu singkat.

Hal paling penting dalam mengadakan KKR di New York adalah lokasi yang tepat. Sangat sulit mendapatkan tempat untuk KKR hanya beberapa bulan sebelum acara.

Saat kami sedang berusaha mencari tempat terbaik, ada sebuah kelompok yang membatalkan jadwal mereka menggunakan Madison Square Garden, lalu kami melakukan proses untuk memperoleh persetujuan, dan mendapatkannya. Semua ini sungguh-sungguh rahmat Allah.

Amerika Serikat dibangun atas dasar iman dan keyakinan Puritan. Mereka juga banyak mengirimkan misionaris ke seluruh dunia. Tetapi sekarang, pengaruh ajaran Darwin dan perkawinan kaum homoseksual yang disahkan, tampaknya mereka sedang menjauhkan diri dari Allah.

Mereka yang datang dan berkumpul di Madison Square Garden mendengarkan dengan penuh perhatian pengajaran dan pesan yang disampaikan selama tiga hari, dan mereka mengalami api karya Roh Kudus. Mereka yang selama ini menderita karena roh iblis mengalami pembebasan. Ada banyak orang yang disembuhkan dari penyakit-penyakit yang sulit disembuhkan, dan mereka yang disembuhkan memberikan kesaksian mereka.

Karya Penyembuhan di Madison Square Garden

Maria Andrea Morang disembuhkan dari penyakit AIDS. Berulang kali dia harus dirawat di rumah sakit karena demam tinggi, sakit kepala dan muntah-muntah. Dia mengalami kelumpuhan pada tubuhnya dan tidak bisa berjalan. Tangannya hampir tidak dapat digerakkan.

Satu bulan setelah berakhirnya KKR, kami mengunjunginya lagi, dan dia sudah bisa berjalan dengan bebas, dan dapat hidup normal.

Ada seorang lain lagi disembuhkan dari penyakit kanker tulang punggung. Dia mengalami retak tulang di enam bagian. Dia merasa seolah tulang-tulangnya remuk. Dia tidak sanggup

KKR di New York (di Madison Square Garden)

duduk dalam waktu lama dan tidak bisa membungkukkan badannya. Akan tetapi dia benar-benar disembuhkan pada saat KKR, semua gangguan syaraf yang dideritanya lenyap sehingga dia bisa berjalan kembali dengan bebas.

Dokter yang merawatnya mengatakan tidak terbayangkan bahwa dia akan bisa berjalan, tetapi kuasa Allah telah menyembuhkan dengan sempurna.

Mikhail sembuh dari penyakit *schizophrenia* yang sudah dideritanya selama 12 tahun. Dia dikuasai roh iblis dan selalu dalam keadaan depresi. Dia menderita *anthorophobia*, takut akan orang, sehingga tidak bisa pergi keluar rumah. Selain itu dia juga menderita sakit kepala sehingga tidak bisa menjalani kehidupan normal. Dia tidak dapat berbicara dengan baik akibat dari obat-obatan yang keras, tetapi tanpa obat, dia terkena serangan *stroke*. Pada saat KKR dia disembuhkan total, dan dia bersukacita dan mengatakan bahwa sekarang dia dapat meneruskan sekolahnya dan menjalani kehidupan baru.

Mereka yang mengalami ksembuhan diperiksa oleh para dokter dan ahli medis dari WCDN. Dr. Vitaliy Fishberg mengatakan, "KKR ini telah mengubah seluruh jalan hidup saya. Pesan dan pengajaran yang disampaikan selama tiga hari adalah kunci untuk menyelesaikan semua persoalan. Saya sudah pernah menghadiri KKR para tokoh kebangunan rohani terkenal, tetapi saya belum pernah melihat begitu banyak orang disembuhkan hanya dengan satu kali doa yang dilakukan dari mimbar."

Pada akhir hari ketiga, aku menerima Pernyataan dan Plakat Penghargaan dari Senat dan Perwakilan Rakyat Negara Bagian New York, (*New York State Senate and Assembly*), dan juga dari Kantor Wali Kota New York (*Council of the City of New York*). Aku hanya dapat mengucap syukur kepada Allah yang telah membimbingku untuk mewartakan Injil ke negara yang sudah terlebih dahulu mewartakan Injil kepada kita.

Ada beberapa pendeta yang berusaha untuk mengganggu KKR di negara ini. Mereka mengedarkan dokumen palsu di gereja-gereja, melibatkan beberapa orang pers dan berusaha untuk memboikot KKR di Madison Square Garden.

Ada seorang pendeta dari suatu gereja tertentu di Kota New York, dialah salah satu dari pendeta yang paling menentang diadakannya KKR ini. Tidak lama kemudian dia harus mengundurkan diri dari gerejanya karena kejadian yang memalukan, dan akhirnya dia tidak lagi diizinkan untuk mengadakan pelayanan di area tersebut. Aku merasa sedih mendengar berita demikian.

Jika seseorang melakukan sesuatu yang menentang karya Roh Kudus, dia akan menuai apa yang dia taburkan di bumi, tetapi penghakiman terakhir yang akan diterimanya pada kehidupan yang akan datang akan sangat menakutkan. Ada beberapa orang misionaris Korea yang selama ini berusaha untuk menghalangi dan mengacaukan pekerjaan dan karya gereja kami. Ketika kami mencoba untuk mengadakan KKR di banyak negara, mereka dengan aktif menyebarkan rumor negatif dan dokumen buatan mereka sendiri.

Akan tetapi karena kebenaran akan membuktikan dirinya sendiri, semakin mereka berusaha untuk mengacaukan kegiatan kami semakin tersebar luas berita mengenai akan diadakannya KKR. Pada akhirnya, usaha mereka justru memberikan hasil yang baik bagi kami. Kami perhatikan bahwa para pendeta yang bekerja sama dengan kami dalam berbagai KKR di seluruh dunia telah banyak menerima berkat melimpah. Gereja mereka mengalami kebangkitan dan mereka menjadi lebih tegar dan kuat. Kedudukan dan status mereka juga terangkat.

Awal Misi di Israel

Sejak tahun 2000, Allah meminta kami untuk mewartakan Injil melalui dua belas KKR besar. Untuk sementara, Allah mengakhirinya dengan KKR New York dalam bulan Juli 2006. Hingga sekarang masih banyak permintaan dari berbagai negara di seluruh dunia agar kami mengadakan KKR. Aku sangat menyesal karena saat ini aku tidak dapat memenuhi permintaan tersebut. Karena aku harus melakukan suatu misi di Israel.

"Dan Injil Kerajaan ini akan diberitakan di seluruh dunia menjadi kesaksian bagi semua bangsa, sesudah itu barulah tiba kesudahannya Jadi apabila kamu melihat Pembinasa keji berdiri di tempat kudus, menurut firman yang disampaikan oleh nabi Daniel – para pembaca hendaklah memperhatikannya – maka orang-orang yang di Yudea haruslah melarikan diri ke pegunungan." (Matius 24: 14-16).

Dr. Mikhail Morgulis (President of Spiritual Diplomacy Movement) sedang berbincang-bincang dengan seorang Rabbi di Tembok Ratapan

Setelah aku mendirikan sebuah gereja, Allah memberitahu bahwa saatnya sudah dekat untuk kedatangan Tuhan yang kedua kalinya, Bait Agung akan segera dibangun, dan pekerjaan misionari akan terus berlangsung hingga ke Korea Utara dan Israel. Allah juga memberitahu bahwa Korea Utara akan menjadi negara terbuka untuk sesaat. Sekarang, aku merasa bahwa hari yang dimaksud sudah semakin dekat.

Dalam bulan Juli 2007, kami memulai misi kami di Israel. Untuk dapat mewartakan Injil kepada orang Yahudi, kami memerlukan kuasa Allah. Sebenarnya Injil berasal dari Israel, akan tetapi mereka sendiri telah melupakannya. Allah berjanji kepada Abraham, Daud dan hamba Allah lainnya bahwa Allah tidak akan meninggalkan bangsa yang dikasihi-Nya, bangsa

Israel.

Janji Allah pasti akan digenapi, namun siapakah yang akan mewartakan Injil di Israel? Sambil mewartakan Injil, Yesus melakukan karya dan pekerjaan penuh kuasa yang tidak mungkin dilakukan oleh manusia, tetapi mereka tetap saja tidak percaya. Setiap orang bisa saja mewartakan Injil, akan tetapi tanpa menunjukkan adanya kuasa Allah, sangatlah sulit bagi mereka untuk menerima dan percaya pada Injil.

Inilah yang Allah katakan kepadaku: *"Bangkitkanlah mereka dengan kuasa yang ada padamu.. Wartakan Injil dalam nama Yesus Kristus, dan jika yang buta melihat, yang tuli mendengar, dan yang bisu berbicara, mereka yang murni hatinya akan percaya dan menerima pewartaanmu. Tetapi tidak semua orang akan melakukan demikian."*

Allah mengatakan orang Yahudi masih tetap menantikan kedatangan Mesias, mereka yang dengan sungguh mencari Allah, dan mereka yang dipersiapkan Allah, orang-orang inilah yang akan membuka hati mereka dan bertobat sewaktu mereka melihat kuasa Allah dinyatakan.

Alkitab mengajarkan kepada kita akan kedatangan Tuhan yang datang di udara dan bahwa kita akan diangkat dalam awan (1 Tesalonika 4: 16-17). Kita akan diangkat dalam awan untuk menyongsong kedatangan Tuhan di angkasa. Yang dimaksud 'awan' di sini bukanlah awan dan langit yang dapat kita lihat dengan mata jasmani kita, tetapi dunia rohani. Allah telah membagi alam roh menjadi beberapa tahapan.

Di antaranya, langit kedua dibagi menjadi area tempat Taman Eden, dan area gelap tempat tinggal roh-roh jahat. Dan di salah satu sudut Taman Eden telah dipersiapkan tempat untuk Tujuh

Tahun Perjamuan Kawin. Pada waktu Tuhan memanggil kita di akhir masa kehidupan manusia, kita akan diangkat bersama-sama.

Bagaikan sebuah magnet besar yang menarik partikel-partikel besi, mereka yang digolongkan sebagai 'gandum' akan diubahkan menjadi tubuh rohani dan bertemu Tuhan di angkasa. Sementara mereka menikmati Tujuh Tahun Jamuan Perkawinan, di bumi akan terjadi Tujuh Tahun Kesengsaraan.

Kesengsaraan Setelah Pengangkatan

Bangsa Israel adalah bangsa pilihan Allah, dan bangsa ini masih tetap dalam penyertaan Allah hingga akhir zaman nanti. Dalam Alkitab, jika dunia ini penuh dosa, Allah menjatuhkan hukuman; api di Sodom dan Gomora, banjir bah pada zaman Nabi Nuh.

Demikian juga halnya, ketika dunia sudah terlalu penuh dengan dosa sehingga tidak ada lagi pengampunan, maka penghakiman terakhir akan datang. Orang percaya yang baik akan diangkat ke udara, dan bumi akan mengalami Tujuh Tahun Kesengsaraan disertai perang dan bencana alam. Inilah awal dari Perang Dunia III dan 'akhir zaman' yang dikatakan dalam Alkitab.

Pada waktu murid-murid bertanya kepada Yesus mengenai kedatangan Tuhan kembali dan tanda-tanda akhir zaman, Yesus mengatakan, *"Kamu akan mendengar deru perang atau kabar-kabar tentang perang. Namun berawas-awaslah, jangan kamu gelisah; sebab semuanya itu harus terjadi, tetapi itu belum kesudahannya"* (Matius 24:6).

Artinya, 'perang' di sini tidak hanya terjadi pada suatu tempat tertentu. Namun akan mempengaruhi seluruh dunia. 'Deru perang' dan 'kabar-kabar tentang perang' maksudnya adalah Perang Dunia I dan II. Akan tetapi ini belum kesudahannya, karena masih akan ada Perang Dunia III.

Kitab Wahyu pasal enam menuliskan mengenai Tujuh Tahun Kesengsaraan yang akan terjadi setelah kita diangkat ke awan-awan pada waktu Tuhan datang kembali. Dunia ini akan masuk menuju Perang Dunia III dalam Tujuh Tahun Kesengsaraan tersebut.

"Dan aku melihat: sesungguhnya, ada seekor kuda putih dan orang yang menungganginya memegang sebuah panah dan kepadanya dikaruniakan sebuah mahkota. Lalu ia maju sebagai pemenang untuk merebut kemenangan" (Wahyu 6:2).

'Kuda putih' yang dimaksud di sini adalah bangsa Israel, dan 'dia yang menungganginya' adalah para pemimpin yang memiliki kontrol akan kehidupan mereka. Kata 'kuda' adalah lambang kekuasaan, harga diri dan juga peperangan. Bangsa Israel mengerti bahwa mereka adalah bangsa pilihan Allah.

Bahwa mereka adalah bangsa pilihan Allah membuat mereka menjadi sombong, dan terus menerus berperang dengan negara-negara tetangga mereka. Karena itulah di Timur Tengah selalu terjadi ketegangan. Sejak Israel merdeka, banyak negara Arab memerangi mereka, akan tetapi seperti sudah dikatakan 'ia maju sebagai pemenang untuk merebut kemenangan,' maka mereka tetap menang.

Tetapi mereka tidak menang mutlak. Artinya perang masih akan tetap berlangsung; dan akan terjadi Perang Dunia III. Seperti halnya dalam Perang Dunia I dan II, Perang Dunia III juga erat hubungannya dengan Israel.

Perang Dunia III

"Dan ketika Anak Domba itu membuka meterai yang
kedua, aku mendengar mahluk yang kedua berkata, 'Mari!'
Dan majulah seekor kuda lain, seekor kuda merah padam
dan orang yang menungganginya dikaruniakan kuasa untuk
mengambil damai sejahtera dari atas bumi, sehingga mereka
saling membunuh, dan kepadanya dikaruniakan sebilah
pedang yang besar." (Wahyu 6:3-4).

'Kuda merah' di sini dimaksudkan adalah Rusia dan diramalkan akan terjadi pertumpahan darah yang besar. Sejak kejatuhan Uni Sovyet pada tahun 1991, tampaknya mereka sudah kehilangan kekuasaan, akan tetapi sekali lagi Rusia bangkit sebagai salah satu negara terkuat di dunia ini. Di masa yang akan datang, Rusia akan bersekutu dengan Cina menjadi satu kekuatan besar.

Dengan semakin kuatnya Rusia, negara ini akan

menggunakan pengaruhnya pada negara-negara tetangganya, sehingga akan menjadi sumber konflik. Selama Tujuh Tahun Kesengsaraan, konflik ini akan pecah menjadi perang antar bangsa. Peperangan ini tidak akan mudah untuk diakhiri malah sebaliknya akan menjadi lebih besar, karena itulah dikatakan 'sebilah pedang besar telah dikaruniakan kepadanya.' Rusia akan berperang dengan negara tetangganya dan terjadi perang antar suku bangsa, dan juga akan melibatkan diri dalam Perang di Timur Tengah melawan Israel. Dan, seperti dinubuatkan dalam Kitab Yehezkiel pasal 38, semua ini akan berkembang menjadi Perang Dunia III.

Makna 'Minyak dan Anggur'

Dalam Kitab Wahyu 6:6 dikatakan, *"janganlah rusakkan minyak dan anggur itu."* 'Minyak' adalah lambang bangsa Israel dan 'anggur' adalah mereka yang percaya kepada Tuhan tetapi tidak menjalankan kehidupan Kristen yang benar, karena itu mereka akan tetap tinggal di bumi ini selama masa Tujuh Tahun Kesengsaraan.

'Minyak' adalah mereka di antara bangsa Israel yang nantinya masih bisa menerima keselamatan. Artinya akan ada orang Yahudi yang menyaksikan bagaimana semua akan terjadi setelah kedatangan Tuhan yang kedua kalinya, lalu menyadari bahwa Yesus adalah Mesias dan bertobat.

'Anggur' melambangkan jiwa-jiwa yang jatuh ke bumi bagaikan sari buah anggur yang menetes ke tanah setelah dipetik. Mereka rajin ke gereja dan percaya, tetapi mereka memiliki iman yang mati tanpa perbuatan. Mereka yang tidak diakui memiliki iman yang benar tidak akan diangkat pada saat Tuhan datang kembali.

Dan jika mereka tetap tinggal di bumi, pastilah mereka akan sangat terkejut! Ada dari antara mereka yang memperoleh 'sisa-sisa keselamatan' melalui hidup sebagai martir, dan tidak mendapatkan tanda 666 dari binatang itu. Allah akan membiarkan mereka sampai meterai ketiga dibuka (Wahyu 6:5), dan ketika saatnya tiba, Ia akan memberikan mereka kesempatan untuk menerima keselamatan melalui kemartiran. Karena itu dikatakan, 'janganlah rusakkan minyak dan anggur itu hingga waktunya tiba.' Akan tetapi tidak berarti bahwa setiap orang akan diselamatkan melalui kesengsaraan. Artinya bahwa kesusahan dan penderitaan akan berkurang sampai ada penganiayaan dan kemartiran sepenuhnya.

'Kuda Hijau Kuning': Uni Eropa

Wahyu 6:8 menuliskan tentang Uni Eropa yang akan memainkan peranan penting dalam terjadinya Perang Dunia III.

"Aku melihat, dan sesungguhnya ada seekor kuda hijau kuning; dan orang yang menungganginya bernama Maut, dan kerajaan maut mengikutinya. Dan kepadanya diberikan kuasa atas seperempat dari bumi untuk membunuh dengan pedang, dan dengan kelaparan dan sampar dan dengan binatang-binatang buas yang di bumi."

Yang dimaksud dengan 'kuda hijau kuning' adalah hal-hal yang akan dilakukan di Uni Eropa. 'Dan dia yang menungganginya bernama Maut, dan kerajaan maut mengikutinya.' Semua ini melambangkan Anti Kris, yang akan menguasai kegelapan. Dalam waktu yang akan datang, akan ada tiga kekuatan besar di dunia ini. Amerika Serikat, sebagai bangsa terkuat, sudah menciptakan perang dalam masyarakat dunia ini demi kepentingan negaranya. Untuk mengontrol Amerika Serikat harus dibentuk kekuatan-kekuatan baru, yaitu Cina dan Uni Eropa. Kekuatan pertama adalah Amerika Serikat. Mereka sudah menikmati posisi sebagai bangsa terkuat untuk waktu yang cukup lama, tetapi mereka akan sedikit demi sedikit kehilangan kekuatannya.

Kekuatan kedua adalah bekas negara-negara komunis yang berada di sekitar Cina dan Rusia, dan kekuatan ketiga adalah Uni Eropa. Negara-negara Timur Tengah juga akan berusaha menjadikan minyak sebagai senjata mereka dan mengontrolnya, tetapi mereka masih terlalu lemah dibandingkan dengan ketiga kekuatan yang lain.

Setelah orang-orang percaya diangkat ke awan-awan, dunia akan ditimpa kekacauan besar. Walaupun mereka bukan orang percaya, mereka tahu bahwa Tuhan Yesus akan datang kembali. Mereka akan takut dan berpikir, "Jika semua ini benar, apa yang harus kita lakukan sekarang?" Pada waktu dunia ditimpa kekacauan besar, akan terjadi bencana alam, penyakit, dan inflasi tinggi.

Sementara itu setiap kekuatan besar akan berusaha memegang kendali, dan terutama Uni Eropa, yang muncul sebagai kekuatan paling besar, akan dikendalikan oleh Anti Kris.

Karena kekacauan semakin parah, manusia menginginkan kepemimpinan yang lebih kuat untuk mengatur masyarakat. Dengan demikian, Uni Eropa pasti akan memperoleh kekuatan lebih besar dengan lebih mudah. Pada awal dari Tujuh Tahun Kesengsaraan, mereka akan menambahkan kekuatan militer mereka. Dengan kekayaan dan sistem yang canggih mereka akan membangun kekuatan mereka.

Dengan demikian, mereka bukan hanya mempersatukan negara-negara Eropa, tetapi seluruh dunia akan disatukan melalui dan dalam sistem mereka.

Keluar, mereka akan mengatakan, "Jika kalian mengikuti sistem kami, kalian akan memperoleh kestabilan dan menikmati keuntungan bersama." Tetapi jika ada negara yang tidak menaati ajakan yang licik ini, mereka akan menyerang dan menghancurkannya. Mereka akan terus mengendalikan persediaan pangan dan kebutuhan pokok lainnya.

Komputer, Binatang dari Bumi

Sekarang mari kita lihat apa artinya "kepadanya diberikan kuasa atas seperempat dari bumi untuk membunuh dengan pedang, dan dengan kelaparan dan sampar dan dengan binatang-binatang buas yang di bumi"?

'Pedang' artinya kekuatan militer, dan 'kelaparan' berarti akan ada bencana kelaparan dan inflasi tinggi tetapi Uni Eropa akan tetap mengeksploitasi keadaan ini dan menimbun kekayaan dalam jumlah besar.

'Sampar dan dengan binatang-binatang buas' artinya bahwa mereka akan membatasi orang-orang yang tidak mengikuti sistem mereka dan menganiayanya bahkan sampai mati. 'Binatang-binatang buas di bumi' yang dimaksud adalah 'komputer.' Uni Eropa akan membangun sistem mereka dengan menggunakan komputer-komputer super yang dapat menampung data setiap orang di bumi ini. Mereka akan mengendalikan orang dan terus memantaunya melalui komputer.

Untuk dapat mengontrol setiap orang, mereka akan memaksa

semua orang untuk mengenakan tanda dari binatang di tangan kanan mereka atau di dahi, dan tanda itu berupa barcode. Tanda dari binatang adalah sarana untuk mengendalikan semua orang pada saat kekuatan Anti Kris mengambil alih kekuasaan. Mereka akan memasukkan informasi dan data setiap orang pada barcode dan memeteraikannya pada tangan atau dahi seseorang, sehingga mereka dapat mengendalikan dan mengontrol setiap individu. Mereka akan dapat melacak kemana setiap orang pergi dan apa yang dilakukan.

Awalnya, mereka hanya merekomendasikan barcode ini, akan tetapi pada pertengahan Tujuh Tahun Kesengsaraan Besar, mereka memaksa setiap orang mengenakan tanda tersebut. Mereka yang menolak akan dituduh sebagai 'unsur yang membahayakan stabilitas masyarakat.' Sejak saat itu, mereka yang tidak menerima tanda tersebut akan disiksa sebagai martir.

Untuk dapat menerima tanda dari binatang tersebut selama masa kesengsaraan adalah dengan cara bekerja sama dengan kekuatan Anti Kris dan ikut memuja berhala-berhala mereka. Sama artinya dengan menyangkal Tuhan.

Mereka yang ingin mempertahankan iman mereka akan berusaha untuk tidak menerima tanda tersebut, tetapi Anti Kris tidak akan membiarkan hal itu terjadi. Mereka akan melacak orang-orang ini satu per satu, menyiksa mereka dengan berbagai cara, dan mengancam agar orang-orang ini mau menerima tanda tersebut. Hanya jika orang-orang ini bisa mengatasi penyiksaan yang kejam dan keji dan menjadi martir, mereka bisa menerima 'sisa-sisa keselamatan.'

Setelah masa panen, petani akan mencari setiap butir yang jatuh ke tanah. Dengan cara yang sama, Allah akan memberikan satu kesempatan lagi walaupun pemeliharaan manusia sudah berlalu. Tetapi kali ini, tidaklah mudah untuk membuktikan bahwa mereka mempunyai iman. Mereka harus mengatasi penyiksaan, kelaparan dan ancaman-ancaman. Untuk mengakui iman mereka pada saat nubuat-nubuat dalam Alkitab telah digenapi, mereka harus membuktikan iman mereka dengan perbuatan yang lebih besar.

Iblis akan menggerakkan Anti Kris untuk membawa walau hanya satu orang ke neraka. Karena itulah mereka melakukan penyiksaan kepada orang-orang percaya sehingga tidak tertahankan dan menyebabkan orang akan menyangkal Allah. Jika seorang percaya tidak menyangkal Allah, mereka akan mengambil anggota keluarga atau anak yang masih kecil dan menyiksanya di hadapan orang tersebut.

Jika seorang percaya menyerah, maka ia harus menerima tanda tersebut. Dia tahu dia akan menderita dalam api neraka untuk selamanya kalau dia menyangkal Yesus, tetapi penderitaan ini terlalu berat untuk ditanggungnya.

Dalam zaman ini, Roh Kudus sudah kembali ke surga. Tidaklah mudah untuk menanggung penderitaan dan penyiksaan hingga kematian hanya dengan kemauan kuat mereka. Kita hidup dalam zaman yang sudah dekat sekali dengan kedatangan Tuhan kedua kalinya, dan kita harus bisa membedakan iman macam apa yang harus kita miliki, dan mempersiapkan diri kita menjadi mempelai Tuhan.

Bait Agung, Sebuah Lambang Kemenangan Dalam Penanaman Manusia

Setelah aku membuka gereja, Tuhan memberi aku visi akan misi dunia dan pembangunan Bait Agung. Pada bulan Juli 1984, aku sedang berdoa dan puasa dengan anggota jemaat gereja memohon sebuah rumah doa baru, dan Allah membuat kami mengerti secara rinci akan tugas kami pada akhir zaman dan tentang pembangunan Bait Agung.

"Hamba-Ku yang terkasih, sebelum Aku datang, Aku akan mengizinkan engkau membangun Bait Agung melalui tangan-tangan semua orang di bumi ini. Ketika engkau mengatakan bahwa engkau sedang membangun sebuah rumah ibadah, mereka yang tidak mengerti hati Allah dan tidak beriman akan mengatakan, 'Mengapa mengeluarkan uang dalam jumlah besar untuk membangun, bukan untuk pekerjaan misionaris?'

Bait ini akan dibangun dengan semua yang terbaik dan terindah yang dapat engkau peroleh di antara umat manusia.

Engkau tidak akan membangunnya dengan kekuatanmu sendiri; engkau akan dikenal di seluruh dunia dan raja bangsa-bangsa juga akan berada di hadapanmu.

Mereka yang memiliki keterampilan akan memberikan keterampilan mereka, mereka yang pandai akan memberikan kepandaian mereka; dan mereka yang mempunyai persembahan akan memberikan persembahan mereka. Tidak akan terjadi kekurangan, tetapi hanya kelimpahan. Orang membangun bangunan-bangunan indah untuk manusia dan untuk iblis, tetapi mereka belum pernah membangun sesuatu untuk Allah."

Ketika sebuah gereja berusaha membangun sebuah bait yang agung dan megah, ada yang mengatakan, "Bukankah lebih baik menggunakan uang tersebut untuk pekerjaan sosial dan misionari? Mengapa menghamburkan uang untuk sebuah bangunan?"

Di dunia ini, ada banyak gedung yang dibangun sebagai tempat hiburan dan kesenangan manusia dan pembangunannya menghabiskan dana yang besar. Sejak Raja Salomo membangun Bait Allah, tidak pernah ada sebuah bangunanpun yang dibuat menyerupai Bait Allah.

Sewaktu Raja Salomo membangun Bait Allah, Allah sendiri yang memberitahu mengenai rincian ukuran, struktur, dan bahan-bahan yang harus dipakai untuk Bait Allah tersebut. Raja Salomo membeli kayu kualitas baik, emas dan perak, dan bahan-bahan berharga lainnya dari negara-negara tetangganya. Mereka melapisi bangunan dan bahkan bagian-bagian terkecil sekalipun dengan emas sehingga menjadikannya amat sangat indah.

Bentuk Mahkota

Allah memberikan Musa sebuah visi dan wahyu sewaktu Musa membangun tabut Allah. Allah juga memberitahu kami dengan seksama mengenai Bait Agung yang akan kami bangun. Bangunan ini berbentuk bundar melambangkan bahwa alam semesta tidak ada akhirnya.

Bait Agung ini akan menjadi yang terbaik dan terindah dalam sejarah umat manusia dengan tujuan untuk memuliakan dan meninggikan Allah. Diukur dari lantai dasar hingga puncak menara salib, ketinggian bangunan mencapai 70 meter dengan diameter 60 meter. Satu ornamen pun akan memperlihatkan keindahan dan kuasa Allah. Juga akan mencerminkan kekudusan kota Yerusalem Baru dan memperlihatkan karya ciptaan Allah.

Di bagian luar bangunan akan dibuat dua belas pilar marmer yang melambangkan kedua belas batu penjuru dari Yerusalem Baru. Setiap pilar akan dihiasi dengan ukiran bunga di sekelilingnya. Di setiap bagian tengah bunga akan diletakkan satu permata dari kedua belas batu penjuru yang menjadi dasar bangunan.

Di antara setiap pilar akan ditempatkan sebuah gerbang besar seperti gerbang mutiara di Yerusalem Baru. Setiap gerbang akan dilengkapi dengan dua buah ukiran berbentuk malaikat. Selain itu, di antara kedua belas pilar besar akan ada tujuh pilar kecil, dan setiap pilar akan diberi ukiran yang menggambarkan penciptaan dari hari ke hari.

Misalnya, pilar pertama akan dihiasi sedemikian rupa sehingga akan memancarkan warna-warni pelangi yang cerah dengan tujuan melambangkan penciptaan cahaya. Pilar keenam

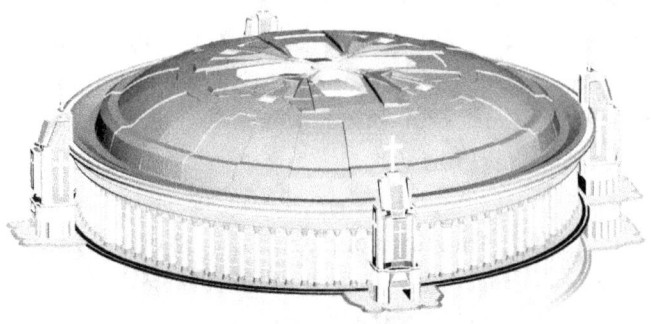

akan diberi ukiran bergambar sapi, domba dan hewan-hewan lain, juga gambaran Adam dan Hawa.

Mimbar akan dibuat sebagai mimbar yang dapat berputar. Atapnya akan membuka dan menutup membuat bentuk salib. Setiap kursi dalam rumah ibadah tersebut akan dilengkapi dengan layar video masing-masing; secara keseluruhan rumah ibadah ini akan dilengkapi peralatan dengan teknologi mutakhir.

Bila dilihat dari atas, Bait Agung ini akan tampak sebagai sebuah mahkota. Sama halnya sewaktu pemenangnya menerima kalungan daun-daunan, yang melambangkan bahwa penggalian peradaban manusia akan berakhir dengan kemenangan Allah.

Allah ingin membangun Bait Agung ini melalui anak-

anak-Nya yang telah memperoleh hati yang kudus, yang adalah bait Allah yang kudus di dalam hati mereka. Allah sudah memberikan kekudusan Alkitab sebanyak lima kali lipat dan membimbing kami untuk membuang segala bentuk kejahatan dan membersihkan jiwa kami dalam dunia yang penuh dosa. Karena gereja kami berjuang untuk membuang dosa dan menjadi kudus hingga titik pertumpahan darah, banyak anggota jemaat gereja yang bertumbuh dalam roh dan mendapatkan rahmat khusus dari Tuhan. Allah merencanakan sedemikian rupa sehingga mereka yang mempersiapkan diri mereka sebagai mempelai Tuhan akan menyambut kedatangan Tuhan dalam Bait Agung ini.

Allah telah memperlihatkan kepada kami pelangi bundar sebagai tanda bahwa Ia menyertai kami dan bahwa kami akan membangun Bait Agung. Kami seringkali melihat pelangi di atas gereja atau di lapangan pada waktu Manmin melakukan pekerjaan misionari di seluruh dunia.

Allah telah beberapa kali mengutus aku ke Dubai dan negara-negara lain di Timur Tengah untuk pembangunan Bait Agung ini. Allah juga mengizinkan aku berkenalan dan berhubungan dengan para pebisnis besar di sana. Ada lebih dari delapan ribu gereja di seluruh dunia yang ikut ambil bagian dalam pelayanan Manmin sebagai buah dari misi dunia yang telah kami lakukan hingga sekarang.

Doa dan pelayananku tidak akan berhenti sampai kami mewartakan Injil ke seluruh dunia, selesai membangun Bait Agung yang membuktikan betapa Allah selalu menyertai kami, dan menyambut kedatangan Tuhan Yesus kembali.

Bagian Terakhir

Bagaikan sebuah pohon tumbuh menjulang ke langit
Menanamkan akarnya jauh ke dalam bumi;
Tidak saja di bawah terang sinar mentari
Namun juga dalam badai, angin dan embun dingin.

Dua puluh enam tahun berlalu,
Saat aku berlutut berdoa menghadap langit,
Kasih Allah membimbingku
Masuk lebih dalam menuju dunia roh;
Ia membukakan gerbang
dimensi baru alam roh.
Pemeliharaan hingga zaman akhir masih berlanjut.

Aku seharusnya bisa berjalan
Karena kasih Allah yang tulus,
Dia yang selalu ada dan
yang padanya tidak ada pertukaran atau bayangan.
Walau ada orang
yang salah mengerti akan pekerjaan Allah
atau iri kepada mereka,
Dan menyebarkan kebohongan,
Aku hanya berdoa kepada Allah saja,
Karena kebenaran selalu dinyatakan dalam sejarah.

Aku membiarkan sebagian kecil saja di dalam hatiku
yang tidak dapat kukatakan sebelumnya.

Aku mengakui bahwa isi buku ini
adalah kebenaran itu sendiri
dan aku tidak merasa malu karenanya.

Sejarah Pribadi dan Gereja

1943. 04. Dilahirkan sebagai anak bungsu dari tiga putra dan tiga putri dari ayahnya Chabeom Lee dan ibunya Gamjang Cho (Shinkil Ri, Heje Myeon, Muan Goon, provinsi Cheonnam)

1956. 02. Lulus dari Sekolah Dasar Boonhyang, Provinsi Cheonnam

1959. 02. Lulus dari Sekolah Menengah Pertama Songjung, Provinsi Cheonnam

1962. 02. Lulus dari Sekolah Menengah Kejuruan Industri Dan-Guk, Seoul

1964. 09. Keluar dari Sekolah Teknik, Universitas Hanyang

1967. 04. Menyelesaikan Wajib Militer

1968. 01. Menikah dengan istrinya Boknim Lee, Menderita sakit karena minum terlalu banyak di pesta syukuran rumah baru

1970. 11. Putri pertama Miyoung Lee dilahirkan. Berhenti dari perusahaan surat kabar karena kehilangan pendengaran.

1972. 10. Putri kedua Mikyung Lee dilahirkan.

1974. 04. Mengalami Allah yang Hidup di altar Hyun Shin Ae dan menerima Tuhan

1974. 11. Menghadiri Ibadah Kebangunan Rohani di Gereja Sungdong di Oksu Dong dan memulai kehidupan kekristenan yang sebenarnya.

1975. 08. Putri ketiga dan terakhir Soojin Lee dilahirkan

1979. 03. Diterima oleh Seminari Holiness Theological

1982. 07. Membuka Gereja Manmin

1983. 02. Lulus dari Seminari Holiness Theological

1986. 05. Ditahbiskan menjadi Pendeta

1987. 06. Kesaksiannya didramatisasi dan disiarkan selama sebulan oleh Christian Broadcasting System (CBS).

1990. Ibadahnya disiarkan secara teratur di FEBC, Asia Broadcasting, dan Washington Christian Radio System

1990. 05. Pembicara untuk KKR Roh Kudus yang diadakan oleh Yeongnam Area Mission

1991. 03. Pembicara untuk KKR Pemberkatan Penginjilan Daegu

1991. 07. Yayasan Gereja Jesus United Holiness Korea

1992. 03. Ibadah Pendirian Orkestra Nissi dengan pembicara Pdt. HyeonKyoon Shin
          Konferensi tentang 'Dimensi' untuk semua jemaat gereja dengan judul: Dengar, lihat dan pahami dengan hati
          Kolom-kolom yang muncul pada Hankook Ilbo Daily (Di Korea dan Amerika Serikat)

1992. 05. Menghadiri National Prayer Breakfast

1992. 08. Presiden bersama untuk KKR World Holy Spirit Evangelization '92

1993. 02. Gereja Pusat Manmin dimasukkan sebagai salah satu dari 50 gereja terkemuka di dunia oleh 'Christian World' Amerika Serikat

1993. 05. Kebaktian Kebangunan Rohani Khusus Dua-minggu yang pertama dengan Pdt. Jaerock Lee

1993. 08. Pembicara untuk KKR Penginjilan Washington

1993. 09. Pembicara untuk KKR Penginjilan LA
          Ketua Kehormatan dari Perayaan Hari Korea ke-20 di Kawasan Korea LA
          Ucapan terima kasih di Dewan Kota LA
          Diberikan anugerah warga kehormatan dari Dewan Kota LA

1993. 10. Khotbahnya muncul di Surat Kabar Kristen

1994. 02. Pidato Pengobaran Semangat di divisi ke-6 Angkatan Bersenjata Korea, ibadah pelantikan Gereja Siloam

1994. 05. Pembicara untuk KKR Gabungan Washington dan Baltimore
          Dilantik sebagai ketua Washington Christian Radio System

1994. 06. Berbicara untuk Konferensi Para Pemimpin Gereja Tanzania dan sebuah ibadah di gereja Pentakosta.

1994. 07. Ucapan terima kasih untuk KKR Seoul Holy Spirit Evangelization '94
          Ditunjuk sebagai Wakil-presiden International Bible Supply Mission Association

1994. 09. Memulai Doa untuk Orang Sakit pada Sistem Respons Telepon Otomatis

1994. 11. Pembicara untuk KKR Gabungan Ida di Jepang

1994. 12. Pengajar Khusus di Revivalists' Training Center, sebuah fasilitas afiliasi dari Nation Evangelization Movement

1994. 12. Program khusus hari jadi CBS yang ke-40 'Renew us' direkam di Gereja Pusat Manmin

1995. 02. Menjadi tuan rumah untuk Konferensi Pendeta Seluruh Korea yang diadakan oleh Korea Pastors' Prayer Group

1995. 03. Menjadi tuan rumah KKR Gabungan Wilayah Seoul yang diadakan oleh Nation Evangelization Movement
Khotbahnya disiarkan setiap minggu oleh CBS

1995. 04. Pembicara untuk Konvensi Misi Dunia LA'95 yang diadakan oleh World Evangelization Association

1995. 05. Ibadahnya disiarkan oleh CBS Chooncheon

1995. 07. Melakukan sebuah doa khusus di 'KKR Doa Khusus untuk Bangsa' yang diadakan oleh Nation's Re-Unification Evangelization Movement, sebagai presiden tetap

1995. 08. Kunjungan ke Chungwadae, rumah kepresidenan, sebagai seorang anggota eksekutif Konvensi Peringatan 50 Tahun Reunifikasi Damai merayakan hari kemerdekaan Korea yang ke-50.
Membuat laporan perkembangan sebagai presiden administratif dalam Konvensi Peringatan 50 Tahun Reunifikasi Damai dalam merayakan hari kemerdekaan Korea
Ibadahnya disiarkan di Radio Korea Kota New York, AS

1995. 09. Menghadiri perayaan Hari Korea yang ke-22 di Kawasan Korea LA sebagai presiden kehormatan

1995. 10. Khotbahnya disiarkan di Daejeon FEBC
Pusat Misi Manmin Afrika didirikan
Gereja Pusat Manmin berpartisipasi dalam gerakan donor darah yang diadakan oleh 'Practice Love Movement'.

1995. 11. KKR Kebangunan Mizpah untuk Mempraktikkan Pertobatan dan Kasih
Kolom Reguler Muncul dalam 'Christian Herald', sebuah

majalah Kristen mingguan di AS
1995. 12. FEBC, program 'Our Good Church' direkam di Gereja Pusat
Manmin
1996. 02. Pembicara untuk KKR Gereja-gereja Korea di Hawaii dan
Konferensi Para Pendeta '96
1996. 03. Ditunjuk sebagai Presiden bersama dari Prosecutors
Evangelization Association
1996. 04. Khotbahnya disiarkan oleh CBS Daegu
Ditunjuk sebagai wakil presiden 2002 World Cup Mission
Group
1996. 06. Pembukaan Pusat Kesejahteraan Manmin
1996. 07. KKR Memberkati Orang Korea di Argentina dan Konferensi
Para Pendeta Lokal
Konferensi Para Pendeta ke-14
Dipilih sebagai salah satu 'Orang-orang yang Menggerakkan
Korea' oleh Joong-ang Daily
1996. 08. Pembukaan Guro Dong Sanctuary
Khotbahnya disiarkan oleh Christian Broadcasting di Vancouver,
Kanada
Menghadiri KKR Doa Gabungan Korea-Jepang yang diadakan
oleh 2002 World Cup Mission Group
1996. 09. KKR Gabungan di Shinshu, Jepang
1996. 11. Konser Puji-pujian untuk Children-Headed Homes ke-2, yang
diadakan oleh Nation Evangelization Movement Center
1996. 12. Memulai ibadah penyembahan secara bersamaan untuk semua
gereja cabang di Korea
Khotbahnya disiarkan setiap minggu di Christian Broadcasting
di Philadelphia, AS
1997. 03. Khotbahnya disiarkan oleh Korean Broadcasting, New York
Khotbahnya disiarkan setiap minggu oleh penyiaran Korea di
Auckland, New Zealand
1997. 07. Ditunjuk sebagai Presiden Tetap dari KKR Gabungan
Penginjilan Bangsa '98

1997. 08. Rev. Dan Marino, ketua Parkway Christian Academy AS
           mengunjungi gereja untuk studi kasus kebangunan rohani
1997. 09. KKR Penginjilan Besar dan Konferensi Para Pendeta yang
           diadakan oleh Washington Christian Radio Station
           Pembicara untuk KKR Gabungan Korea-Amerika yang
           diadakan oleh Maryland Church Association
1997. 10. Konferensi Para Pendeta Argentina yang diadakan oleh
           Argentina Love Mission
1998. 01. KKR Kesaksian Program Khusus Tahun Baru CBS 'Renew Us'
1998. 02. Kebaktian Kebangunan Rohani Khusus bagi yang sakit
           Pembicara untuk 'KKR Roh Kudus untuk Menyelamatkan
           Bangsa' yang diadakan oleh World Christian Revival Mission
           Association
           Ditunjuk sebagai Presiden Operasional KKR Gabungan
           Penginjilan Bangsa
1998. 03. Ditunjuk sebagai Presiden Administratif dari Prosecutors'
           Evangelization Association
           Pembicara di KKR Persiapan Korea untuk Tokyo International
           Mission Crusade
1998. 05. Diberikan Piagam Penghargaan dari Hosanna Mission atas
           kontribusinya untuk pembangunan organisasi misi itu dan
           penginjilan bangsa
           Doa Perwakilan untuk 'Kampanye Tak ada Kekerasan di Sekolah'
           yang diadakan oleh Prosecutors' Evangelization Association
1998. 06. Konser Amal untuk Penginjilan Penjara yang ke-6 yang diadakan
           oleh Onesimus Mission
           'KKR Doa untuk Menyelamatkan Negara' diadakan oleh World
           Evangelization Association
1998. 10. Ibadah Pelantikan Korea Lawyers Mission Association dan
           Pertemuan Doa untuk Bangsa
1998. 12. Konser Amal untuk Orang Cacat yang diadakan oleh 'Practical
           Love for Nation Association'
           CBS Vision 21 Movement merayakan hari jadi CBS yang ke-44

1999. 04. Konser Puji-pujian untuk Children-Headed-Households di Aula Konser MBC Masan

'Tak Ada Kekerasan di Sekolah' yang diadakan oleh Kantor Jaksa Penuntut Umum Distrik Seoul

1999. 07. Ditunjuk sebagai Presiden Tetap Christian World Revival Mission Association

2000. 02. Ibadahnya disiarkan di International Gospel Radio Station (AM 1503), di Vladivostok

2000. 06. Khotbahnya yang dalam bahasa Inggris disiarkan di Stasiun Radio Mabuhai (AM 1350) di Manila, Filipina

2000. 07. Pembicara untuk 'Konferensi '2000 Pendeta Uganda' dan KKR Gabungan'

Pekerjaan-pekerjaan penuh kuasa yang dimanifestasikan di Uganda disiarkan di CNN

2000. 09. Pembicara untuk 'KKR Gabungan Nagoya, Jepang'

2000. 10. Pembicara untuk 'Konferensi Para Pendeta dan KKR Gabungan Pakistan'

S.K. Tressler, Menteri Kebudayaan, Olahraga, Pemuda dan Pariwisata menghadiri ibadah Jumat semalaman di Gereja Pusat Manmin

2001. 01. Manmin TV didirikan

2001. 06. Pekerjaan kuasa Allah disiarkan di RPN TV, Filipina

Pembicara untuk 'Konferensi Para Pendeta dan KKR Gabungan Kenya'

2001. 09. Pembicara untuk 'Konferensi Para Pendeta dan KKR Gabungan Filipina'

2002. 07. Pembicara untuk 'Konferensi Para Pendeta dan KKR Gabungan Honduras'

2002. 10. Pembicara untuk 'Konferensi Para Pendeta dan Festival Penyembuhan Mukjizat India'

2003. 02. Diberikan piagam penghargaan oleh Los Angeles Church Association dan Southern California Ecumenical Association atas pengembangan kerjasama antara gereja-gereja Korea dan

Amerika dan atas pekerjaan penginjilan yang setia

2003. 11. Pembicara untuk 'Konferensi Para Pendeta dan Festival Penyembuhan Mukjizat Rusia'

2004. 05. Pembicara untuk Kebaktian Kebangunan Rohani Khusus Dua-minggu Ke-12

2004. 10. Pembicara untuk 'Festival Penyembuhan Mukjizat Jerman'

2004. 12. Pembicara untuk 'KKR Penyembuhan Peru' Diundang dan Bertemu dengan Presiden Toledo Peri di Istana Kepresidenan

2005. 05. Dr. David Waisman, Wakil Presiden Peru, dan Mr. Maximo San Roman, mantan wakil presiden Peru mengunjungi Gereja Pusat Manmin

2005. 09. GCN (Global Christian Network) mulai mengudara

2005. 10. Dirgahayu gereja yang ke-23 dan Perayaan Peluncuran GCN

2006. 02. Pembicara untuk 'Festival Penyembuhan Mukjizat Republik Demokrasi Kongo' Pertemuan dengan Presiden Joseph Kabila

2006. 05. Dr. Mikhail Morgulis, ketua pengordinir untuk KKR Slavic New York dan staf administrasi Pendeta Mark Bazalev mengunjungi Gereja Pusat Manmin

2006. 06. Konferensi Medis Kristen Internasional WDCN (World Christian Doctors Network) yang ke-3 diadakan di Filipina

2006. 07. Pembicara untuk 'KKR New York 2006' KKR tersebut disiarkan-langsung dan disiarkan-ulang ke lebih dari 200 negara Diberi Pernyataan dan Piagam Penghargaan dari Senat dan Majelis Kota New York dan Dewan Kota New York

2006. 10 Dirgahayu Gereja yang ke-24 dan Ulang Tahun GCN yang ke-1

2007. 02. Berpartisipasi dalam Konvensi dan Eksposisi NRB yang ke-64

2007. 04 Konferensi Para Pendeta MIS (Manmin International Seminary) di Amerika Latin

2007. 07. Konferensi Medis Kristen Internasional ke-4 di Miami AS

2007. 09 Muan Sweet Water dikonfirmasi keamanan dan keampuhannya oleh FDA (Food and Drug Administration) AS

2007. 10 Dirgahayu Gereja yang ke-25 dan Ulang Tahun GCN yang ke-2

2007. 11. Konferensi Medis Kristen Asia Tenggara diadakan di Jakarta, Indonesia oleh WCDN

2008. 03 Berpartisipasi dalam Konvensi dan Eksposisi NRB ke-6 dan Konvensi dan Pameran FICAP ke-9

2008. 04. Urim Books menghadiri Pameran Buku Internasional Seoul ke-14

2008. 05 Konferensi Medis Kristen Internasional WCDN diadakan di Trondheim, Norwegia

2008. 10 Dirgahayu Gereja yang ke-26 dan Ulang Tahun GCN yang ke-3

2008. 11. Seminar Para Pendeta dan KKR Penyembuhan dengan Saputangan diadakan di Chennai, India oleh Pendeta Mikyung Lee

2009. 01 Hari Jadi North Korean Refugee Mission yang ke-4

2009. 02 Berpartisipasi dalam Konvensi dan Eksposisi NRB ke-66 Seminar Para Pendeta dan KKR Penyembuhan dengan Saputangan diadakan di Filipina oleh Pendeta Mikyung Lee

2009. 03 Berpartisipasi dalam Konvensi dan Pameran FICAP ke-10

2009. 04 Seminar Para Pendeta dan Pertemuan Penyembuhan dengan Saputangan di Pakistan oleh Pendera Taesik Gil

2009. 06 Seminar Para Pendeta dan KKR Penyembuhan dengan Sapu tangan di Vietnam oleh Pendeta Rainbow Lee

2009. 07 Kebaktian Dedikasi Pantai dan Kolam Renang Air Manis Muan

2009. 09 Pembicara untuk KKR Gabungan Israel 2009 dengan tema "Allah itu Hebat"

2009. 10 Dirgahayu Gereja yang ke-27 dan Ulang Tahun GCN yang ke-4

2009. 11 Konferensi Medis Kristen Internasional WCDN ke-6 diadakan di Kiev, Ukraina

2010. 02 Berpartisipasi dalam Konvensi dan Eksposisi NRB ke-67

2010. 03 Berpartisipasi dalam Konvensi dan Pameran FICAP ke-11

2010. 05 Konferensi Medis Kristen Internasional WCDN ke-7 diadakan di Roma, Italia

2010. 07 Camp 'Pesan Salib' ke-4 yang diadakan di Finlandia

Penulis
Dr. Jaerock Lee

Dr. Jaerock Lee dilahirkan di Muan, Propinsi Jeonnam, Republik Korea, pada tahun 1943. Pada umur dua puluhan, Dr. Lee menderita berbagai penyakit yang tidak tersembuhkan selama tujuh tahun dan menunggu kematian tanpa ada harapan untuk pulih. Pada suatu hari di musim semi tahun 1974, ia dibawa ke gereja oleh saudara perempuannya dan saat ia berlutut untuk berdoa, Allah yang Hidup menyembuhkannya dari semua penyakit.

Mulai saat itu Dr. Lee bertemu dengan Allah yang Hidup melalui pengalaman yang menakjubkan itu, ia telah mengasihi Allah dengan segenap hati dan ketulusan, dan pada tahun 1978 ia dipanggil untuk menjadi pelayan Allah. Ia berdoa dengan sangat sehingga ia dapat memahami kehendak Allah dan melakukannya dengan sepenuhnya, dan menaati semua Firman Allah tersebut. Pada tahun 1982, ia mendirikan Gereja Pusat Manmin di Seoul, Korea, dan tidak terhitung pekerjaan Allah, termasuk mukjizat dan penyembuhan ajaib, telah terjadi di gerejanya.

Pada tahun 1986, Dr. Lee ditahbiskan sebagai pendeta pada Pertemuan Tahunan dari Gereja Jesus' Sungkyul di Korea, dan empat tahun kemudian yaitu pada tahun 1990, khotbahnya mulai disiarkan ke Australia, Rusia, Filipina, dan banyak negara lain melalui *Far East Broadcasting Company, Asia Broadcast Station,* dan Washington Christian Radio System.

Tiga tahun kemudian yaitu pada tahun 1993, Gereja Pusat Manmin dipilih sebagai satu dari "50 Gereja Terkemuka Dunia" oleh majalah *Christian World* (AS) dan ia menerima Doktor Kehormatan Teologia dari Christian Faith College, Florida, AS, dan pada tahun 1996 sebuah gelar Ph.D dalam Pelayanan dari Kingsway Theological Seminary, Iowa, AS.

Sejak tahun 1993, Dr. Lee telah memimpin misi dunia melalui banyak Kebaktian Kebangunan Rohani (KKR) luar negeri di AS, Tanzania, Uganda, Jepang, Pakistan, Kenya, Filipina, Honduras, India, Rusia, Jerman, dan Peru. Pada tahun 2002, ia disebut "pendeta seluruh dunia" oleh koran-koran Kristen utama di Korea untuk pekerjaannya dalam berbagai KKR Gabungan Akbar di luar negeri

Pada bulan November 2011, Gereja Manmin Pusat memiliki kongregasi dengan jumlah jemaat lebih dari 120.000 orang. Ada 9.000 gereja cabang domestik dan luar negeri di seluruh dunia, dan sejauh ini telah mengirimkan 129 misionaris ke 25 negara, termasuk Amerika Serikat, Rusia, Jerman, Kanada, Jepang, Cina, Prancis, India, Kenya, dan banyak lagi.

Hingga tanggal penerbitan buku ini, Dr. Lee telah menulis 64 buku, termasuk buku laris *Tasting Eternal Life before Death* (Merasakan Kehidupan Kekal Sebelum Kematian), *My Life My Faith I & II* (Hidupku, Imanku I & II), *The Message of The Cross* (Pesan Salib), *The Measure of Faith* (Ukuran Iman), *Heaven I & II* (Surga I & II), *Hell* (Neraka), dan *The Power of God* (Kuasa Allah). Tulisan-tulisannya telah diterjemahkan ke dalam lebih dari 71 bahasa.

Kolom-kolom Kristennya muncul di *The Hankook Ilbo, The Chosun Ilbo, The JoongAng Daily, The Dong-A Ilbo, The Munhwa Ilbo, The Seoul Shinmun, The Kyunghyang Shinmun, The Hankyoreh Shinmun, The Korea Economic Daily, The Korea Herald, The Shisa News,* dan *The Christian Press.*

Saat ini Dr. Lee adalah pemimpin dari banyak organisasi dan asosiasi misi: termasuk Komisaris dari *The United Holiness Church of Jesus Christ,* Presiden dari *Manmin World Mission;* Presiden Tetap dari *The World Christianity Revival Mission Association;* Pendiri dari Manmin TV, Pendiri dan Ketua Dewan dari *Global Christian Network* (GCN), Pendiri dan Ketua Dewan dari *The World Christian Doctors Network* (WCDN), serta Pendiri dan Ketua Dewan dari *Manmin International Seminary* (MIS).

Surga I:

Sketsa mendetil tentang indahnya lingkungan hidup yang dinikmati oleh warga surga pada tingkat kelima kerajaan surga

Surga II:

Undangan ke Kota Kudus Yerusalem Baru, yang kedua belas gerbangnya dibuat dari mutiara yang berkilau-kilauan, ada di tengah surga yang luas dan bersinar gemerlapan seperti batu-batu permata yang sangat berharga

Neraka

Sebuah pesan yang sungguh-sungguh kepada semua umat manusia dari Allah, yang berharap tidak ada satu jiwa pun jatuh ke neraka yang dalam! Anda akan menemukan penjelasan yang-belum-pernah-terungkap-sebelumnya mengenai kenyataan kejam tentang Hades dan neraka

Merasakan Kehidupan Kekal sebelum Kematian

A testimonial memoirs of Dr. Jaerock Lee, who was born again and saved from the valley of death and has been leading an exemplary Christian life.

Pesan Salib

Pesan kebangunan penuh kuasa bagi semua orang yang tertidur secara rohani Di dalam buku ini Anda akan menemukan kasih sejati Allah dan mengapa Yesus menjadi satu-satunya Juru Selamat

Ukuran Iman

Tempat tinggal seperti apakah, serta mahkota dan upah yang bagaimanakah yang disediakan bagi Anda di surga? Buku ini memberikan dengan hikmat dan bimbingan bagi Anda untuk mengukur iman Anda serta menanam iman yang terbaik dan paling dewasa

Hidupku, Imanku I

Sebuah aroma rohani yang menarik dari kehidupan yang mekar dengan kasih tiada bandingannya kepada Allah, di tengah-tengah gelombang kegelapan, kuk yang dingin, dan keputusasaan yang terdalam

Kuasa Allah

Sebuah bacaan-wajib yang menjadi panduan penting tentang bagaimana seseorang dapat memiliki iman sejati dan mengalami kuasa Allah yang ajaib

www.ingramcontent.com/pod-product-compliance
Lightning Source LLC
Chambersburg PA
CBHW062154120626
46550CB00012B/1438